西部地区水泥混凝土路面建设关键技术

路学敏　汪海年
师延强　马　骉　编著

人民交通出版社

内 容 提 要

水泥混凝土路面的刚度大、荷载扩散能力强、水稳定性和温度稳定性好、使用寿命长，是重要的高级路面形式之一。本书从结构的角度提出了连续配筋水泥混凝土路面设计方法和施工工艺与质量控制措施；从材料的角度分别提出了路面水泥粉煤灰混凝土和路面嵌锁密实水泥混凝土材料要求和配合比设计方法；考虑路面表面功能，提出了露石混凝土配合比设计原则、原材料控制指标及施工技术；在施工和养护方面，提出了旧沥青路面上加铺水泥混凝土面层技术与水泥混凝土路面的三辊轴机组和小型机具铺筑法以及简便实用的养护技术。

本书可供从事道路工程科研、设计、施工和建设管理的技术人员参考，也可供高等院校、科学研究单位相关专业师生与研究人员参考。

图书在版编目(CIP)数据

西部地区水泥混凝土路面建设关键技术/路学敏等编著. --北京：人民交通出版社，2012.5

ISBN 978-7-114-09748-5

Ⅰ.①西… Ⅱ.①路… Ⅲ.①水泥混凝土路面－工程施工－西南地区②水泥混凝土路面－工程施工－西北地区 Ⅳ.①U416.216

中国版本图书馆 CIP 数据核字(2012)第 066184 号

书　　名：西部地区水泥混凝土路面建设关键技术
著 作 者：路学敏　汪海年　师延强　马　骉
责任编辑：丁润铎　李　喆
出版发行：人民交通出版社
地　　址：(100011)北京市朝阳区安定门外外馆斜街 3 号
网　　址：http://www.ccpress.com.cn
销售电话：(010)59757969，59757973
总 经 销：人民交通出版社发行部
经　　销：各地新华书店
印　　刷：北京鑫正大印刷有限公司
开　　本：720×960　1/16
印　　张：15.5
字　　数：270 千
版　　次：2012 年 5 月　第 1 版
印　　次：2012 年 5 月　第 1 次印刷
书　　号：ISBN 978-7-114-09748-5
定　　价：35.00 元
(有印刷、装订质量问题，由本社负责调换)

前　言

近年来，我国公路交通运输事业发展迅猛，公路里程快速增加，公路运输"骨架"已经建立，"网络"在不断完善，为我国经济社会快速稳健发展提供了重要的支撑与保障。与此同时，我国路面工程技术也得到了快速发展。

水泥混凝土路面的刚度大、荷载扩散能力强、水稳定性和温度稳定性好、使用寿命长，是重要的高级路面形式之一。与沥青路面相比，水泥路面在材料资源、施工工艺、节能减排、环境适应性等方面具有明显优势。我国水泥资源丰富，水泥产量连续30年均居世界第一，水泥工业已成为西部地区经济的重要支柱产业，水泥价格相对基本稳定；而我国沥青资源相对匮乏，近年来沥青价格快速上涨，是水泥价格的10～15倍，且其价格仍将不断上涨。水泥路面施工方法多样，滑模摊铺机、轨道摊铺机、三辊轴机组或小型机具与人工结合施工等多种施工方法处于并存状态，适应性强且施工工序相对较少；而沥青路面施工方法目前仍然主要以机械化施工为主，对施工设备、技术水平的要求高，尤其在低等级公路应用受到限制。水泥路面施工不需要加热原材料和高温拌和，施工能耗低，节能减排效果显著。同时，水泥路面环境适应性好，在特殊气候与突发地质灾害条件下的应急保障能力强。

在欧美发达国家，水泥路面在高速公路网中占有较高的比例，一般为1/3～1/2，承担了大部分的重载交通。近年来我国水泥路面得到了快速增长，截至2010年年底，水泥路面公路里程达到137万公里，约占我国有铺装路面公路里程的72%，但主要集中在二级及其以下等级公路，高速公路和一级公路路面铺装中所占比例很低(不足10%)。在我国西部地区，尤其是西北地区，水泥路面发展更加滞后。究其原因，主要在于水泥路面建设过程中尚面临一些技术难题，导致水泥路面舒适性较差，使用寿命不足，损坏后修复困难，制约了水泥路面的大面积应用。

西部地区水泥混凝土路面建设关键技术联合体自20世纪90年代起，立足西部、面向西北，紧密结合西部地区近30年来公路水泥路面的工程实际，对水泥混凝土路面开展系列联合攻关，经过持续20余年不间断的创新与实践，先后对旧沥青路面加铺水泥混凝土路面与超薄水泥混凝土路面技术开展了系统研究，建立了连续配筋混凝土路面荷载应力模型，提出了CRCP端部锚固力计算方法,完善了连续配筋混凝土路面设计理论与方法,研究成果已经被纳入《公路水泥混凝土路面设计规范》(JTG D40—2011);提出了水泥混凝土路面三辊轴机组和小型机具施工方法,"三振一拖滚二抹一拉毛"浇筑方法,解决了小型机具施工中平整度和抗滑性能难以控制的问题,出版了《三辊轴机组与小型机具铺筑水泥混凝土路面施工作业指南》,在全国范围内推广应用;创立了露石混凝土设计与施工中的试验方法与评价指标,评价了露石混凝土路面的抗滑性能、降噪特性、抗冻耐久性及防眩特性,其研究成果达到了国际先进水平;提出了路面嵌锁密实水泥混凝土的原理,构建了路面嵌锁密实水泥混凝土的组成模型,创建了嵌锁密实水泥混凝土配合比设计方法,丰富了现行水泥混凝土路面技术。

项目研究成果解决了制约西部地区水泥路面发展的路面耐久性不足、行车舒适性较差、表面功能衰减较快等技术难题,丰富与完善了水泥混凝土路面设计、施工与养护技术,推动了水泥路面修筑技术发展,提高了路面使用性能,延长了路面使用寿命。项目研究成果在陕西省的国省道、城市道路、农村公路535km进行应用验证,其中铜川境内150余公里历经20年交通荷载无大修,大大降低了水泥路面建设成本和维修费用,产生了显著社会经济效益。

水泥路面建设成本低、使用寿命长、节能减排效果好、环境适应性强,适宜于西北地区建设资金有限、水泥资源丰富、生态环境脆弱、自然灾害多发等条件下的公路路面,具有巨大的发展空间和良好的应用前景。系统总结并大规模推广项目研究成果,对于建设"资源节约型、环境友好型社会",完善西部地区交通运输网络,提升公路服务水平,促进西部地区经济建设,实现我国交通可持续发展,必将具有重要的战略意义。

全书分为八章,第一章介绍了水泥混凝土路面修筑的趋势及其国内外研究现状;第二章建立了连续配筋混凝土路面应力分析计算模型和端部锚固力计算方法,提出了连续配筋混凝土路面设计方法;第三章提出了水泥粉煤灰混凝土配合比设计方法,进行水泥粉煤灰混凝土干缩、强度、耐磨和抗冻等试验研究,分析水泥粉煤灰混凝土路用性能;第四章提出水泥混凝土粗集料嵌锁骨架结构级配组成设计方法,分析了嵌锁密实水泥混凝土的坍落度和强度变化特性,建立了嵌锁密实水泥混凝土组成模型,提出了嵌锁密实水泥混凝土配合比设计方法;第五章提出了露石混凝土配合比设计原则,建立了露石混凝土的抗滑性能、降噪性能等路用性能相应的试验方法与试验指标,提出了露石混凝土路面施工控制技术;第六章提出了旧沥青路面上分别加铺普通水泥混凝土路面、超薄水泥混凝土路面设计方法;第七章针对二级以下水泥混凝土路面施工,提出水泥混凝土路面的三辊轴机组和小型机具铺筑法及质量控制方法;第八章提出水泥混凝土路面接缝养护技术、排水系统养护技术、抗滑性能恢复技术和冬季养护技术。

本书在研究过程中得到长安大学、陕西省铜川公路管理局及其他合作单位的大力支持，给予了很多帮助与建议；衷心感谢本书的主审人王秉纲教授，对书稿提出的宝贵和重要意见。

全书由路学敏、汪海年、师延强、马骉统稿，王秉纲审核，毛雪松负责书稿延稿的编辑与校对工作。

由于作者水平有限，书中的疏漏和不足之处在所难免，诚请读者批评指正。

编写组

2011 年 10 月

《西部地区水泥混凝土路面建设关键技术》编写委员会

目　　录

第1章 绪 论

1.1 水泥路面发展趋势

近10年来，我国公路交通运输事业发展迅猛。至2010年年底，我国公路总里程由2000年年底的140万km增长至400万km，其中高速公路里程由2000年年底的1.6万km增长至7.4万km，居世界第二位，农村公路里程达到350万km，为我国经济社会快速稳健发展提供了重要的支撑与保障。我国公路运输的“骨架”与“脉络”已逐步建立并不断完善。

随着公路里程的不断增加，我国路面工程技术也得到了快速发展。截至2010年年底，全国有铺装路面公路里程192万km，其中沥青混凝土路面54万km，水泥混凝土路面138万km。水泥混凝土路面的刚度大、荷载扩散能力强、水稳定性和温度稳定性好、使用寿命长，是重要的高级路面形式之一。我国在建国初期，由于资金、能源有限、水泥紧缺，修建水泥混凝土路面的公路里程较少。从20世纪70年代，我国开始发展水泥混凝土路面，尤其是原交通部1989年推广原国家科委技术委员会科技工作引导项目“我国水泥混凝土路面发展对策及修建技术研究”成果以来，水泥混凝土路面得到了迅猛发展。目前水泥路面公路里程约占我国有铺装路面公路里程的72%，主要集中在二级及其以下等级公路，在高速公路和一级公路路面铺装中所占比例较低。

与沥青路面相比，水泥路面具有以下显著优势。

(1)材料资源丰富，价格低廉

我国水泥资源丰富、分布广泛，全国水泥厂星罗棋布、布局合理，水泥产量连续30年的产量均居世界第一。近10年，我国水泥产量年平均增长率均在11%以上，2010年全国水泥产量达18.8亿t，同比增长15.5%。

同时，随着水泥工业产业结构调整的不断深化，落后的水泥产能逐步被淘汰，低碳环保型水泥生产新型干法工艺得到了迅猛发展。2000年全国新型干法生产线135条，年生产能力近7 000万t，约占当年全国水泥熟料生产能力的10%。2007年水泥熟料产量中新型干法熟料比例超过50%，2010年达到72%。

随着产业布局的不断优化调整，我国水泥行业的发展重点也逐渐由东部向西部转移倾斜。东部地区经济相对发达，水泥工业已形成较大规模，随着土地、环保压力不断加大，水泥产能的增长能力有限。我国西部地区幅员辽阔，石灰石矿产资源、煤炭能源和人工劳动力等方面优势突出，从而为西部水泥产业发展提供了良好的平台环境。在 2010 年 2 亿多吨的水泥增长量中，中西部地区占 74%，同时还新增 2 亿多吨新型干法生产线。

西北地区水泥资源丰富，陕西“秦岭”、甘肃“祁连山”、新疆“天山”、宁夏“赛马”水泥年产量均超过 1 000 万 t，均成为当地经济的重要支柱产业，增长迅速。“秦岭”水泥、“祁连山”水泥连续多年入选中国水泥十大品牌。以陕西省为例，陕西水泥工业近 5 年高速发展，产量平均增速 22.4%，高出全国 12 个百分点以上。2007 年陕西省水泥产量突破 3 000 万 t，2008 年达到 3 600 万 t，2009 年为 4 400万 t，2010 年为 5 400 万 t。西北地区丰富的水泥资源为水泥路面的发展提供了充裕的基础材料供应。同时，在我国水泥工业产业结构调整取得重大突破、产能保持高速增长的同时，水泥价格尽管有所上涨，但相对基本稳定，如 42.5 级普通硅酸盐水泥价格一直维持在 300～400 元/t。

另一方面，我国沥青资源相对匮乏，高速公路所使用的优质沥青主要依赖进口。2010 年，我国进口沥青总量达到 410 万 t，同比增长 23%，再创历史新高。西北地区生产的沥青主要集中在新疆的克拉玛依油田、甘肃的庆阳油田、玉门油田、陕西的长庆油田、延长油田等少数几个炼油企业，产量较小，年生产能力多在 60 万 t 以下，难以满足西北地区公路基础设施建设的需要。

沥青价格受国际原油价格的影响很大，近年来快速上涨，道路石油沥青价格目前已达到 4 000～5 000 元/t，是水泥价格的 10～15 倍，已远远超出了沥青与水泥价格比为 6 倍的投资平衡点。由于沥青资源的不可再生性及优质沥青资源的稀缺性，其价格仍将不断上涨。

同时，沥青路面对集料的洁净程度、级配组成、抗磨光、抗滑性、黏附性等要求很高。碎石主要使用玄武岩、辉绿岩等优质碱性集料，而这些矿料较为稀缺，尤其在西部地区玄武岩与辉绿岩的岩矿数量较少，常采用远运方式备料。而水泥混凝土路面对集料的要求明显低于沥青路面，卵石与碎石均可采用，集料分布广泛、易于获得，主要充分利用当地原材料，且也不需要价格昂贵、工艺复杂的矿粉，价格仅为沥青路面集料的 1/3 甚至更低。

由此可见，在广阔西部地区应大力发展水泥路面，紧密结合该地区经济基础较弱、水泥资源丰富的特点，以实现西部地区资源节约型的可持续交通发展。

(2)施工方法多样，普及性好

水泥路面施工方法多样，既有滑模摊铺、轨道摊铺等机械化施工方法，也有三辊轴机组或小型机具与人工结合施工方法，多种施工方法处于并存状态，在不同工程条件和技术水平下均可以选择适宜方法完成路面施工，保证工程质量，普及程度高。而沥青路面施工方法比较单一，目前主要以混合料集中厂拌、摊铺机现场摊铺的机械化施工为主，对施工设备、技术水平的要求很高，普及程度受限。

另外，水泥路面施工工序相对较少，质量控制难度相对较小，所需施工机械设备更少，尤其是目前广泛应用的小型机具与人工结合的施工方法。而沥青路面施工工序较多，各环节质量控制要求更高，且需要大型拌和楼、专用摊铺机、轮胎和钢轮压路机等各种大型专用设备。

沥青路面的建造速度慢于水泥路面。高速公路沥青路面一般有三个面层、三层黏层油和一层透层油，全表面层共需7道工序方可完成，而水泥混凝土路面仅1个面层。以前1个水泥混凝土路面层代替沥青路面7个面层，如今，为提高半刚性基层表面的抗冲刷性，水泥路面增加了透层油和封层油，一个面层工序代替沥青路面的5个工序。沥青路面和水泥路面均可采用摊铺机施工，水泥混凝土路面的施工速度更快、工序更简洁，施工动用的机械更少，施工费用也更加节省。

西部地区公路网络建设前景发展广阔，公路建设标准需求多层次、多样化，高速公路、干线公路与农村公路均有待进一步发展。水泥路面的施工多样性可很好地满足不同等级公路路面建设的需要。对于干线公路与农村公路，可充分利用西部地区劳动力资源丰富、人工成本较低的优势，大力推行小型机具与人工相结合的水泥路面施工技术。

(3)节能减排，环境友好

水泥路面施工为冷态施工，只需要将材料按比例进行拌和，不需要加热材料，节省能源。而沥青路面施工对混合料温度要求很高，热拌沥青混合料施工时必须将集料与沥青加热至150℃以上进行高温拌和，高温拌和每吨沥青混合料需增加燃油能耗100～150元，并排放出CO_2约38kg。

水泥路面浇注施工时通常只需要利用振捣棒或平板振动器振捣密实并成型，而水泥路面施工振动小、噪声小、污染小，对周边环境影响小。沥青路面施工压实时需使用振动压路机和胶轮压路机，振动压实环节能耗比水泥路面高5～8倍。

同时，沥青路面施工拌和场需要较大的占地面积，拌和场所散发出的粉尘和烟尘对周边环境产生较大的污染，路面施工中振动压路机产生的振动和噪声对现场附近居民生活影响较大。沥青路面在使用过程中对公路周围的土地、地下水等也会造成一定污染，同时沥青类有机材料的自然分解与降解需要漫长的时间，对自然环境产生一定影响。这也是国际上绿色环保组织反对大量建造沥青路面的重要原因之一。

西部地区经济基础薄弱、生态环境脆弱，在西部地区大力推广水泥路面，可充分发挥其节能减排与环境友好的优势，实现交通增长与生态保护的协调发展。

(4)使用寿命长、养护费用低、环境适应性强

水泥路面刚度大、承载能力高，在相同交通荷载条件下的使用寿命明显长于沥青路面，可以达到30年以上。同时，水泥路面无车辙、推移、壅包等病害，破损后的局部换板可使用三辊轴机组或小型机具施工，设备投入少，且再生利用率高，使用期内的养护维修费低，生命周期成本低。沥青路面使用寿命较短，目前情况一般为5～10年就需进行大修，养护周期短，局部修复或加铺时需要的机械设备多。另外，沥青路面使用期间受环境温度和交通荷载影响较大，车辙、低温开裂等病害出现几率高；而水泥路面对环境的适应能力强，适宜于重载交通，且在特殊气候与突发地质灾害条件下具有很强的应急保障能力。

美国在重交通的高速公路中，有49%的州际道路和一级联邦资助道路采用水泥混凝土路面，许多已经运营50年的水泥路面的状况依然良好。德国是最早大量使用水泥混凝土路面的国家之一，绝大多数高速公路都是水泥混凝土路面，且使用性能很好。加拿大国家高速公路骨架干线401、407与427公路均采用水泥混凝土路面，在魁北克省水泥混凝土路面承担了75%以上的交通量。澳大利亚1925年就开始修筑水泥混凝土路面，目前水泥路面约占高速公路网络总里程的2/3。荷兰地势较低，河流分布广泛，公路地下水位较高，对路面工作环境与使用性能提出了更高要求，但水泥路面依然体现出良好的使用性能，实际使用寿命均达40～50年。英国对水泥混凝土面也极为重视，水泥路面的形式也多样，包括素水泥混凝土路面、钢筋水泥混凝土路面、连续配筋水泥混凝土路面，在现有路网的28.5万km高速公路中，有15万km的水泥路面，约占总里程的52%。西班牙修筑水泥路面的历史最早可追溯至1915年，目前水泥路面仍是该国重要的高速公路路面类型，占路网总里程的1/3。

综上所述，水泥混凝土路面在材料资源、普及推广、节能减排等方面具有显著优势，已在欧美发达国家和我国公路路面中得到了广泛应用。但在我国西部地区，尤其是西北地区，水泥混凝土路面发展明显滞后于其他地区。

“十二五”期间，在我国公路里程规划，尤其是西北地区公路规划中，针对西部地区交通基础设施薄弱的现状，将有较大规模的增长。预计到2015年，西部地区高速公路里程将再增加一倍，总里程将达3.6万km，占全国高速公路通车总里程的1/3；到2015年我国将再新增农村公路45万km，农村公路总里程达

390 万 km，其中西部地区的农村公路里程增长量占 2/3。同时，公路交通发展中重视交通领域节能减排和减灾防灾，尤其在 2011 年 5 月交通运输部颁布了《深入实施西部大开发战略公路水路交通运输发展规划纲要（2011－2020 年）》，提出针对西部地区生态脆弱、自然灾害频发的特点，强调了构建绿色交通运输体系和提高安全和应急保障能力，因地制宜的推进西部地区交通运输发展，确保交通运输可持续发展。

1.2　国内外研究现状

水泥混凝土路面修筑技术是国内外道路界长期开展的一项研究课题，国内外许多研究机构对此开展了相关研究，在路面结构、材料、表面功能、施工与养护等方面取得了许多研究成果。

1.2.1　连续配筋混凝土路面修筑技术

连续配筋混凝土路面（Continuously Reinforced Concrete Pavement，简称 CRCP），在纵向设置连续钢筋，不设横向胀、缩缝（施工缝及构造所需的胀缝除外）。

1921 年最早的连续配筋混凝土路面出现在美国华盛顿特区。从 20 世纪 60 年代开始，美国在修建高速公路时开始大量铺筑连续配筋混凝土，现已广泛应用于干线公路和机场道面。比利时、澳大利亚、英国、日本等国家也修筑了连续配筋混凝土路面。该类型路面在国外发展较快，很多国家都对连续配筋混凝土做了深入的科学研究，国外学者在许多方面做了研究，并结合试验对连续配筋混凝土路面的工程应用做了大量的调查和分析，主要针对连续配筋混凝土路面在荷载、材料、环境因素作用下的破坏机理、使用性能、开裂模式、端部位移及锚固、养护维修及在特殊环境下的应用等方面展开系列研究。

我国引入连续配筋混凝土路面较晚，且大部分为试验工程，大面积的实体工程很少。1989 年，江苏省盐城市东郊一级公路上修建了我国第一条长 500m、宽 7m、厚 20cm 的连续配筋混凝土路面试验路。连续配筋混凝土路面由于行车非常平稳与舒适，具有十分突出的强度和耐久性、使用寿命长，近二十多年来，连续配筋混凝土路面逐渐得到重视，从 2002 年开始，《公路水泥混凝土路面设计规范》（JTG D40—2011）提出在高速公路建设中可以采用连续配筋混凝土路面，规范提出的连续配筋混凝土路面设计方法主要参考国外的设计方法和试验路的成果。同时，由于人们对连续配筋混凝土路面的认识还不够（如连续配筋混凝土路面有较多的细微裂缝），部分交通业内人士对采用连续配筋混凝土路面存在顾虑，加之造价较高，致使国内连续配筋混凝土路面的研究、推广应用远远滞后于国外。

1.2.2 水泥粉煤灰混凝土

粉煤灰应用于公路工程始于20世纪30年代，主要用作筑路材料。许多先进国家修筑高速公路、高等级公路以及乡村公路普遍使用粉煤灰作铺筑材料。如法国在公路基层、面层、渗水层、回填层等都掺用了粉煤灰。粉煤灰混凝土用于路面工程，已基本解决了混凝土材料性能和施工技术问题，并在公路工程中大量推广应用。通过混凝土配合比设计，适当发挥粉煤灰效应和功能，完全能够提高混凝土的抗折强度、耐久性和耐磨性，特别是能使混凝土的性能适应不同的路面施工技术。美国在混凝土路面施工中，通常掺10％～20％粉煤灰，以提高混凝土的黏聚性，改善路面板摊铺质量，但对大掺量应用持谨慎态度。粉煤灰之所以能够在一些工业国家中得到广泛使用，是因为作为最有潜在价值的基本材料进入公路工业生产，它能为筑路的工业化带来有效利用资源，提高混凝土质量和降低成本的显著效益。与普通混凝土相比，粉煤灰可提高混凝土工作性、减小泌水、降低水化热，增加强度、抑制碱－集料反应、抵抗硫酸盐侵蚀、抵抗渗透，为生产路面用优质混凝土提供了重要的技术条件，并且每立方米混凝土实际能节约1.3～2.6美元。

我国在20世纪50年代始，用粉煤灰作掺和料进行过路面施工，因当时水泥强度等级低，粉煤灰也未经处理，质量差，因此情况不理想。20世纪70年代，由于粉煤灰的处理技术不断发展，在路面的应用有所发展。到20世纪80年代后期，粉煤灰在碾压混凝土路面的应用，取得很大进展，优越性逐步得到体现，至此，各方面对混凝土路面使用粉煤灰表现出一定的积极性。

近年来，粉煤灰在公路工程中应用的范围不断扩大，不仅用于高速公路，还用于大桥、护坡、引道、机场跑道等工程。国家“八五”科技攻关项目“滑模摊铺水泥混凝土路面修筑成套技术研究”中，将粉煤灰在滑模机械施工的水泥混凝土路面中的应用作为生产高性能公路混凝土的重要技术手段之一，进行了广泛深入的研究和大规模推广。

归纳起来看，粉煤灰在公路中的应用主要体现在：路基填料、路面基层、低掺量粉煤灰（占水泥总量的25％以下）水泥混凝土路面面层。在结构混凝土中掺用粉煤灰在我国的普及程度仍较低，即使掺用，其掺量一般也比大体积混凝土低得多。对于高掺量粉煤灰混凝土是正在发展的技术，高掺量粉煤灰混凝土水化机理及配合比设计目前尚需进一步完善。

1.2.3　嵌锁密实水泥混凝土

随着水泥混凝土技术的发展和工程对水泥混凝土要求的提高，我国现行水泥混凝土配合比设计方法应用中出现了一些与工程实际不相适宜的问题，影响着水泥混凝土的质量保证和施工成本，值得引起建设者的重视，其问题亟待解决。

现行水泥混凝土配合比设计中对粗集料的重视程度不足，尚未充分发挥粗集料在混凝土中的刚性骨架、阻挡裂缝等作用。混凝土是一种由硬化水泥石和粗、细集料构成的复合材料，集料占混凝土体积的60%～75%（质量的70%～80%）。最初人们出于减少水泥用量、降低混凝土成本的目的而在混凝土中使用粗集料，其作为分散相虽在混凝土中占据较大体积，但性质一般比较稳定，通常被视为惰性材料。混凝土配合比设计中主要侧重于利用水泥石、外加剂、矿物掺和料来提高混凝土强度，改善混凝土性能，而对粗集料的重视程度不足，对“粗集料最大粒径”是“按混凝土结构情况及施工方法选取”，缺少粗集料最大粒径和砂率的明确上限限制，主要考虑了水泥混凝土的水泥胶结强度，而对集料的嵌锁强度和混凝土材料的均匀性考虑得少或未顾及，使集料没有真正起到“骨架”作用，出现了水泥用量大（有时甚至多20%～30%）而强度低、耐久性差的现象。随着高强、高性能混凝土的发展，粗集料的作用逐渐引起重视。粗集料并不是完全惰性的，其对新拌及硬化混凝土的性能、配合比与经济性有显著影响。尤其是在水泥、掺和料、外加剂等的作用发挥至极致时，粗集料的作用愈加明显。粗集料在混凝土中所起的作用主要包括刚性骨架作用和裂缝诱发与阻挡作用。如果水泥混凝土中水泥砂浆较多，则水泥砂浆层较厚，混凝土在荷载作用下的破坏一般表征为水泥砂浆层破碎而丧失承载能力，而粗集料的强度和弹性模量均高于水泥砂浆，形成骨架结构的粗集料间的传递力可以使混凝土的强度提高；当水泥石和集料的强度高，且集料表面洁净利于黏结时，混凝土基体与集料界面间形成的结合带的强度较高，一定程度上也能提高混凝土强度。在提高混凝土强度的同时，粗集料还能改善混凝土的变形性能，使混凝土具有比纯水泥砂浆更好的体积稳定性与耐久性。混凝土破坏的实质是其收缩徐变引起的内部结构缺陷（尤其是微裂缝）在荷载作用下不断扩展的结果，而粗集料对混凝土收缩有约束作用，使混凝土的收缩值比水泥砂浆小好几倍。混凝土中的粗集料既能引发裂缝，也能阻挡裂缝发展。

水泥混凝土强度试验时发现，现行配合比设计方法确定的水泥混凝土破裂面大部分出现在砂浆或砂浆与集料结合部位，表明砂浆在混凝土强度构成中起主要作用，尚未充分发挥集料作用，往往导致水泥用量偏高，造成施工成本明显提高，也不利于混凝土耐久性的保证。

为此，从水泥混凝土的强度构成原理出发，借鉴体积法设计思想，以充分发挥粗集料在混凝土中的作用为目标，试验研究砂浆和集料的组成比例、集料级配对混凝土工作性和强度的影响，提出集料嵌锁结构组成和嵌锁密实水泥混凝土；以技术合理、经济有效、可操作性强为原则，提出嵌锁密实水泥混凝土配合比设计方法。研究成果可直接指导水泥混凝土设计与施工，保证工程质量，节约工程成本，有效利用有限资源，具有重要的工程现实意义。

1.2.4 露石水泥混凝土路面

露石水泥混凝土路面（Exposed-Aggregate Cement Concrete Pavement，简称 EACCP），是在面层水泥混凝土混合料铺筑完成后，喷洒露石剂并覆盖塑料膜养生，期间通过露石剂作用对水泥混凝土表面层进行化学处理，延缓表面一定厚度水泥砂浆的凝结，但不影响主体混凝土的正常凝结硬化，当主体混凝土达到一定强度后，刷洗其表面进行表面除浆，露出均匀分布的粗集料。这样所形成的水泥路面就是露石水泥混凝土路面（EACCP）。

20 世纪 90 年代，出于对环境改善与提高道路安全性的需求，西方国家开始较大规模地研究应用低噪声路面，一些新建水泥混凝土路面也研究应用了露石水泥混凝土路面技术。英国南威尔士在道路大修项目中，对旧水泥路面实施连续配筋混凝土加铺层时，采用了露石水泥混凝土路面技术，预期比传统的拉毛混凝土路面降低噪声 3dB。该道路中的连续配筋露石水泥混凝土路面设计，一方面使混凝土路面无接缝，大大提高了水泥路面的平顺性，另一方面其露石水泥混凝土路面使沿线交通噪声降低，路面舒适性提高，而且连续配筋使路面承担繁重交通的能力获得很大提高。比利时在对原有旧水泥路面进行表面处理时，多采用纵向刻纹施工工艺，增加其抗滑性，提高路面纵向平整度，同时对交通噪声也有降低作用；但对新建水泥路面则都采用露石水泥混凝土路面。研究结果表明，露石水泥混凝土路面降噪效果显著。德国使用滑模摊铺机铺筑低噪声水泥路面，滑模摊铺机施工过后，喷洒超缓凝剂使表面混凝土缓凝，铺筑一定时间后，用刷洗机将表面砂浆刷掉，形成裸露均一集料的低噪声路面表面。

国外的研究应用资料仅反映出露石水泥混凝土路面的一些使用效果和施工工艺，没有详尽的研究，也没有路面材料组成方法及施工工艺的关键细节，而且由于各方面的条件与情况不同，难以将其技术应用到我国的工程实际中。

20 世纪末，国内个别水泥路面施工中对露石水泥混凝土路面做了尝试性试验，如在黑龙江哈绥线尚志至亚布历段，但尚未开展深入研究，对这种路面形式的技术要求、施工工艺以及路面性能评价指标未进行探讨。总体上，没有对露石水泥混凝土路面进行系统研究。

1.2.5　旧沥青路面上铺筑水泥混凝土路面

旧沥青路面上铺筑水泥混凝土作为一种新型、有效、快速、经济且简便的旧沥青路面维修技术，最早出现在 1918 年美国的印第安那州。从 20 世纪 70 年代中期到 90 年代，该技术逐渐得到广泛应用，主要是用来提高已有公路和乡村道路的结构承载能力。通常意义上的水泥混凝土罩面层（又称白色罩面层，"Whitetopping"）是在旧沥青路面上直接摊铺而成，尽量利用旧有路面的结构强度。其罩面厚度均较大（10～45cm），在国内外道路工程界已广泛使用。这种罩面层一旦破坏，修复困难，使维修成本增加。另外，从资源角度而言，水泥混凝土罩面层的水泥和石料使用量大，不利于道路的可持续发展。因此，如何在资源紧缺、资金有限的条件下，修复已严重恶化的旧沥青路面，使其满足道路使用性能的要求，成为世界道路工作者面临的重要任务。在这种特定的环境下，道路工作者经过不懈努力，于 20 世纪 90 年代初研究出了一种新型的旧沥青路面修复技术——超薄水泥混凝土（UTW）路面。

1991 年 9 月，美国在肯塔基州的 Louisville 修筑了第一条超薄水泥混凝土路面试验路。该试验段采用 90mm（3.5in）和 50mm（2in）两种厚度。通过对试验路段进行为期 13 周的加速加载试验，获得了重大发现：厚度为 50～90mm 的超薄水泥混凝土路面可以承受低、中交通量道路、停车场和城市街道的交通荷载。这一具有重大现实意义的发现，引起了道路工作者的极大兴趣，促进了超薄水泥混凝土路面的快速发展。自 1992 年以后，美国先后有 30 多个州修筑了超薄水泥混凝土路面试验路段。研究初期，试验路段主要修筑于城市街道、道路交叉口停车场和测重站等车辆频繁制动或启动的路段，取代沥青罩面层，使用效果良好。1994 年，依阿华州交通局、美国联邦公路管理局（FHWA）和依阿华州州立大学联合，在依阿华州干线公路上修筑了一条 11.6km 长的超薄水泥混凝土路面实体工程，标志着超薄水泥混凝土路面在主要公路上开始应用。1998 年，美国联邦公路管理局（FHWA）和美国混凝土路面委员会（ACPA）签订协作研究与发展协议（CRADA），共同研究超薄水泥混凝土路面，在各州和地方道路机构推广使用超薄水泥混凝土路面。

我国目前仅在 210 国道陕西境内铜黄二级公路上修筑了第一条长 300m 的超薄水泥混凝土路面试验段，野外观察、测试与分析仍在进行中。超薄水泥混凝土路面作为20世纪90年代初期诞生的一种新型路面结构，目前仅处于试验路研究阶段，对其设计、施工的研究尚不够深入系统，尤其是超薄水泥混凝土路面的设计研究仍是空白。由于超薄水泥混凝土路面厚度薄、接缝间距小，故以往研究的有关普通水泥混凝土路面和复合式路面的结论不能直接用于超薄水泥混凝土路面的设计与施工中。为了加快超薄水泥混凝土路面的发展速度，使其设计、施工更科学合理，能更好地发挥其作用，应对超薄水泥混凝土路面修筑技术进行研究。

1.2.6 水泥混凝土路面养护与维修技术

早期最常用的水泥混凝土路面修补材料是沥青质材料，即在水泥混凝土路面的裂缝处灌注沥青，以达到封闭裂缝的目的，或在破损严重的水泥混凝土路面上加铺一层沥青混凝土。这种方法只是一种应急措施，不能从根本上解决水泥混凝土路面修复的问题。到了20世纪80年代，随着人们对水泥混凝土路面修补技术的重视，一些国家加大了水泥混凝土路面修补材料的研究力度。

美国、日本等国家将常用于工业与民用建筑混凝土结构裂缝修补的环氧树脂进行改性，研制出适合水泥混凝土路面的抗冲击性较大的改性环氧树脂灌浆材料。还有一些国家研制出了低黏度聚合物稀浆用于裂缝宽度为0.5mm左右的细裂缝修补。用掺加高分子材料的聚合物水泥砂浆以及合成聚合物和焦油为主的油灰胶泥修补较宽的裂缝，用延性较好的聚氨酯树脂、橡胶-煤焦油填缝料进行路面的接缝修补。

在水泥混凝土路面的板块修补上，常采用的方法是将损坏的混凝土除掉，铺上与原路面混凝土相同强度或略高于原设计强度的普通混凝土。由于普通混凝土需要较长的养生时间，给路面尽快恢复交通带来了困难。因此，人们使用在混凝土中掺早强型外加剂的办法，加快混凝土早期强度的形成。一些国家还研制出适用于水泥混凝土路面修补的快硬高早强水泥，如日本的“一日水泥”，英国的“Swiftcrete”水泥，意大利的“Supercement”。20世纪80年代末与90年代初，在原国家科委引导性项目“我国水泥混凝土路面发展对策及修筑技术研究”研究过程中，一些研究单位根据国情也研制了一些高早强、收缩小、性能优异的修补材料，如江苏省建筑科学研究院研制的JK系列混凝土快速修补剂，4～6h就可以达到通车强度的要求。这种材料不仅早期强度高，而且收缩小，新旧混凝土黏结力强，凝结时间适中。该材料已在全国20多个省市的公路、市政部门进行了应用，取得了较好的路面修补效果。

在水泥混凝土养护维修中，仅仅选用性能良好的修补材料还不够，修补工艺也直接影响到水泥混凝土路面的修补质量。在裂缝的修补方面,最简单的方法是用热沥青直接灌入缝内。后来采用灌环氧树脂的方法,让环氧树脂通过空压渗入到裂缝内。这种修补方法对新建路面的断板裂缝修补较为适用。对于旧水泥混凝土路面,裂缝内夹有灰尘,缝壁的尘污难以清除,致使灌入的材料与旧混凝土黏结不好。近几年来,江苏等地采用沿路面裂缝向两侧扩展20~30cm,去除表面8~10cm的混凝土,沿裂缝每隔30cm左右设置钯钉,再铺上用JK系列混凝土快速修补材料配制的混凝土,采用这样措施修补的水泥混凝土路面使用时间达3年以上。随着对水泥混凝土路面养护维修技术研究的深入和实践经验总结,伴随着材料与设备的发展,养护维修工艺逐渐向成套机械化方向发展。

过去破碎旧混凝土,大多采用人工凿除或风镐破碎的方法,破碎清除废混凝土的速度很慢。有些也采用冲击锤破碎旧混凝土,虽然工效有所提高,但容易导致相邻好板块的损伤。最近,我国研制出了一种液压式多功能混凝土破碎机,不仅提高了混凝土板块的破碎工效,也减少了对相邻板块的影响。水泥压浆机的问世,为处治水泥混凝土板下脱空提供了有效手段,起到了防止路面早期破坏,延长路面使用寿命的作用。

1.2.7 水泥混凝土路面施工技术

由于我国公路水泥混凝土路面建设发展速度很快,且每年建设规模巨大,过去使用小型工艺和技术的施工方法显然已经落后,远远不能适应当前水泥混凝土路面施工装备、工艺和技术水平的要求。近年来大、中型机械化施工如滑模摊铺三辊轴机组、碾压施工等技术已经在我国高速公路、一、二级公路的水泥路面施工中应用。从设备到工艺都取得了长足进步,并解决了一些传力杆设置工艺等难题。但是,从现有水泥混凝土路面发生破坏的情况来看,仍存在施工变异性大、路面不均匀(包括平面方向及板的厚度方向)的问题。因此,我国公路水泥混凝土路面建设迫切需要一套完善的施工技术来保障提高其施工质量,保证所铺筑的水泥路面具备密实、平整、耐久和安全的性能,并大幅度减小水泥混凝土路面维修、养护的难度和工程量。

1.2.8 现状分析

(1)目前连续配筋混凝土路面设计方法主要参考国外的设计方法和试验路的成果,在路面荷载应力模型和端部锚固力计算等方面还需进一步完善。

(2)现行水泥混凝土配合比设计中对粗集料的重视程度不足,应在满足工作性能与强度的要求下，在现行水泥混凝土配合比设计方法基础上，提出新型的水泥混凝土配合比设计方法。

(3)露石混凝土路面在我国尚未开展系列研究，现有研究成果仅反映出露石混凝土路面的一些使用效果和施工工艺，尚需进一步研究露石混凝土设计与施工中的试验方法与评价指标。

(4)我国公路水泥混凝土路面建设迫切需要一套完善的施工技术来保障提高其施工质量，尤其在水泥混凝土路面三辊轴机组和小型机具施工方法等方面。

1.3 本书内容

通过室内试验、机理分析、数值仿真和试验路铺筑，对水泥混凝土路面结构、材料、表面功能、施工与养护等方面进行系列研究。

(1)连续配筋混凝土路面修筑技术研究

针对连续配筋混凝土路面(CRCP)的结构特点及力学特性，建立荷载应力分析的有限元模型，分析连续配筋混凝土路面荷载应力与普通混凝土板的不同；建立连续配筋混凝土路面温度应力的计算模型；根据路面面板与基层之间的剪应力相对位移关系，确定连续配筋混凝土路面端部锚固力计算方法；从设计指标、设计参数、板厚设计、配筋设计、端部锚固设计等方面，提出连续配筋混凝土路面设计方法。

(2)水泥粉煤灰混凝土研究

研究水泥粉煤灰混凝土的水化机理，提出水泥粉煤灰混凝土配合比设计方法；进行水泥粉煤灰混凝土干缩、强度、耐磨和抗冻等试验研究，分析水泥粉煤灰混凝土的路用性能。

(3)嵌锁密实水泥混凝土研究

从水泥混凝土作为多相分散系的角度，提出嵌锁密实水泥混凝土的定义；借鉴逐级填充理论，根据粗集料振动填充试验，推荐水泥混凝土粗集料嵌锁骨架结构临界状态与最佳集料填充比，提出水泥混凝土粗集料嵌锁骨架结构级配组成设计方法；根据水泥混凝土坍落度和强度试验结果，分析嵌锁密实水泥混凝土的坍落度和强度变化特性；建立嵌锁密实水泥混凝土组成模型，提出嵌锁密实水泥混凝土配合比设计方法。

(4)露石水泥混凝土路面

针对露石混凝土路面的技术要求，研究露石混凝土配合比设计原则；针对露石混凝土的抗滑性能、降噪性能等路用性能，提出相应的试验方法与试验指标；

从施工准备、露石剂制备、施工工艺及其质量控制等方面，提出露石混凝土路面的施工控制技术。

(5)旧沥青路面上水泥混凝土面层设计方法研究

在旧沥青路面状况调查和评定的基础上，研究旧沥青路面承载能力评价方法与控制标准；从路面结构组合设计、设计标准、接缝设计及排水设计等方面提出旧沥青路面上加铺普通水泥混凝土路面设计方法；对超薄水泥混凝土(UTW)路面，确定超薄水泥混凝土路面荷载应力的临界荷位，提出路面结构设计方法。

(6)水泥混凝土路面小型机具施工与质量控制

针对二级以下水泥混凝土路面施工，提出水泥混凝土路面的三辊轴机组和小型机具铺筑法；提出满足水泥混凝土路面使用功能和结构力学要求的质量控制方法。

(7)水泥混凝土路面养护维修技术

总结养护经验，提出水泥混凝土路面接缝养护技术、排水系统养护技术、抗滑性能恢复技术和冬季养护技术。对于由路基不均匀沉陷变形、基层破损等原因引起的错台，提出水泥混凝土路面脱空位置与范围的确定方法和注浆浆体的配制。

第 2 章　连续配筋水泥混凝土路面修筑技术

连续配筋水泥混凝土路面(CRCP)是为克服接缝水泥混凝土路面的各种病害及改善路用性能而采用的一种混凝土路面结构形式，在路面纵向配有足够数量的钢筋，以控制混凝土路面板纵向收缩产生的开裂，除施工缝及构造需要的胀缝外，完全不需设置胀缝和缩缝，具有耐久性好、使用寿命长、行车舒适平顺、养护工作量少、维修费用低等特点，适用于高速公路、干线公路、机场道面、已有道路路面改造加固等。自 1921 年美国华盛顿修筑世界第一条连续配筋混凝土路面以来，国外许多国家较多采用连续配筋混凝土路面。我国引入连续配筋混凝土路面较晚，1989 年在江苏修建了第一条 1km 的试验路，开始了国内连续配筋混凝土路面研究与实践。

1996 年，陕西省铜川公路管理总段(现陕西省铜川公路管理局)与西安公路学院(现长安大学)联合，结合国道 210 线 K137＋915～K138＋143 段路面改建工程，系统开展连续配筋混凝土路面设计与施工技术研究，并修筑了试验路段。经过十多年的研究，连续配筋混凝土路面的设计基本成熟，其中连续配筋混凝土面层配筋设计相关内容已经纳入《水泥混凝土路面设计规范》(JTG D40—2011)。

2.1　连续配筋水泥混凝土路面应力分析

2.1.1　荷载应力

1)有限元计算模型

连续配筋混凝土路面在纵、横向配有钢筋，以抵抗混凝土路面板收缩产生的开裂，从而保持路面的整体连续性，建立模型时需考虑钢筋对路面性能的影响。

本研究以空间等参元理论为基础，对混凝土采用三维 8 结点等参单元，将钢筋简化为等效薄层，采用正交各向异性薄膜单元建立模型进行计算分析。在达到相同效果的基础上，模型相对较为简洁，计算方便。

(1)正交各向异性薄膜模型的建立

连续配筋混凝土路面主要钢筋一般在纵向布置，从横截面上看，钢筋在混凝

土中是离散分布的。为了便于计算,将其连续化处理,使之等效为一均质薄层。在分析中假定:

①垂直于薄膜中面的法线长度在变形前后保持不变;

②薄膜很薄,其垂直于中面的变形可以忽略,而只有平行中面的应变;

③钢筋只考虑能承受轴力,不能承受横向剪力和弯矩;

④平行于中面的各平面在变形过程中互不挤压。

根据以上假设,薄膜模型的几何方程为:

$$\{\varepsilon\}=\begin{Bmatrix}\varepsilon_x\\ \varepsilon_y\\ y_{xy}\end{Bmatrix}=\begin{Bmatrix}\dfrac{\partial u}{\partial x}\\ \dfrac{\partial \nu}{\partial y}\\ \dfrac{\partial u}{\partial y}+\dfrac{\partial \nu}{\partial x}\end{Bmatrix} \tag{2-1}$$

由此,正交各向异性材料在平面应力状态下的应力应变关系为:

$$\begin{Bmatrix}\varepsilon_x\\ \varepsilon_y\\ y_{xy}\end{Bmatrix}=\begin{bmatrix}S_{12} & S_{21} & 0\\ S_{12} & S_{22} & 0\\ 0 & 0 & S_{66}\end{bmatrix}\begin{Bmatrix}\sigma_1\\ \sigma_2\\ \tau_{12}\end{Bmatrix}=[\boldsymbol{S}]\{\sigma\} \tag{2-2}$$

式中:$[\boldsymbol{S}]$——柔度矩阵,$S_{ij}(i,j=1,2,\cdots,6)$为柔性常数。

薄膜由混凝土中的离散钢筋作连续化处理得到。根据假设,钢筋只承受轴向力,不承受横向剪力和弯矩,即:

$$\tau_{12}=0$$

由此,式(2-2)简化为:

$$\begin{Bmatrix}\sigma_1\\ \sigma_2\\ \tau_{12}\end{Bmatrix}=\begin{bmatrix}d_{11} & d_{12} & 0\\ d_{21} & d_{22} & 0\\ 0 & 0 & 0\end{bmatrix}\begin{Bmatrix}\varepsilon_1\\ \varepsilon_2\\ \gamma_{12}\end{Bmatrix} \tag{2-3}$$

可简写为:

$$\{\sigma\}=[\boldsymbol{D}]\{\varepsilon\}$$

由此得到了所需的本构关系模型,其中$[\boldsymbol{D}]$为材料刚度矩阵,d_{ij}为弹性常数。在具体确定工程弹性常数 E_1 、E_2 、μ_{12} 值时,可根据复合材料理论中的细观力学分析得到。在模量确定过程中,钢筋配筋率不同,薄膜模量大小就不同,并且模量大小与板宽、钢筋直径等因素有关。

(2)裂缝模型的建立

连续配筋混凝土路面的横向裂缝主要是由于混凝土硬化时的干缩和温缩受阻而形成的。在横向裂缝处，混凝土的收缩变形被钢筋所约束，应力由钢筋承担，纵向钢筋保证裂缝张开量不至过大。为了研究方便，裂缝宽度取 1mm。

在进行荷载应力分析时，为简化有限元模型，作如下假设：混凝土应力超过其抗拉强度时产生裂缝，裂缝形成后在裂缝处混凝土的应力为零；混凝土与钢筋间无相对移动；裂缝处的传荷能力由纵向连续的抗剪强度提供。在计算模型中，裂缝分布按均匀考虑。

在分析中，地基采用弹性半空间 E 地基，并假定连续配筋混凝土路面板与地基层间完全连续。计算中基本荷载取单后轴双轮组轴载，轴重 100kN，为便于有限元计算分析，荷载作用面可折算取为方形荷载，轮压为 0.6MPa。

(3)组合单元刚度矩阵的建立

混凝土单元采用 8 结点六面体单元，路面结构的有限元模型单元就成为带钢筋薄膜的 8 结点六面体组合单元。

(4)收敛性分析

在计算分析中，先给定初始深度值，在假定其他参数不变的情况下，逐步扩大地基的尺寸，以观察其对路面板应力的影响，直至应力收敛为止。由计算结果得出，板的应力随着地基尺寸的增大而逐步收敛，荷载对地基的影响范围确定为 8m×15m×6.5m。

2)临界荷位分析

临界荷位是路面板中产生最大弯拉应力或最可能损坏的荷载作用位置。普通混凝土路面板的临界荷位是轴载作用于纵缝边缘中部，这时板底产生最大弯拉应力。连续配筋混凝土路面板中有不确定间距的横向裂缝，临界荷位的确定也因横向裂缝间距大小不同而有所变化。为此，本研究针对不同裂缝间距 L，进行不同荷位下的连续配筋混凝土路面荷载应力计算分析。计算中，由于连续配筋混凝土路面在横向裂缝处纵向钢筋保持连续，其整体性较好，连续配筋混凝土路面按多板系统考虑。

计算荷载分为双轮组轮载与轴载，荷载布置分为中荷载（荷载骑缝对称布置）和偏荷载（即荷载边缘切缝布置）。荷位布置形式很多，本研究主要考虑：

①如图 2-1a)所示，荷载作用在两条相邻裂缝中部，并从板边向板中移动，分别考虑轮载与轴载；

②如图 2-1b)所示，荷载作用在横缝处，并从板边向板中移动，分别考虑轮载与轴载，其中轮载分为偏荷载与中荷载。

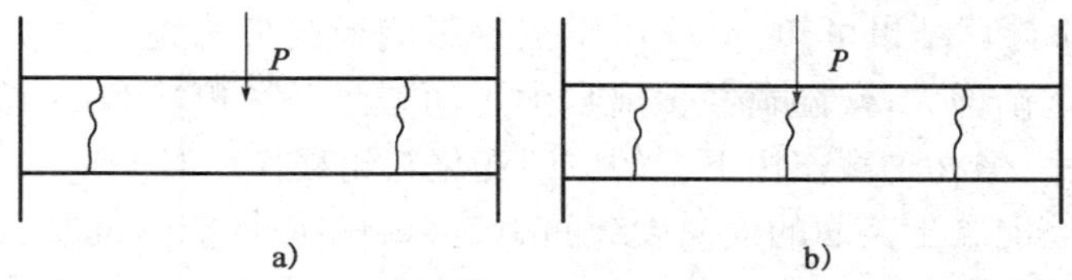

图 2-1　荷载作用位置示意图

(1)荷载作用在两条相邻裂缝中部

计算参数为：板宽 5m，板厚 h_c=20cm，荷载 P=0.6MPa，作用在相邻裂缝中部，后轴重 100kN，$E_c=3\times10^4$MPa，μ_c=0.15，地基模量 E_t=120MPa，u=0.30，钢筋模量 $E_s=2\times10^5$MPa，剪切模量 $G_s=7.7\times10^4$MPa，钢筋配筋率为0.4%，钢筋直径为 ϕ16，放置在距板面 $1/2h_c$ 处，裂缝间距 L=0.5m，裂缝宽度为 1mm。

为了考虑轮载、轴载对板底应力的影响，对不同荷位情况进行了计算。图 2-2 是荷载作用位置示意图。表 2-1 给出了计算结果，其中 a_1～a_2 是轮载，a_6～a_8 是轴载。

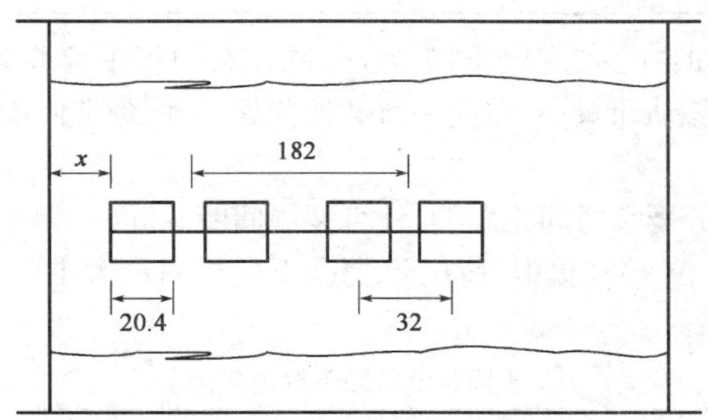

图 2-2　荷载作用在相邻裂缝中部荷载示意图(尺寸单位：cm)

轮载、轴载作用相邻裂缝中部时板内应力计算结果　　表 2-1

荷载位置(cm)	编　　号	σ_{ymax}(MPa)	σ_{xmax}(MPa)
X=0(轮载)	a_1	0.721 3	1.654 5
X=98.8(轮载)	a_2	0.438 3	2.417 3
X=132.8(轮载)	a_3	0.435 5	2.500 5
X=223.8(轮载)	a_4	0.432 5	2.506 2
X=250(轮载)	a_5	0.432 9	2.506 6
X=0(轴载)	a_6	0.721 6	1.580 4
X=98.8(轴载)	a_7	0.442	2.018 4
X=132.8(轴载)	a_8	0.438 7	2.027 4

由表 2-1 计算结果可知：荷载作用位置影响板内应力值，应力 σ_y 随荷载向中部移动而逐渐增大，σ_y 随荷载偏离自由边而减小。一侧轮载的施加（即轴载）导致应力减小，但在轴载作用下板的应力变化与轮载作用时一致。

连续配筋混凝土路面的横向裂缝间距是影响路面性能的重要因素。其他参数不变，横向裂缝间距 0.5m、1.0m、1.5m 下的板荷载应力计算结果见表 2-2。

荷载作用在相邻裂缝中部不同荷位时的应力（单位：MPa）　　表 2-2

裂缝间距(m)	荷载位置(cm)											
	X=0		X=98.8		X=132.8		X=223.8		X=250		X=333.2	
	①		②		③		④		⑤		⑥	
	σ_{xmax}	σ_{ymax}	σ_{xmax}	σ_{ymax}	σ_{xmax}	σ_{ymax}	σ_{xmax}	σ_{ymax}	σ_{xmax}	σ_{ymax}	σ_{xmax}	σ_{ymax}
0.5	1.654 5	0.723 1	2.417 3	0.438 3	2.500 5	0.435 5	2.506 2	0.432 5	2.506 6	0.432 9	2.470 7	0.436 9
1.0	0.851 5	1.492 4	1.356 1	0.811 2	1.396 9	0.808 1	1.395 3	0.805 5	1.397 4	0.805 7	1.382 8	0.809 6
1.5	0.598 4	1.621 9	1.081 3	0.995 1	1.111 2	0.988 0	1.111 3	0.983 6	1.104 0	0.983 8	1.101 3	0.991 1

由表 2-2 可知：在一定裂缝间距下，σ_x 随荷载向板中部移动而增大，应力 σ_y 随荷载向板中部移动而减小；在同一荷载位置处，不同裂缝间距时板内的应力并不相同。

为了进一步分析裂缝间距影响，计算裂缝间距 0.5～3.5m 时荷载作用在纵向自由边中部（荷位 1）和板中（荷位 5）情况下的板内最大主应力 σ_1、σ_x 和 σ_y，结果见表 2-3 和图 2-3。

不同裂缝间距下板内应力　　表 2-3

裂缝间距(m)	荷载位置(cm)			
	X=0		X=250	
	σ_{xmax}(MPa)	σ_{ymax}(MPa)	σ_{xmax}(MPa)	σ_{ymax}(MPa)
L=0.5	1.654 5	0.721 3	2.506 6	0.432 9
L=1.0	0.851 5	1.492 4	1.397 2	0.805 7
L=1.5	0.598 4	1.621 9	1.112 4	0.983 8
L=2.0	0.483 9	1.822 7	1.005 8	1.073 6
L=2.5	0.431 3	1.895 0	0.958 0	1.116 7
L=3.0	0.403 3	1.939 2	0.932 9	1.135 8
L=3.5	0.387 8	1.959 5	0.918 1	1.142 1

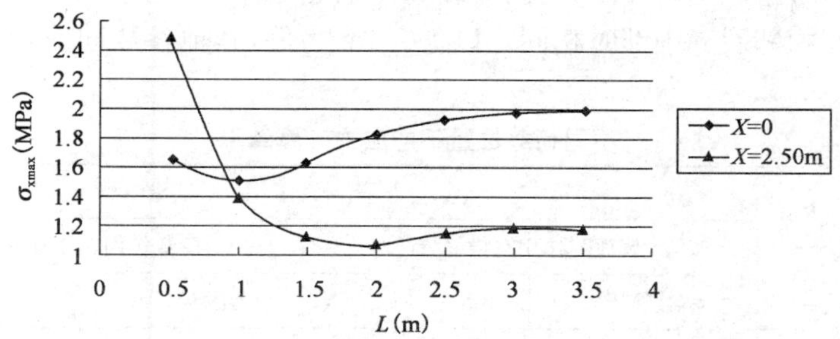

图 2-3　不同荷位情况下板内最大主应力与裂缝间距的关系

由计算结果可得：当 $L \leqslant 1\text{m}$ 时，荷载作用在板中部（$X=250\text{cm}$ 处）时板内产生的主应力最大；当 $1\text{m}<L \leqslant 1.5\text{m}$ 时，两个荷载作用位置都可能产生最大应力；当 $L>1.5\text{m}$ 时，荷载作用在纵向自由边中部（$X=0$ 处）时产生的应力最大；当荷载作用在纵向自由边中部（$X=0$ 处），$L>1.5\text{m}$ 时，Y 向应力远大于 X 向应力，σ_y 是控制应力，此时板内最大主应力 $\sigma_1 \approx \sigma_y$。

由此可见，横向裂缝间距不同，板内荷载应力的大小不同，使板产生最大应力的荷载位置也有所不同。

(2)荷载作用在横缝处

荷载作用在横缝处也按照不同的荷位进行计算，荷载位置又分为偏荷载（荷载边缘切横缝布置）和中荷载（荷载骑横缝对称布置）两种情况。偏荷载与中荷载的荷载布置分别见图 2-4 和图 2-5。

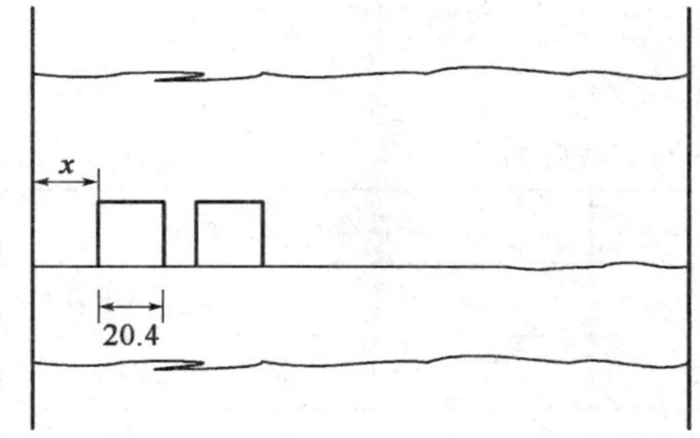

图 2-4　偏荷载示意图（尺寸单位：cm）

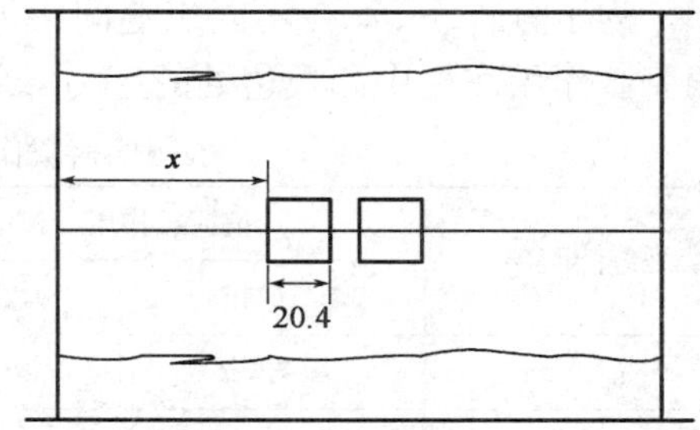

图 2-5　中荷载示意图（尺寸单位：cm）

将不同荷位下的应力计算结果与荷载作用在相邻裂缝中部的结果比较表明，应力变化情况与荷载作用于相邻裂缝中部基本一致，只是应力值的大小有所变化；在偏荷载情况下，应力 σ_x 有所增大，应力 σ_y 相对减小；在中荷载作用（荷载骑横缝对称布置）下，σ_x、σ_y 都相对有所减小，板的应力最小，因此在确定临界荷位时不再考虑。同时发现，在同一裂缝间距下，偏荷载作用的板内应力变化与荷载作用在相邻裂缝中部时相同。以 $L=1\text{m}$ 为例，其他参数同前，计算结果见表 2-4。

不同荷载位置下的应力计算结果 表 2-4

荷载位置(cm)	荷载作用			
	偏荷载作用在横缝处		荷载作用在相邻缝中部	
	σ_{xmax}(MPa)	σ_{ymax}(MPa)	σ_{xmax}(MPa)	σ_{ymax}(MPa)
$X=0$	1.056 7	0.704 0	0.851 5	1.292 4
$X=98.8$	1.938 7	0.372 9	1.386 1	0.811 2
$X=132.8$	1.982 9	0.356 4	1.396 9	0.808 1
$X=223.8$	1.990 6	0.353 4	1.395 3	0.805 5
$X=250$	1.989 0	0.353 1	1.397 4	0.805 7
$X=333.2$	1.966 1	0.357 8	1.382 8	0.809 6

由表 2-4 计算结果可见，在相同裂缝间距下，偏荷载作用在横缝处与荷载作用在相邻裂缝中部时的应力变化相同。σ_x 随荷载向板中部移动而增大，σ_y 随荷载向板中部移动而减小，从 $X=0$ 处向 $X=98.8\text{cm}$ 处移动时应力变化幅度较大，荷载向板中逐渐移动时变化趋于平缓。

在相同裂缝间距下，两种荷载位置的荷载应力 σ_x 在横缝中部($X=250\text{cm}$ 处)达到最大，σ_y 在纵向自由边中部($X=0$ 处)达到最大。

为了分析 σ_x、σ_y 在不同裂缝间距下的变化，计算裂缝间距为 0.5～3.5m 时偏荷载作用在板中和板边处的应力，结果见表 2-5。

横缝偏荷载作用下的荷载应力 表 2-5

裂缝间距(m)	偏荷载作用在板中		偏荷载作用在板边	
	σ_{xmax}(MPa)	σ_{ymax}(MPa)	σ_{xmax}(MPa)	σ_{ymax}(MPa)
$L=0.5$	2.787 7	0.155 0	1.721 8	0.824 9
$L=1.0$	1.990 1	0.353 4	1.056 7	0.904 0
$L=1.5$	1.840 2	0.470 7	0.910 5	0.977 6
$L=2.0$	1.792 5	0.522 7	0.866 6	1.019 3
$L=2.5$	1.781 7	0.552 9	0.859 9	1.075 5
$L=3.0$	1.781 8	0.558 1	0.856 3	1.096 3

从表 2-5 可以看出，裂缝间距影响板的应力，σ_x 随裂缝间距增大而减小，σ_y 随裂缝间距增大而增大。在偏荷载作用下，不同裂缝间距时板的最大主应力见图 2-6。

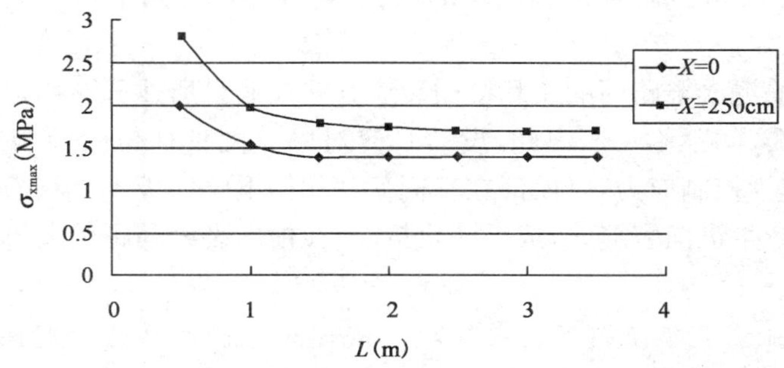

图 2-6　偏荷载作用下的板最大主应力与裂缝间距的关系

从图 2-6 可以看出，随着裂缝间距的变化，偏荷载作用于板中（$X=250$cm）时的主应力始终大于作用在板边的主应力；偏荷载作用在板中时，σ_x 远大于 σ_y，σ_x 是控制应力，此时板内的最大主应力为 $\sigma_1 \approx \sigma_x$。

(3)临界荷位确定

综合考虑图 2-3 和图 2-6 可以发现，纵向自由边中部（$X=0$ 的荷载位置，记为荷位 1）和横向裂缝中部（$X=250$cm 的荷载位置，记为荷位 2）是可能产生最大应力的荷位，两种荷位下的应力计算结果与裂缝间距的关系如图 2-7 所示。

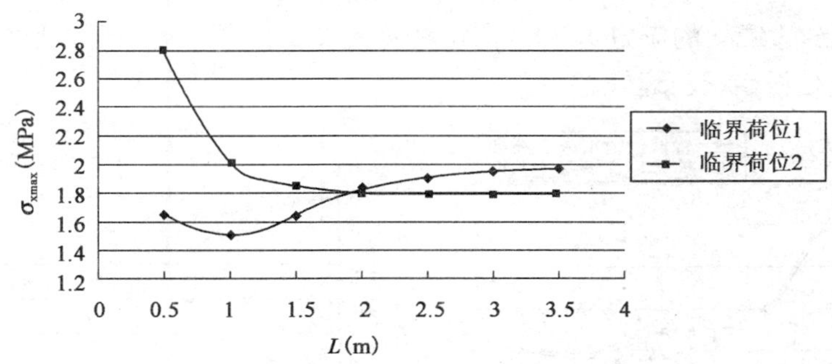

图 2-7　临界荷位下板最大应力与裂缝间距的关系

从图 2-7 中可以看出，随裂缝间距的变化，板内的控制应力也不相同：

①横向裂缝间距 $L \leqslant 1.5$m 时，临界荷位是偏荷载作用在横向裂缝中部（荷位 2），此时 $\sigma_x > \sigma_y$，σ_x 是控制应力；

②当横向裂缝间距 $1.5 < L \leqslant 2.5$m 时，应分别对两个荷位进行荷载应力验算，取大值作为控制应力；

③当 $L>2.5$m 时，临界荷位是荷载作用在纵向自由中边部（荷位 1），此时 σ_y 是控制应力；

④当 $L>2.5$m 时，随裂缝间距的增加，荷载作用在两个荷位上产生的应力均趋于稳定。

连续配筋混凝土路面的实际横向裂缝并非如假设所述分布均匀、间距一致，而是随机分布、间距不一。因此，设计时应对以上两种荷位的荷载应力进行检验，取大值作为控制应力，以保证在车辆荷载作用下路面板不会在横向裂缝间距小的情况下产生纵向裂缝，造成板整块折断；在横向裂缝间距较大时不会产生新的横向裂缝。

3）连续配筋混凝土路面与普通接缝混凝土路面板底应力对比

连续配筋混凝土路面与普通接缝混凝土路面（JCCP）主要有两点不同：一是连续配筋混凝土路面并不分块，而是自然形成许多横向裂缝，裂缝间距在某一范围内是随机分布的，但一般要小于普通混凝土板的板长；二是连续配筋混凝土路面的连续配筋增加了裂缝处的传荷能力，使板的整体工作能力加强。

普通混凝土路面计算中按一块四边自由板计算，连续配筋混凝土路面取三块板计算，荷载作用位置为纵缝边缘中部，其他计算参数为：板长 L（连续配筋混凝土路面裂缝间距）为 2.8m，板宽为 3.6m，$h_c=24$cm，$E_c=3\times10^4$MPa，$\mu_c=0.15$，$E_s=120$MPa，$\mu_s=0.35$。连续配筋混凝土路面中钢筋 $D_s=1.4$cm，$p=0.6\%$，$E_s=2\times10^5$MPa，$G=7.7\times10^4$MPa，地基尺寸为 9m×7m×7m。

板纵缝边缘处的应力 σ_y 和竖向位移见图 2-8 和图 2-9。$y=0$ 是板中位置，$y=1.4$m 是板接（裂）缝处。

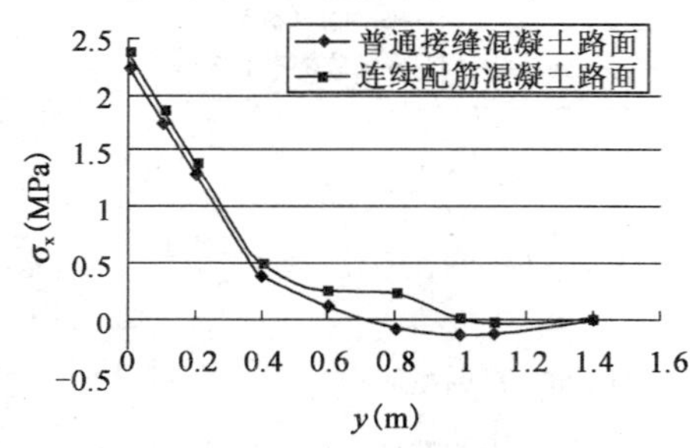

图 2-8 连续配筋混凝土路面与普通接缝混凝土路面板内应力对比

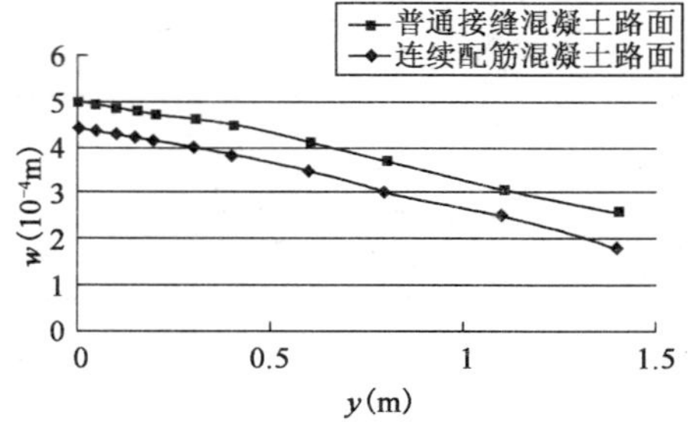

图 2-9 连续配筋混凝土路面与普通接缝混凝土路面板竖向位移对比

从图 2-8 和图 2-9 可见，连续配筋混凝土路面板内应力比普通混凝土板略大，其中两种路面在接（裂）缝处应力 σ_y 都减小为零，但连续配筋混凝土路面内的钢筋还传递部分荷载到相邻混凝土板，只是数值很小，大部分荷载都是由中间板承担。连续配筋混凝土路面板纵缝边缘的位移则要小于普通混凝土板，其原因在于连续配筋的传荷作用增加了板的整体工作能力。

由图 2-10 和图 2-11 所示不同板长时的对比可知，普通混凝土和连续配筋混凝土路面板的应力都随着板长的减小而减小。但连续配筋混凝土路面内最大应力随板长减小的衰减速度较慢，而普通混凝土板在板长较小时应力降低很快。这是由于板长较小时，连续配筋混凝土路面钢筋的传荷作用增强。连续配筋混凝土路面与普通接缝混凝土路面表面垂直位移随着板长减小而增加，但在板长较大时，两者相差较小，板长较小时相差较大。

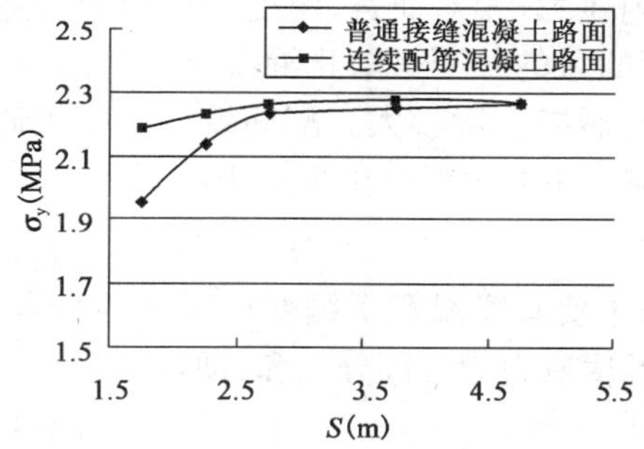

图 2-10　不同板长时连续配筋混凝土路面与普通接缝混凝土路面应力对比

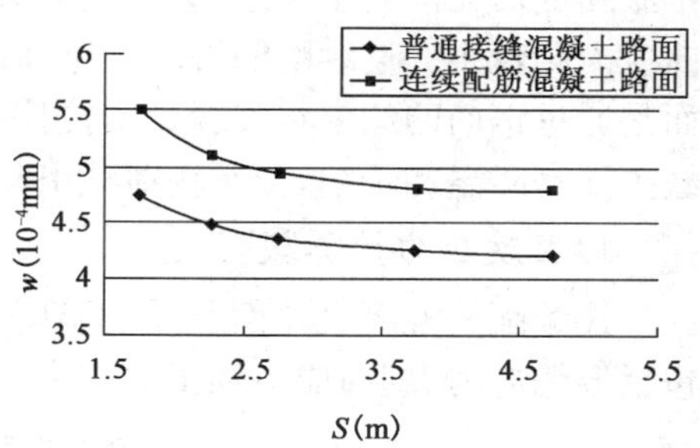

图 2-11　不同板长时连续配筋混凝土路面与普通接缝混凝土路面位移对比

由图 2-12 与图 2-13 不同地基模量下的应力对比可知，在地基模量较小时，普通接缝混凝土路面和连续配筋混凝土路面的板内最大应力和位移相差均较大，而地基模量的增加减弱了钢筋传荷作用对板内应力与位移的影响，使两者的计算结果差异减小。

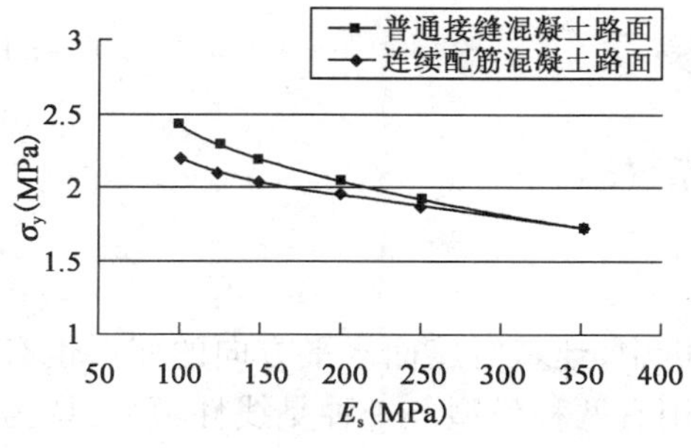

图 2-12　地基模量变化时连续配筋混凝土路面与普通接缝混凝土路面应力对比

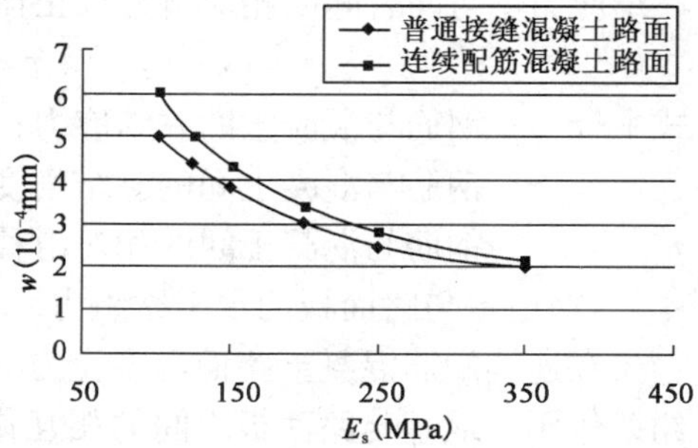

图 2-13　地基模量变化时连续配筋混凝土路面与普通接缝混凝土路面位移对比

通过以上分析可知，普通接缝混凝土路面与连续配筋混凝土路面在车辆荷载作用下的应力与位移主要有两点不同：一是由于连续配筋混凝土路面裂缝间距要小于普通接缝混凝土路面的板长，从而使连续配筋混凝土路面板底应力一般要小于普通尺寸混凝土板的应力；另一方面，连续钢筋的传荷作用增加了连续配筋混凝土路面板的整体工作能力，减小了板的垂直位移，使板底应力略有增大。

2.1.2 温度应力

连续配筋混凝土路面由于存在连续钢筋，温度变化与混凝土干缩引起的水平胀缩变形无法自由发生，会产生较大的内应力，相对而言，温度梯度引起的翘曲应力则较小。连续配筋混凝土路面配筋的目的并不是防止混凝土产生裂缝，而是通过钢筋的约束将裂缝紧紧拉住，防止裂缝宽度较大。配筋设计考虑的荷载主要是降温和干缩，而车辆荷载引起的应力主要由混凝土板承担。

1)温度应力计算模型

连续配筋混凝土路面承受的温度应力主要有降温和干缩变形引起的应力，包括温缩应力、翘曲应力和干缩应力。总温度应力为三部分之和，即：

$$\sigma_T = \sigma_d + \sigma_b + \sigma_s \tag{2-4}$$

式中：σ_d——路面均匀降温引起的温缩应力；

σ_b——路面温度梯度引起的翘曲应力；

σ_s——混凝土干缩变形引起的干缩应力。

(1)钢筋与混凝土的相互作用及黏结滑移本构关系

本研究认为，温度变化引起的应力并不能引起钢筋与混凝土间的黏结破坏，在黏结破坏发生之前认为黏结应力－滑移间呈线性变化，即钢筋与混凝土间的黏结应力 τ 与两者间的相对滑移成正比：

$$\tau = ks \tag{2-5}$$

式中：τ——钢筋与混凝土的黏结应力；

k——钢筋与混凝土间的黏结刚度系数；

s——钢筋与混凝土间的相对滑移。

(2)地基与路面板的水平摩阻力

在连续配筋混凝土路面温度应力分析中，地基对路面水平方向的变形也有约束作用。地基与路面板之间的相互作用有两种模型。一种是线性模型，认为地基与路面板间的摩阻力 τ_c 与板的水平位移 u 成正比，即：

$$\tau_c = c_x u \tag{2-6}$$

式中：c_x——地基对路面板的摩阻力系数。

另一种是非线性模型，认为当 τ_c 随 u 增长到一定程度后，接触面剪应力保持为一常数，即：

$$\tau_c = \begin{cases} c_x u, u \leqslant u_{gu} \\ \tau_{gu}, u \geqslant u_{gu} \end{cases} \tag{2-7}$$

2)连续配筋混凝土路面温缩应力

考虑地基水平阻力时的连续配筋混凝土路面温缩应力计算模型如图 2-14 所示。

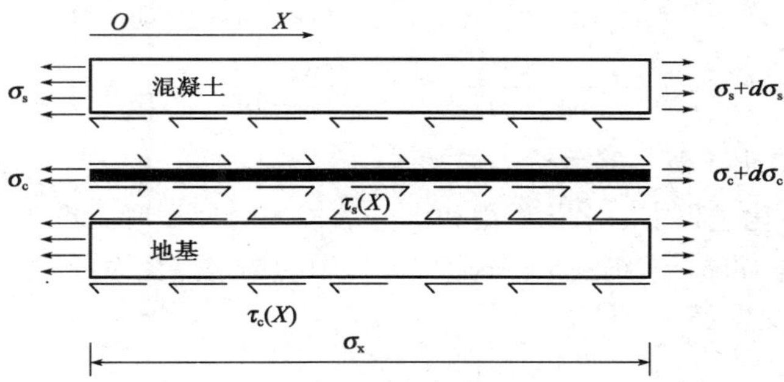

图 2-14　考虑地基水平阻力时连续配筋混凝土路面温缩应力计算模型

根据图 2-14，由混凝土在 x 方向受力平衡 $\sum F_x=0$，可得：

$$A_c(\sigma_c + d\sigma_c - \sigma_c) - \pi d_s dx \tau_s - b dx \tau_c = 0 \tag{2-8}$$

根据式(2-6)和式(2-7)，可得：

$$\frac{d^2 u_c}{dx^2} - \frac{\pi d_s k_s}{A_c E_c}(u_c - u_s) - \frac{b k_c}{A_c E_c} u_c = 0 \tag{2-9}$$

$$\frac{d^2 u_c}{dx^2} - \frac{\pi d_s k_s}{A_s E_s}(u_c - u_s) = 0 \tag{2-10}$$

令 $a_1=\frac{\pi d_s k_s}{A_c E_c}, a_2=\frac{k_c b}{A_c E_c}, a_3=\frac{\pi d_s k_s}{A_s E_s}$，整理上式可得：

$$\begin{cases} \frac{d^2 u_c}{dx^2} - (a_1 + a_2) u_c + a_1 u_s = 0 \\ \frac{d^2 u_s}{dx^2} - a_3 u_s + a_3 u_c = 0 \end{cases} \tag{2-11}$$

对此方程进行求解，得：

$$u_c = F_1 \mathrm{sh}(r_1 x) + F_2 \mathrm{sh}(r_1 x)$$

$$u_s = F_1 b_1 \operatorname{sh}(r_1 x) + F_2 \operatorname{sh}(r_3 x)$$

$$\sigma_c = E_c\left(\frac{du_c}{dx} + \alpha_c \Delta T\right) = E_c[F_1 r_1 \operatorname{ch}(r_1 x) + F_2 r_3 \operatorname{ch}(r_3 x) + \alpha_c \Delta T]$$

$$\sigma_c = E_c\left(\frac{du_s}{dx} + \alpha_s \Delta T\right) = E_s[F_1 b_1 r_1 \operatorname{ch}(r_1 x) + F_2 b_2 r_3 \operatorname{ch}(r_3 x) + \alpha_s \Delta T]$$

$$\Delta u = u_c - u_s = F_1(1-b_1)\operatorname{sh}(r_1 x) + F_2(1-b_2)\operatorname{sh}(r_3 x)$$

$$\tau_s = k_s F_1(1-b_1)\operatorname{sh}(r_1 x) + k_s F_2(1-b_2)\operatorname{sh}(r_3 x)$$

$$\tau_c = k_c u_c = k_c F_1 \operatorname{sh}(r_1 x) + k_s F_2 \operatorname{sh}(r_3 x)$$

$$F_1 = \frac{\alpha_c \Delta T b_2 \operatorname{sh}(r_3 L)}{b_1 r_3 \operatorname{sh}(r_1 L)\operatorname{ch}(r_3 L) - b_2 r_1 \operatorname{ch}(r_1 L)\operatorname{sh}(r_3 L)}$$

$$F_2 = \frac{-\alpha_c \Delta T b_1 \operatorname{sh}(r_1 L)}{b_1 r_3 \operatorname{sh}(r_1 L)\operatorname{ch}(r_3 L) - b_2 r_1 \operatorname{ch}(r_1 L)\operatorname{sh}(r_3 L)}$$

3)连续配筋混凝土路面干缩应力

混凝土硬化过程中的水化作用和水分的挥发会使混凝土产生干缩变形，设干缩变形为 ε_{sh}，混凝土和钢筋干缩应力分析中的本构方程为：

$$\sigma_c = E_c\left(\frac{\mathrm{d}u_c}{\mathrm{d}x} + \varepsilon_{sh}\right) \tag{2-12}$$

$$E_s = E_s \frac{\mathrm{d}u_s}{\mathrm{d}x}$$

边界条件为：

$$\begin{cases} u_c|_{x=0} = 0 & u_x|_{x=0} = 0 \\ u_s|_{x=L} = 0 & \sigma_c|_{x=L} = 0 \end{cases} \tag{2-13}$$

易得出干缩变形引起路面内钢筋和混凝土的应力和位移为：

$$u_c = \frac{\varepsilon_{sh}}{\varphi L r_3 \operatorname{cth}(r_3 L) + 1}x + \frac{\varepsilon_{sh} L}{L r_3 \operatorname{ch}(r_3 L) + \frac{1}{\varphi}\operatorname{sh}(r_3 L)}\operatorname{sh}(r_3 x)$$

$$u_s = \frac{\varepsilon_{sh}}{\varphi L r_3 \operatorname{cth}(r_3 L) + 1}x + \frac{\varepsilon_{sh} L}{\varphi L r_3 \operatorname{ch}(r_3 L) + \operatorname{sh}(r_3 L)}\operatorname{sh}(r_3 x)$$

$$\sigma_c = E_c\left[\frac{\varepsilon_{sh}}{\varphi L r_3 \operatorname{cth}(r_3 L) + 1} + \frac{\varepsilon_{sh} L r_3}{L r_3 \operatorname{ch}(r_3 L) + \frac{1}{\varphi}\operatorname{sh}(r_3 L)}\operatorname{ch}(r_3 x) - \alpha_c \Delta T\right]$$

$$\sigma_s = E_s\left[\frac{\varepsilon_{sh}}{\varphi L r_3 \operatorname{cth}(r_3 L) + 1} - \frac{\varepsilon_{sh} L r_3}{\varphi L r_3 \operatorname{ch}(r_3 L) + \operatorname{sh}(r_3 L)}\operatorname{ch}(r_3 x)\right]$$

$$\tau_s = (1+\varphi) k_s \varepsilon_{sh} L \frac{\operatorname{sh}(r_3 x)}{\varphi L r_3 \operatorname{ch}(r_3 L) + \operatorname{sh}(r_3 L)}$$

干缩变形引起的连续配筋混凝土路面内混凝土与钢筋的最大的应力与位移为：

$$u_c = \frac{(1+\varphi)\varepsilon_{sh}L}{1+\varphi Lr_3\coth(Lr_3)}$$

$$\sigma_c = E_s\varepsilon_{sh}\frac{\varphi L_3[\mathrm{sech}(Lr_3)-1]}{\tanh(Lr_3)+\varphi Lr_3}$$

$$\sigma_{s|x=L} = E_s\left[\frac{\varepsilon_{sh}}{1+\varphi Lr_3\coth(Lr_3)} - \frac{\varepsilon_{sh}Lr_3(Lr_3)}{\varphi Lr_3\coth(Lr_3)+\sinh(Lr_3)}\right]$$

$$=E_s\varepsilon_{sh}\frac{[1-Lr_3\coth(Lr_3)]}{1+\varphi Lr_3\coth(Lr_3)}$$

$$\tau_s = \frac{k_s(1+\varphi)\varepsilon_{sh}L}{\varphi Lr_3\coth(Lr_3)+1}$$

将降温作用下的混凝土和钢筋应力位移与干缩变形引起的应力位移叠加，即可得到两者共同作用下的应力与位移。

4)连续配筋混凝土路面翘曲应力

连续配筋混凝土路面内连续钢筋一般设于板中位置，对板的抗弯刚度影响并不大。在降温和干缩变形影响下，板边也不存在剪力和弯矩，因此温度梯度作用下板的翘曲应力可采用 Westergaard－Bradbury 求解。

最大翘曲应力产生在板中或板边中点处，由于连续配筋混凝土路面裂缝间距一般为 1.0～2.5m，小于板宽，最大翘曲应力产生于板宽方向的中点（$x=0$，$y=B/2$），即：

$$\sigma_x = \frac{E_c a_c T_g}{2(1-\mu^2)}C_x \tag{2-14}$$

$$C_x = 1-\frac{2\cos\lambda_A\cosh\lambda_A}{\sin\lambda_A+\sinh\lambda_A}(\tan\lambda_A+\tanh\lambda_A) \tag{2-15}$$

但由于连续配筋混凝土路面是纵向配筋，温度应力与干缩应力的最大值都发生于板长方向的中间位置，故也要考虑板长方向板边中点处的翘曲应力，即 $x=S/2$，$y=0$ 处，此时：

$$\sigma_y = \frac{E_c a_c T_g}{2(1-\mu^2)}C_y \tag{2-16}$$

$$C_y = 1-\frac{2\cos\lambda_B\cosh\lambda_B}{\sin\lambda_B+\sinh\lambda_B}(\tan\lambda_B+\tanh\lambda_B) \tag{2-17}$$

可得到路面内的应力与位移为：

$$u_c = \frac{\varphi\Delta lr_3\coth(r_3L)}{\varphi r_3L\coth(r_3L)+1}x - \frac{\varphi\Delta l}{\varphi r_3L\coth(r_3L)+\sinh(r_3L)}\sinh(r_3x)$$

$$u_s = \frac{\varphi \Delta l r_3 \coth(r_3 L)}{\varphi r_3 L\coth(r_3 L)+1}x - \frac{\Delta l}{\varphi r_3 L\coth(r_3 L)+\sinh(r_3 L)}\sinh(r_3 x)$$

$$\sigma_c = E_c[c_2 + c_4 r_3 \cosh(r_3 L)]$$

$$= E_c\left[\frac{\varphi \Delta l r_3}{\varphi r_3 L + \tanh(r_3 L)} - \frac{\varphi \Delta l r_3}{\varphi r_3 L\cosh(r_3 L)+\sinh(r_3 L)}\cosh(r_3 L)\right]$$

$$\sigma_s = E_c\left[c_2 - \frac{1}{4}c_4 r_3 \cosh(r_3 L)(r_3 L)\right]$$

$$= E_c\left[\frac{\varphi \Delta l r_3}{\varphi r_3 L + \tanh(r_3 L)} + \frac{\Delta l r_3}{\varphi r_3 L\cosh(r_3 L)(r_3 L)+\sinh(r_3 L)}\cosh(r_3 x)\right]$$

$$\Delta_u = u_c - u_s = -(1+\varphi)\frac{\Delta l \sinh(r_3 x)}{\varphi r_3 L\coth(r_3 L)+\sinh(r_3 L)}$$

$$\tau_s = k_s \Delta u = -(1+\varphi)\frac{k_s \Delta l \sinh(r_3 x)}{\varphi r_3 L\coth(r_3 L)+\sinh(r_3 L)}$$

5)混凝土应力松弛分析

在自然环境因素影响下，连续配筋混凝土路面的温度以年为周期交替变化，由于连续钢筋的约束作用，变温荷载会在路面内引起温度应力。混凝土材料在长周期荷载作用下有徐变和松弛现象，故连续配筋混凝土路面温度应力分析中应考虑松弛影响。

(1)松弛系数

连续配筋混凝土路面的配筋率一般只有0.2%～0.7%，是一种配筋率较低的钢筋混凝土结构，其应力松弛分析可采用线性徐变理论，即对于在龄期 t 时加载，经历时间 t 后的混凝土变形为：

$$\varepsilon(t) = \varepsilon^e(t) + \varepsilon^c(t) = \sigma(\tau)\left[\frac{1}{E(\tau)} + C(t,\tau)\right] \tag{2-18}$$

式中：$\varepsilon(t)$——时间 t 时的总应变；

$\varepsilon^e(t)$——加载时的弹性应变；

$\varepsilon^c(t)$——持荷时间 t 后的徐变；

$E(\tau)$——加载时弹性模量(MPa)；

$\sigma(\tau)$——加载应力(MPa)；

$C(t,\tau)$——徐变度，即单位压力下产生的徐变(1/MPa)。

当应力随时间发生变化时，混凝土的变形为初始弹性变形与徐变变形之和，即由式(2-18)可得：

$$\varepsilon(t) = \sigma(\tau_0)\left[\frac{1}{E(\tau)} + C(t,\tau_0)\right] + \int_{\tau_0}^{t}\left[\frac{1}{E(\tau)} + C(t,\tau_0)\right]\frac{d\sigma(\tau)}{d\tau}d\tau$$

$$\varepsilon(t) = \frac{\sigma(\tau)}{E} - \int_{\tau_0}^{t} C(t,\tau_0)\frac{\partial C(t,\tau)}{\partial \tau}d\tau \tag{2-19}$$

又
$$C(t,\tau)=C_0[1-e^{-r(t-\tau)}] \tag{2-20}$$

式中：C_0 与 r 均为材料的试验参数。

将式(2-20)代入式(2-19)可得：

$$\varepsilon(t)=\frac{\sigma(t)}{E}+C_0r\int_{\tau_0}^{t}\sigma(t)e^{r(t-\tau)}\,d\tau \tag{2-21}$$

经过时间 t 后，混凝土的应力 $\sigma(t)$ 与初始应力 $\sigma(\tau_0)$ 的比值称为松弛系数，记为 $K(t)$。若取初始弹性应力 $\sigma|_{t=0}=1$，则计算得到 $\sigma(t)$ 数值上即为不同时间的应力松弛系数。

则混凝土的松弛系数为：

$$K(t)(t)=\frac{\sigma(t)}{\sigma(0)}=\frac{1}{1+EC_0}[EC_0e^{-r(1+C_0E)t}+1] \tag{2-22}$$

(2)干缩应力的松弛

在连续配筋混凝土路面使用早期，混凝土的干缩变形随时间而增加，但随着使用时间的增长，路面干缩变形很快趋于稳定。干缩变形随时间变化很小，故松弛后稳定的干缩应力为：

$$\sigma_c=\frac{E_c\varepsilon_{sh}}{1+C_0E}[C_0Ee^{-r(1+C_0E)\tau}+1]\frac{\varphi Lr_3[\mathrm{sech}(r_3L)-1]}{\varphi r_3L+\tanh(r_3L)} \tag{2-23}$$

(3)年温度线性变化时连续配筋混凝土路面温度松弛应力

年温度变化是一种缓慢施加的温度荷载，在连续配筋混凝土路面温度应力分析中应考虑松弛效应。年温度变化是周期荷载，混凝土松弛应力应与初始时刻的选择无关，故令 $tr\to\infty$ 则可得到以年为周期的松弛应力为：

$$\sigma_{cr}=\lim_{n\to\infty}\sigma_{cr}(tr)=\frac{1}{1+EC_0}\left[\sigma(t)+\frac{E_0C_0F_1}{b}\left(1+\frac{2e^{bl}-2e^{eb}}{1-e^{bl}}e^{-bt}\right)\right] \tag{2-24}$$

(4)应力松弛修正系数

在连续配筋混凝土路面温度应力计算中，通常关心的是冬季降温最大时的应力。当年温度按线性变化规律考虑，$t=0$，则可得混凝土的松弛应力为：

$$\sigma_{cr|t=0}=\frac{E_c\varepsilon_cD_c\Delta T_{max}}{1+C_0E_0}\left[1+\frac{C_0E_0}{b}\left(1+\frac{2e^{bl}-2e^{eb}}{1-e^{bl}}\right)\cdot\frac{T_{max}-T_{min}}{\delta(T_{min}-TH)}\right] \tag{2-25}$$

令
$$k_{rel}=\frac{1}{1+C_0E_0}\left[1+\frac{C_0E_0}{b}\left(1+\frac{2e^{bl}-2e^{eb}}{1-e^{bl}}\right)\cdot\frac{T_{max}-T_{min}}{\delta(T_{min}-TH)}\right] \tag{2-26}$$

称之为温缩应力松弛修正系数，用于修正连续配筋混凝土路面最大温缩应力。

2.2 连续配筋水泥混凝土端部锚固结构

随着四季交替、昼夜温度变化，暴露在大气中的路面热胀冷缩。连续配筋混凝土路面不设胀缝和缩缝，如果对路面端部变形不采用限制措施，则端部就会产生相当大的位移(位移总量可达3～5cm)，位移受阻会产生相当大的破坏力。所以在连续配筋混凝土路面与桥头或其他种类路面相接处，必须对端部进行特殊锚固设计。端部结构有凸形锚固地梁(图2-15)，混凝土灌注桩锚固(图2-16)，宽翼缘工字梁接缝(图2-17)和胀缝(图2-18)。

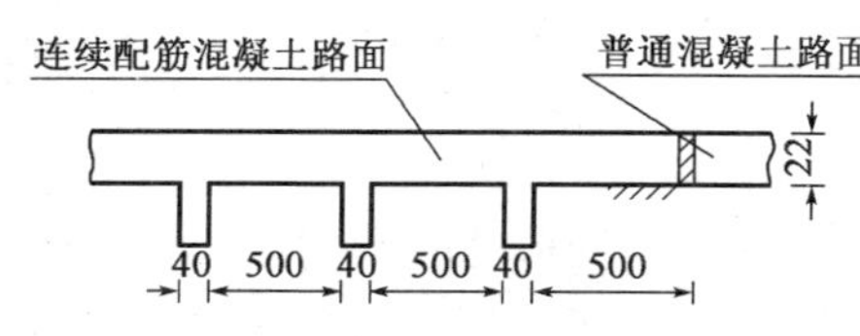

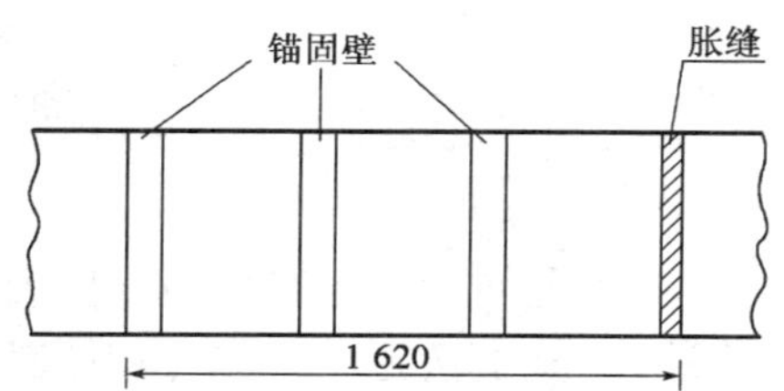

图2-15 凸形地梁锚固(尺寸单位:cm)

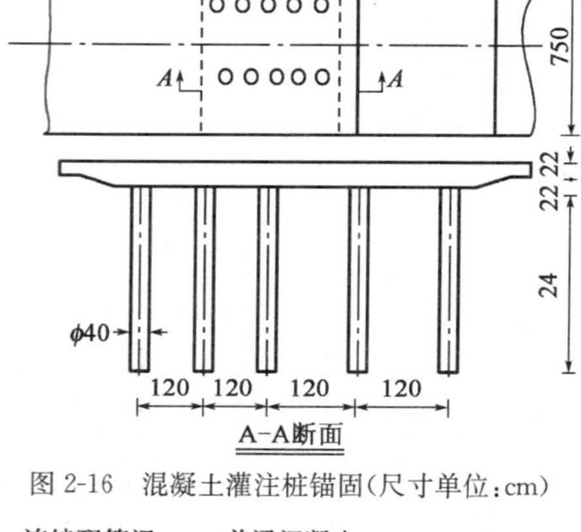

图2-16 混凝土灌注桩锚固(尺寸单位:cm)

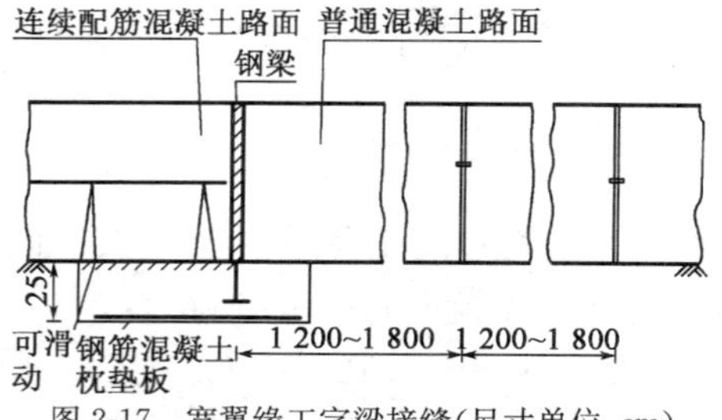

图2-17 宽翼缘工字梁接缝(尺寸单位:cm)

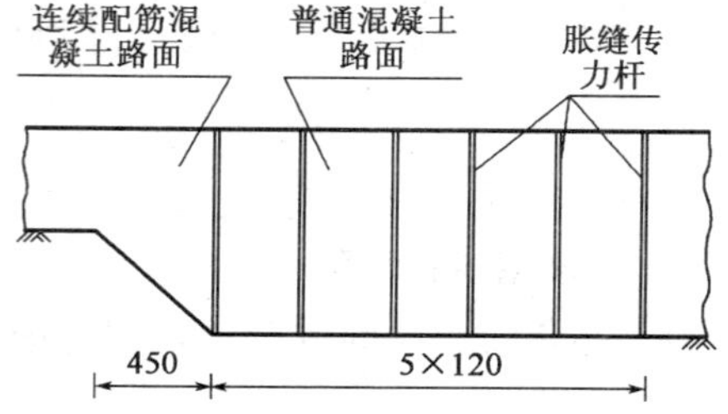

图2-18 消减变形的多条胀缝(尺寸单位:cm)

2.2.1 用分段迭代法计算端部锚固力

(1)地基摩擦力分布模型

连续配筋混凝土路面由于温度变化而热胀冷缩，路面与基层之间的剪应力(也即摩擦力)必然抑制这种运动，摩擦力的大小与两种介质之间的相对位移有

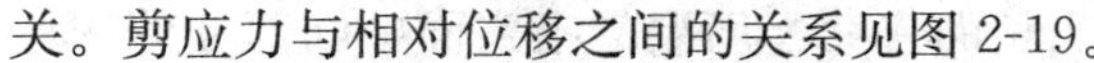

关。剪应力与相对位移之间的关系见图 2-19。

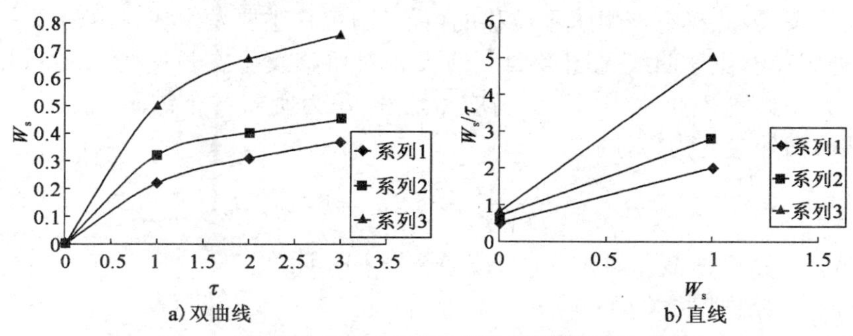

图 2-19　剪应力与相对位移之间的关系图

在进行连续配筋混凝土路面设计时，应先用混凝土和基层材料进行直剪试验。试验数据处理有三处方法：

①仿图 2-19a)绘 τ 试验曲线，并回归成双曲线；

②仿图 2-19b)绘$\frac{W_s}{\tau}$试验曲线，并回归成直线；

③将图 2-19a)中的试验曲线用折线拟合，如图 2-20 所示，以简化计算。

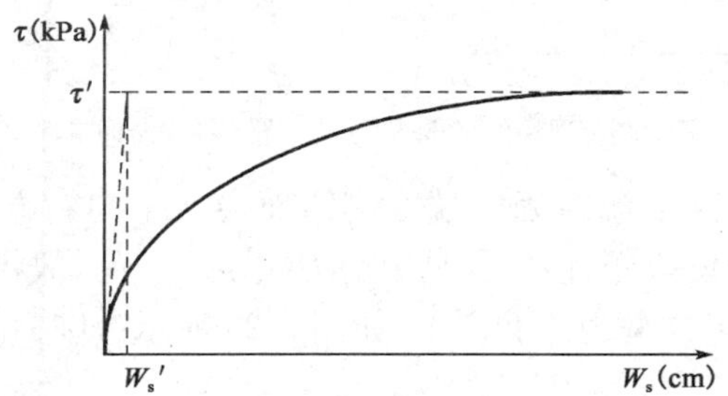

图 2-20　剪应力与相对位移折线关系图

图中 W_s' 为曲线转折点的横坐标，τ'为转折点的纵坐标，则剪应力相对位移的关系可表示如下：

当　$$0 < W_s < W_s', \tau = W_s \cdot k \tag{2-27}$$

当　$$W_s > W_s', \tau = \tau' \tag{2-28}$$

式中：k——初始段直线的斜率。

以上三种处理试验数据的方法，第 1 种方法回归较复杂，第 2 种方法回归较简单，第 3 种方法最简单，但与实际结果有一定误差。

(2)路面温度变化引起的端部锚固力分析

假设路面的平均温度为 t(℃)，一年内的最高温度为 t_1(℃)，则最大升温

$\Delta t=t_1-t$。已有观测结果表明，相当长的连续配筋混凝土路面中间部分的变形完全被约束，因此没有产生水平位移的可能性，位移主要发生在自由端部一定范围内，理想模型位移曲线见图 2-21。假设相对位移发生在长度为 L 的范围内，其力学分析见图 2-22，图中 F_1 为剪应力之和，F 为所需均布锚固力之和。由于固定端截面处应变为零，则：

$$\frac{F_1+F}{AE_c}-\alpha\Delta T=0 \tag{2-29}$$

式中：A——路面横截面面积(m^2)，按 $A=h_c\cdot W$ 计算；

h_c——路面厚度(m)；

W——路面宽度(m)；

E_c——混凝土弹性模量(kPa)；

α——混凝土线胀系数(10^{-5}/℃)。

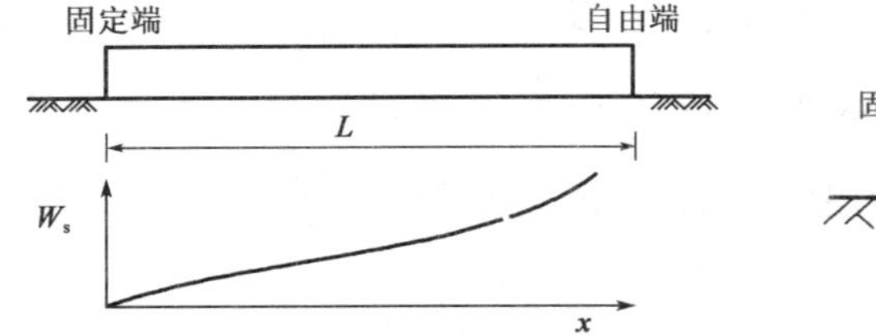

图 2-21　连续配筋混凝土路面端部理想位移曲线

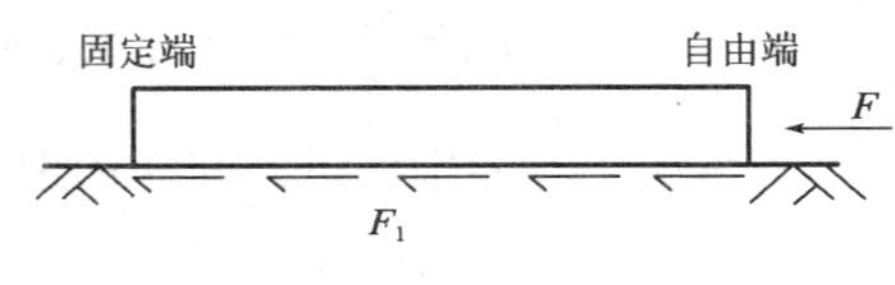

图 2-22　路面端部影响范围内力学分析图

固定端应变为零，升温时固定端右侧路面会产生向右方向的位移，故图 2-23 中 B 处的应变为压应变，该应变是由剪力减小产生的，故将 B 左侧剪力反向，该应变即由它左侧反向剪力之和产生，如图 2-23 所示。则 B 处的应变为：

$$\varepsilon_B=\frac{F_2}{AE_c} \tag{2-30}$$

式中：F_2——数值上等于 B 左侧剪应力之和，方向与剪应力相反(kN)。

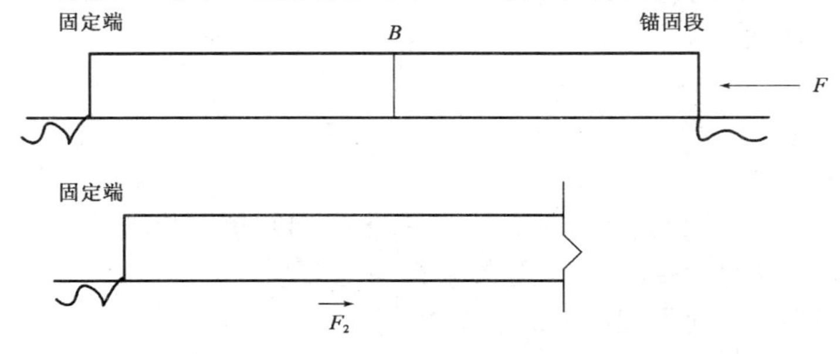

图 2-23　应变分析图

将 L 范围内的路面分成许多小段，各处的位移、应变如图 2-24 所示。图中 ε_i 为第 i 段中心处的应变，W_{si} 为第 i 段左端的位移，(1)、(2)、…为小段的序号。小段的长度为 ΔL。

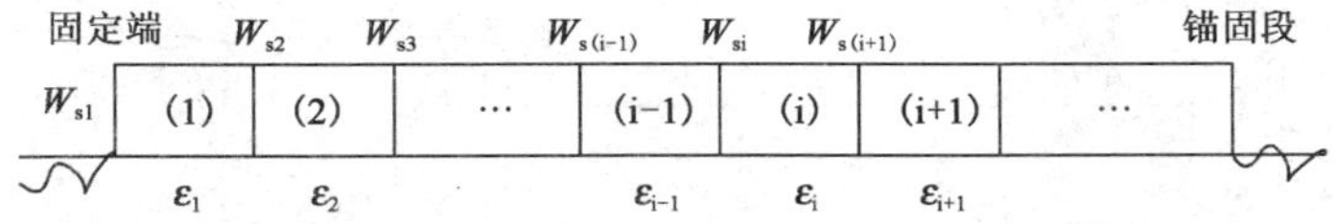

图 2-24　各小段位移、应变图

将第 1 小段左侧一半独立出来，受力分析如图 2-25。

则：

$$\varepsilon_1 = \frac{F_2}{AE_2} \tag{2-31}$$

又
$$t = F(W_S) \tag{2-32}$$

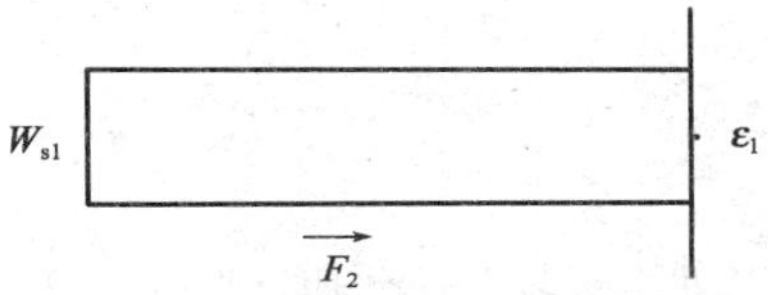

图 2-25　第 1 小段左侧受力分析图

当试验结果处理采用第一、二种方法时，得：

$$F(W_S) = \frac{W_s}{a + bW_s} \tag{2-33}$$

当试验结果处理采用第三种方法时，得：

当
$$0 < W_s < W'_s, F(W_s) = W_s \cdot k \tag{2-34}$$

当
$$W_s > W'_s, F(W_s) = \tau' \tag{2-35}$$

将 W_{s1} 近似看作第 1 小段左侧部分的平均位移，则：

$$F_2 = F(W_{s1}) \cdot \frac{\Delta L}{2} \tag{2-36}$$

将式(2-36)代入式(2-31)得：

$$\varepsilon_1 = \frac{F(W_{s1})\Delta L}{2AE_c} \tag{2-37}$$

将第 1 小段其中心处应变 ε_1 作为该段应变的平均值，则：

$$W_{s2} = W_{s1} + \varepsilon_1 \Delta L \tag{2-38}$$

将第 1,2 小段相连的各一半取出来进行分析，如图 2-26 所示。

则：
$$\varepsilon_2 = \varepsilon_1 + \frac{F_2}{AE_c} \tag{2-39}$$

式中：F_2——该部分所受剪力之和。

又假定 W_{s2} 为该部分的平均位移，则 $F_2 = F(W_{s2})\Delta L$，将它代入上式，得：

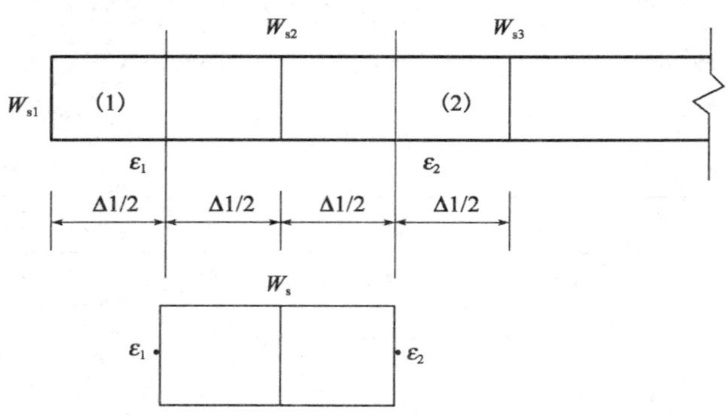

图 2-26　第 1、2 段连接处受力分析图

$$\varepsilon_2 = \varepsilon_1 + \frac{F(W_{s2})\Delta L}{AE_c} \tag{2-40}$$

所以，若 W_{s1} 已知，则 $\varepsilon_1 = \frac{F(W_{s1})\Delta L}{2AE_c}$ 与上述相似，可得出位移、应变的递推关系如下：

$$W_s(i) = W_s(i-1) + \varepsilon(i-1)\Delta L \tag{2-41}$$

$$\varepsilon(i) = \varepsilon(i-1) + \frac{F(W_{s1})\Delta L}{AE_c} \tag{2-42}$$

假设端部允许位移为‰，则当 $W_s(i) \geqslant u_R$ 时停止计算。在位移从 W_{s1} 到 u_R 的变化过程中，将每小段的剪力之和用 $I(i)$ 表示，则总的剪力和为：

$$F_1 = \sum\tau(i) \tag{2-43}$$

将式(2-51)代入式(2-38)得：

$$F = \alpha\Delta t \cdot AE_c - \sum\tau(i) \tag{2-44}$$

端部影响长度可按下式计算：

$$L = n \cdot \Delta L \tag{2-45}$$

式中：n——当 W_s 从 W_{s1} 增加到 u_R 时所有小段的个数。

假设 $F(i)$ 为前一次计算的锚固力，$F(i+1)$ 为后一次计算的锚固力，t 为允许误差，取为 1kN。如果：

$$|F(i+1) - F(i)| < t \tag{2-46}$$

则停止运算，并得端部锚固力 $F = F(i+1)$。

2.2.2　用求解平衡方程法计算端部锚固力

根据地基摩阻力与路面水平位移的线性关系，可建立连续配筋混凝土路面端部锚固力计算的平衡微分方程，通过求解平衡方程计算端部锚固力。

(1)连续配筋混凝土路面端部变形与受力特点

在升温条件下，距连续配筋混凝土路面端部较远的路面部分不会产生伸长变形，因为其变形会受到地基摩阻力的约束。只有在端部附近的一定距离内(图 2-27 中 AB 段，设其长度为 L)才会产生水平位移。取 AB 段脱离体进行分析，如图 2-28 所示，A 点处没有水平位移，B 点处路面升温后产生膨胀变形，设其伸长长度为 Δl。当有锚固端墙时，Δl 为锚固端墙限制下的端部允许位移；当端部没有限制时，Δl 为升温条件下端部的自由伸长。AB 脱离体的受力状态为：A 端受到路面膨胀产生的压应力，AB 段路面底面受到地基摩阻力作用，通常是 A 端附近摩阻力小，B 端附近摩阻力大。当连续配筋混凝土路面设锚固端墙时，B 端会受到端墙的压应力；当端部自由时，B 端不受力。

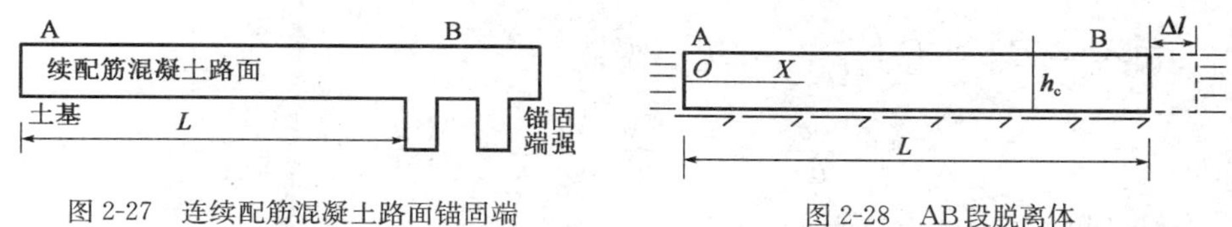

图 2-27　连续配筋混凝土路面锚固端　　图 2-28　AB 段脱离体

(2)微分平衡方程及其解答

从图 2-28 中 AB 段的任意处截取长度为 dx 的微小单元体，受力情况见图 2-29。由于纵向钢筋等间距设置，故微分单元体的宽度取为 b，当混凝土应力沿截面均匀分布时，由 $\sum Fx=0$ 可得：

$$(\sigma_c + \mathrm{d}\sigma_c - \sigma_c)A_c + (\sigma_s + d\sigma_s - \sigma_s)A_s - \tau(x)b\,\mathrm{d}x = 0 \qquad (2\text{-}47)$$

整理为：

$$\frac{\mathrm{d}\sigma_c}{\mathrm{d}x} + \frac{A_s}{A_c}\frac{\mathrm{d}\sigma_s}{\mathrm{d}x} = \frac{b}{A_c}\tau(x) \qquad (2\text{-}48)$$

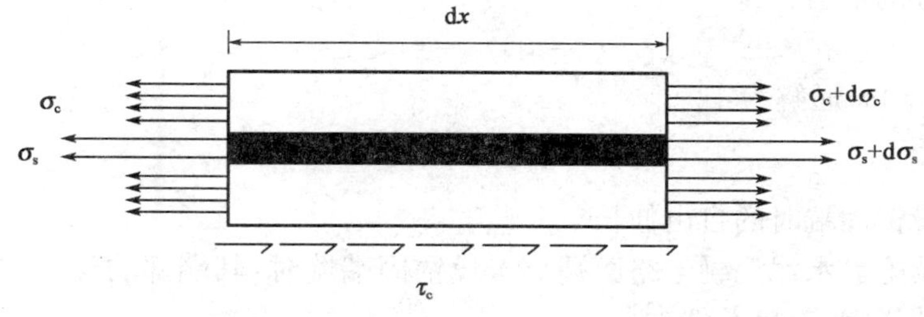

图 2-29　微分单元体

连续配筋混凝土路面端部三维有限元模型见图 2-30。

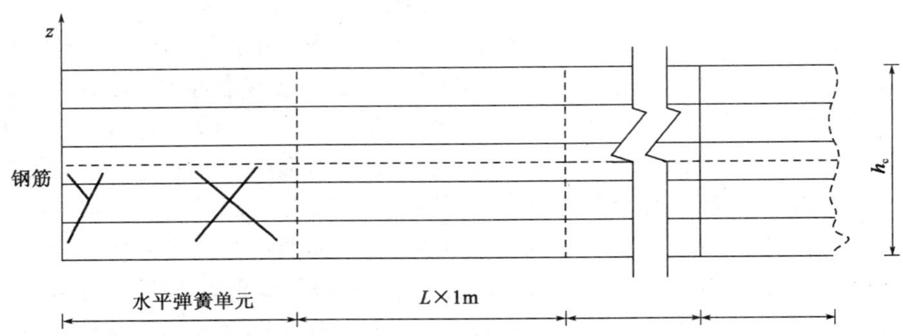

图 2-30　连续配筋混凝土路面端部三维有限元模型

由 $\sigma_c = E_c\varepsilon = E_c\left(\dfrac{du_c}{dx} - \alpha\Delta T\right)$，得：

$$\frac{d\sigma_c}{dx} = E_c\frac{d^2y}{dx^2},\frac{d\sigma_s}{dx} = E_s\frac{d^2u}{dx^2} \tag{2-49}$$

代入式(2-46)，化简为：

$$\frac{d^2u}{dx^2} - \frac{1}{1+\varphi}\frac{bk_c}{E_cA_c}u = 0 \tag{2-50}$$

令 $a_1 = \sqrt{\dfrac{1}{1+pn}\dfrac{bk_c}{E_cA_c}}$，则式(2-48)简写为：

$$\frac{d^2u}{dx^2} - a_1^2u = 0 \tag{2-51}$$

对式(2-52)进行求解，其特征方程为：

$$r^2 - a_1^2 = 0$$

则方程的根为：

$$r_1 = a_1, r_2 = -a_2$$

故式(2-49)通解为：

$$u = c_1e^{a_1x} + c_2e^{a_1x} \tag{2-52}$$

①未设锚固端时的自由伸长

当连续配筋水泥混凝土路面端部未设锚固端墙时，其端部的位移主要受地基摩阻力的影响，边界条件为：

$$u\,|_{x=0} = 0 \qquad \sigma\,|_{x=L} = 0 \tag{2-53}$$

将上述边界条件代入式(2-50)及 $\sigma_c = E_c\left(\frac{du_c}{dx} - \alpha\Delta T\right)$ 得：

$$\begin{cases} c_1 + c_2 = 0 \\ c_1 a_1 e^{a_1 L} - c_2 a_1 e^{-a_1 L} - \alpha\Delta T = 0 \end{cases} \tag{2-54}$$

解得：　$c_1 = \frac{\alpha\Delta T}{2a_1\cosh(a_1 L)}$　　$c_2 = \frac{\alpha\Delta T}{2a_1\cosh(a_1 L)}$

将其回代式(2-50)可得：

$$U = \frac{\alpha\Delta T}{a_1\cosh(a_1 L)}\sinh(a_1 x) \tag{2-55}$$

得到位移后，即可求得：

$$\begin{cases} \sigma_c = E_c\alpha\Delta T\left(\frac{\cosh(a_1 x)}{\cosh(a_1 L)} - 1\right) \\ \sigma_s = E_s\alpha\Delta T\left(\frac{\cosh(a_1 x)}{\cosh(a_1 L)} - 1\right) \\ \tau_c = k_c u \end{cases} \tag{2-56}$$

不难分析出端部的位移与地基摩阻力最大，其值为：

$$u_f = u\,|_{x=L} = \frac{\alpha\Delta T}{a_1}\tanh(a_1 L) \tag{2-57}$$

$$\tau_c\,|_{x=L} = \frac{k_c\alpha\Delta T}{a_1}\tanh(a_1 L) \tag{2-58}$$

②端部自由伸长受限时的端部锚固力

连续配筋混凝土路面升温时，端部的自由伸长会对附近其他结构产生很大的推力，故为限制其变形，采用设锚固端墙等措施。假设连续配筋混凝土路面在升温后端部允许产生的最大位移为 u_R，则此时的边界条件为：

$$u\,|_{x=0} = 0 \qquad u\,|_{x=L} = u_R \tag{2-59}$$

代入式(2-50)可得：

$$\begin{cases} c_1 + c_2 = 0 \\ c_1 a_1 e^{a_1 L} - c_2 a_1 e^{-a_1 L} - \alpha\Delta T = u_R \end{cases} \tag{2-60}$$

解得：$c_1=\dfrac{u_R}{2\sinh(a_1L)}$　　$c_2=\dfrac{u_R}{2\sinh(a_1L)}$

故：

$$u=\frac{u_R}{\sinh(a_1L)}\sinh(a_1x) \tag{2-61}$$

得出位移后，即可得：

$$\begin{cases}\sigma_c=E_c\left(\dfrac{\alpha u_R\cosh(a_1x)}{\sinh(a_1L)}-\alpha\Delta T\right)\\ \sigma_s=E_s\left(\dfrac{\alpha u_R\cosh(a_1x)}{\sinh(a_1L)}-\alpha\Delta T\right)\\ \tau_c=k_cu\end{cases} \tag{2-62}$$

则锚固端的应力为：

$$\sigma_c=E_c[a_1u_R\coth(a_1L)-\alpha\Delta T] \tag{2-63}$$

$$\sigma_s=E_s[a_1u_R\coth(a_1L)-\alpha\Delta T] \tag{2-64}$$

(3)端部锚固力计算方法

①端部锚固计算的有效影响长度

为确定端部锚固计算中的有效影响长度，记端部位移U_f(端部自由时)对L的导数为e，由式(2-55)可得：

$$\varepsilon=\frac{du}{dL}=\frac{\alpha\Delta T}{\cosh^2(a_1L)} \tag{2-65}$$

$$L=\frac{1}{a_1}\cosh^{-1}\sqrt{\frac{\alpha\Delta T}{\varepsilon}} \tag{2-66}$$

若要求L有100m增量时uf的变化小于0.1cm，则$\varepsilon=10^{-5}$，代入该条件下u_f计算的有效影响长度L_f：

$$L_f=\frac{1}{a_1}\cosh^{-1}\sqrt{\Delta T} \tag{2-67}$$

同理进行类似分析，可得到设端墙时端部锚固应力计算的有效影响长度：

$$L_\sigma=\frac{1}{a_1}\operatorname{arcsinh}\sqrt{10^3E_ca_1^2u_R} \tag{2-68}$$

上式确定的 L 值将满足要求：L 值有 100m 增量时，锚固端部应力增量小于 0.1MPa。

②端部锚固力计算方法

根据上述分析可以得出连续配筋水泥混凝土路面端部锚固力的计算方法为：a. 确定混凝土模量等计算参数：b. 根据式(2-67)确定端部自由位移计算的有效影响长度 L_f，然后代入式(2-61)计算端部自由伸长 u_f；c. 分析此端部变形是否需要限制，如果需要限制，确定端部允许发生的最大位移 u；d. 根据式(2-66)确定端部锚固力计算的有效影响长度 L，然后代入式(2-63)、式(2-64)计算锚固端混凝土与钢筋的应力；e. 按下式计算锚固应力在 1 个纵筋横向间距范围内的合力 F_x（无合成剪力与弯矩）。

$$F_X = \sigma_c \mid_{x=L} A_c + \sigma_s \mid_{x=L} A_s = (1+\varphi) E_c A_c [a_1 u_R \coth(a_1 L) - \alpha \Delta T] \tag{2-69}$$

2.3　连续配筋水泥混凝土路面设计方法

连续配筋水泥混凝土路面设计主要有两个问题：一是板厚确定；二是配筋设计。国外许多设计方法建议按普通水泥混凝土路面确定连续配筋水泥混凝土路面板厚，配筋设计则主要是确定配筋率，控制裂缝宽度与裂缝间距等。在连续配筋水泥混凝土路面与桥梁、其他路面或建筑物相接位置，还要进行端部结构设计，防止连续配筋水泥混凝土路面端部变形对相邻构造物的影响。

2.3.1　破坏现象与设计指标

连续配筋水泥混凝土路面的破坏现象主要有两种：一种是裂缝处混凝土剥落，另一种是板边冲断。大量调查发现，连续配筋水泥混凝土路面破坏表现为：①横向裂缝间距较大时，路面的裂缝宽度较大，裂缝处混凝土易出现剥落损坏；②横向裂缝间距较小时，容易引起板边冲断破坏；③连续配筋水泥混凝土路面使用后期在车辆荷载重复作用下板底产生疲劳开裂，一般认为连续配筋水泥混凝土路面的前期裂缝由降温与干缩变形引起，后期裂缝由行车荷载引起；④钢筋在裂缝处被拉断。

根据上述分析，对连续配筋水泥混凝土路面板采用板底弯拉应力指标，连续配筋水泥混凝土路面配筋设计可考虑裂缝宽度、裂缝间距和钢筋应力等指标。对于第一种与第二种破坏现象，应通过配筋设计来控制连续配筋水泥混凝土路面裂缝间距。控制裂缝宽度是连续配筋水泥混凝土路面配筋设计的主要目的之一，我国现行混凝土结构设计规范根据结构使用中的不同情况，将裂缝控制程度分为三个等级，规定了不同的标准，其中露天钢筋混凝土结构的裂缝最大宽度为0.2mm。参照国外有关资料，建议连续配筋水泥混凝土路面的最佳裂缝间距为1.0～2.5m。根据铜川连续配筋水泥混凝土路面试验路的调查结果，建议连续配筋水泥混凝土路面的允许最大裂缝宽度为1.0mm。

2.3.2 设计参数

连续配筋水泥混凝土路面设计中的大部分参数，可按现行混凝土路面设计规范取值，部分设计参数可参考下面的方法确定。

(1)混凝土抗拉强度

我国现行路面规范已倾向于使用劈裂试验代替小梁试验测定混凝土的抗弯拉强度，已有研究提出的混凝土劈裂抗拉强度与轴向抗拉强度之间的关系为：

$$R_t = (0.80 \sim 0.89)R \tag{2-70}$$

式中：R——劈裂强度(MPa)。

根据我国现行规范中的交通分级和设计弯拉强度，通过计算可以得到不同交通等级下的设计抗拉强度。

(2)钢筋与混凝土黏结强度

钢筋与混凝土应具有足够的黏结强度，保证两者共同受力、协调工作，否则会出现“滑脱”现象，钢筋与混凝土出现黏结破坏。

螺纹钢筋与混凝土间黏结强度按下式计算：

$$T_\mu = \left(0.82 + 0.9\frac{d}{I_a}\right)\left(1.9 + 0.8\frac{c}{d} + 20\rho_\omega\right)f_t \tag{2-71}$$

式中：T_μ——钢筋与混凝土间的黏结强度(MPa)；

d——钢筋直径(cm)；

I_a——钢筋的锚固长度(cm)；

c——混凝土保护层的厚度(cm)；

ρ_ω——混凝土保护层内的配箍率(%)；

f_t——混凝土的立方强度(MPa)。

连续配筋水泥混凝土路面板厚一般大于20cm，钢筋直径一般小于20mm，故其相对保护层厚度均大于4cm。在公式中按规范要求c/d取为4.0。上式可简化为：

$$T_{\mu} = 5.1\left(0.82 + 0.9\frac{d}{I_{a}}\right)f_{t} \tag{2-72}$$

连续配筋水泥混凝土路面裂缝间距一般在 1.2～2.5m 左右，这时 d/I_a 则很小，忽略此项则得到钢筋混凝土黏结强度的计算简式为：

$$T_{\mu} = 4.18f_{t} \tag{2-73}$$

根据前面混凝土抗拉强度与混凝土强度间的关系，可以得到不同标号时混凝土与钢筋间的黏结强度（表 2-6）。

连续配筋水泥混凝土路面混凝土与钢筋的黏结强度　　表 2-6

混凝土强度等级	C10	C15	C20	C25	C30	C40	C50	C60
黏结强度 τ_u（MPa）	5.19	6.78	8.22	9.52	10.77	13.04	15.15	17.12

（3）钢筋与混凝土黏结刚度系数

钢筋与混凝土间的相互作用一般通过两者间的黏结应力与相对滑移的关系来描述。为研究钢筋—混凝土黏结滑移关系，需进行拔出试验或拉伸试验。拔出试验的应力状态与实际状况相差较大，而拉伸试验则要好一些。国内外都曾进行过试验，取得了一些研究成果。根据研究成果，最后给定的钢筋与混凝土黏结刚度系数见表 2-7。

钢筋与混凝土黏结刚度系数　　表 2-7

混凝土强度等级（MPa）	C15	C20	C25	C30	C40	C50	C60
K_S（MPa/mm）	15.35	18.61	21.56	24.39	29.53	34.31	38.77

（4）混凝土热膨胀系数

混凝土材料的热膨胀系数与水灰比、混凝土龄期、水泥品质、砂含量和集料种类等因素有关，其中集料种类的影响最显著。石灰岩配制的混凝土热膨胀系数大，而用石英岩配制的混凝土热胀系数较小。集料种类相同、含砂量不同的混凝土热胀系数也会有一定变化，但幅度较小。

在温度应力分析中可知，混凝土热胀系数的变化将会对内部温度应力产生较大影响。因此，在连续配筋水泥混凝土路面设计中，有条件时通过室内试验测定混凝土的热胀系数，并通过混凝土配合比设计尽可能配制热胀系数较小的混凝土，以减少温度应力。

（5）混凝土收缩应变

国外研究认为，混凝土的干缩与其强度有密切关系。强度越大，收缩应变越小，强度越小，收缩应变越大。收缩应变取值见表 2-8。

混凝土收缩与间接拉伸强度的近似关系　表 2-8

间接拉伸强度(MPa)	收缩应变	间接拉伸强度(MPa)	收缩应变
1.1	0.000 8	4.1	0.000 3
2.1	0.000 6	4.8	0.000 2
3.1	0.000 45	—	—

(6)钢筋热膨胀系数

钢筋热膨胀系数可取为 9×10^{-6}/℃。

(7)钢筋强度和弹性模量

钢筋的强度和弹性模量可按表 2-9 取值。

钢筋的强度及弹性模量　表 2-9

钢筋种类	屈服强度 f_{sy}(MPa)	弹性模量 E_S(MPa)
1 级(HPB235)	235	210 000
2 级(20MnSi,20MnNb(b)25mm$<d<$28mm)	335,315	200 000
3 级(25MnSi)	370	200 000
4 级(40MnV,45SiMnV,45SiMnTi)	540	200 000

(8)地基摩阻系数

地基摩阻系数随着连续配筋水泥混凝土路面使用时间的延长而减小,设计中 C_x 应取低值,取值见表 2-10。

地基摩阻系数取值　表 2-10

地基类型	地基摩阻系数(MPa/mm)
无机结合料稳定碎石	0.03～0.05
无机结合料稳定土	0.01～0.03
贫混凝土或石质地基	0.05～0.1

(9)荷载组合

根据前面分析结果,车辆荷载的不利荷位有两种,一种是板的纵缝边缘中部,另一种是板的横缝中部一侧。连续配筋水泥混凝土路面的温度应力包括温缩应力、干缩应力、翘曲应力及翘曲变形引起的附加温度应力,其中温缩应力、干缩应力和翘曲变形引起的附加应力均在板中位置最大,翘曲应力最大发生位置也有两处,一是板的纵缝边缘中点,二是板横缝边缘中点。

连续配筋水泥混凝土路面板厚计算时的荷载组合有四种情况：

荷载工况Ⅰ：板纵缝边缘中部车辆荷载应力＋相应位置的翘曲应力；

荷载工况Ⅱ：板横缘中部一侧车辆荷载应力＋相应位置的翘曲应力；

荷载工况Ⅲ：板中位置温缩应力＋干缩应力；

荷载工况Ⅳ：板中位置温缩应力＋干缩应力＋翘曲应力。

我国现行规范给出了荷载工况Ⅰ的荷载应力和翘曲应力计算方法；在计算中应考虑纵向配筋传荷作用的影响，采用第二种荷载工况；连续配筋水泥混凝土路面的横向裂缝主要由降温和混凝土干缩变形引起，且主要产生于路面的前期，配筋设计的目的是对连续配筋水泥混凝土路面的裂缝间距和裂缝宽度进行控制，故荷载工况可取为荷载组合Ⅲ；混凝土翘曲应力会增大板顶和板底的拉应力，这时可考虑新的荷载工况Ⅳ，荷载工况Ⅳ作用下一般会在板顶或板底产生表面裂缝。

(10)设计用降温

连续配筋水泥混凝土路面的温缩应力与降温幅度有线性关系，设计中的降温 ΔT 用下式计算：

$$\Delta T = T_H - T_L \tag{2-74}$$

式中：T_H——连续配筋水泥混凝土路面施工养护初期的日平均最高气温(℃)；

T_L——日平均最低气温(℃)。

若设计中没有可用温度资料时，可参考文献《市政工程设计手册》，其中给出了全国各大城市一年内的月平均最高气温和最低气温。

2.3.3　板厚计算

为了便于设计使用和与现行规范接轨，连续配筋水泥混凝土路面板厚计算在考虑传荷能力变化的基础上，可直接按现行规范方法设计。对高速公路和一级公路，直接取普通混凝土板厚计算结果。当连续配筋水泥混凝土路面裂缝间距小于 2m 时，板厚计算结果是偏于安全的。对一般公路，在板厚计算中可考虑增加应力折减系数，在裂缝间距大于 2m 时，$K_{cr}=1.00$；当裂缝间距为 1～2m 时，K_{cr}取 0.90～1.00；当裂缝间距较小时取低值，较大时取高值。

2.3.4　连续配筋水泥混凝土路面配筋设计

连续配筋水泥混凝土路面配筋设计考虑荷载工况Ⅲ，即板中位置的温缩应力和干缩应力。设计控制指标可考虑混凝土应力、裂缝宽度、钢筋应力和钢筋混凝土黏结应力四项，其中第一项可作为设计指标，后三项可作为验算指标。根据前面分析可知，连续配筋水泥混凝土路面裂缝间距是影响路面混凝土和钢筋应力位移最主要的参数，而连续配筋水泥混凝土路面开裂又是由混凝土内部应力所决定，因此控制混凝土应力与控制裂缝间距是一致的。对于荷载工况Ⅲ，板中位置路面结构的应力和位移可由前面分析得：

$$\sigma_c = E_c(\alpha\Delta T + \varepsilon_{sh})\frac{\varphi L_{r3}[1 - \mathrm{sech}(L_{r3})]}{\tanh(L_{r3}) + \varphi L_{r3}} \tag{2-75}$$

$$\sigma_s = E_s\left[\frac{(\alpha_c\Delta T + \varepsilon_{sh})[L_{r3}\coth(L_{r3}) - 1]}{\varphi L_{r3}\coth(L_{r3}) + 1} + \alpha_s\Delta T\right] \tag{2-76}$$

$$\omega = \frac{2(\alpha_c\Delta T + \varepsilon_{sh})(1 + \varphi)L}{1 + \varphi L_{r3}\coth(L_{r3})} \tag{2-77}$$

$$\tau_s = \frac{K_s(\alpha_c\Delta T + \varepsilon_{sh})(1 + \varphi)L}{1 + \varphi L_{r3}\coth(L_{r3})} \tag{2-78}$$

式中：$L=S/2, \varphi=p\cdot n, r_3=\sqrt{\frac{\pi D_s K_s}{A_s E_c}(1+\varphi)}$；

S——连续配筋水泥混凝土路面裂缝间距(m)；

p——连续配筋水泥混凝土路面配筋率(%)；

n——钢筋和混凝土的模量比；

D_s——钢筋直径(mm)；

A_s——一个钢筋横向间距范围内混凝土的面积(m^2)；

K_s——钢筋和混凝土间的黏结刚度系数；

ΔT——连续配筋水泥混凝土路面设计温差(℃)；

ε_{sh}——连续配筋水泥混凝土路面混凝土远期干缩应变。

当混凝土考虑应力松弛影响时，按下式计算：

$$\sigma_{cr} = E_c(K_{rd}\alpha_c\Delta T + K_{rs}\varepsilon_{sh})\frac{\varphi L_{r3}[1 - \mathrm{sech}(r_3 L)]}{\tanh(r_3 L) + \varphi L_{r3}} \tag{2-79}$$

式中：K_{rd}——年温度变化条件下考虑应力松弛的修正系数；

K_{rs}——干缩应力的松弛系数。

进行连续配筋水泥混凝土路面配筋设计时，首先要确定合适的横向裂缝间距，并确定钢筋和混凝土模量、设计温差等设计参数，然后计算混凝土应力。当计算的混凝土应力为混凝土抗拉强度的 90%～95%时，这时的配筋率可以作为设计配筋率，否则要改变配筋率重新计算。当混凝土计算的应力大于混凝土抗拉强度的 95%时，要减小配筋率；当混凝土应力计算值小于混凝土抗拉强度的 90%时，要增加配筋率，但不宜超过 0.7%。若调整配筋率后，混凝土应力仍超过其抗拉强度，这时要重新确定适当的裂缝间距(可适当减小)进行计算。

确定连续配筋水泥混凝土路面的配筋率和裂缝间距后，对连续配筋水泥混凝土路面的裂缝宽度、钢筋最大拉应力和钢筋混凝土间的黏结应力进行验算，若验算不合格需重新进行配筋设计。

2.3.5　连续配筋水泥混凝土路面端部锚固设计

从前述分析结果可得出连续配筋水泥混凝土路面端部锚固结构设计过程为：

(1)端部锚固力的计算

①根据气象资料确定最大温差 Δt；

②确定端部的最大允许位移 μ_R；

③进行直剪试验，确定剪应力－相对位移关系，并测定土基的 c、p、E 和 μ_0；

④确定混凝土的各种参数，如弹性模量 E_0、泊松比 μ_0 和温度变形系数；

⑤将路面板厚 h_c、Δt、μ_R、E_c、α 以及有关剪应力－相对位移关系的参数，代入端部锚固力计算程序，计算得到锚固力 F。

(2)端部的应力、位移分析

①依据算得的 F 确定端墙个数和端墙高度；

②确定墙宽；

③应力和位移分析。

如果端墙个数 $n\neq2$，先依据每端墙承受剪力相等的原则转换成两个端墙，然后将各参数代入矩阵位移法程序中运行即可解出位移、路面板设计弯矩和端墙设计弯矩。

按有限元法计算时，先按 $F=1\,000$kN，$n=2$ 查相应的诺模图。当 $F\neq1\,000$kN或 $n\neq2$ 时按相应的规律将结果进行转化。

(3)将端部计算得到的位移同端部最大允许位移进行比较。若前者大于后者，则增加墙个数，并重复第(1)步以后的步骤；若前者小于后者，则说明端部锚固力计算结果偏小。将端部计算得到的位移作为端部允许位移重新计算端部锚固力，并重新进行该锚固力作用下的应力、位移分析。

(4)根据算得的弯矩和剪力进行端墙配筋设计，按双筋矩形截面梁进行正截面强度计算与配筋，最后校核抗剪强度能否满足要求。若不满足，需按斜截面强度进行设计与计算。

2.4 连续配筋水泥混凝土路面施工技术

2.4.1 连续配筋水泥混凝土路面施工工艺

(1)施工准备工作

连续配筋水泥混凝土路面与一般水泥混凝土路面的施工准备工作基本相同,但注意以下几点。

①施工场地布置

连续配筋水泥混凝土路面施工时,除需具有水泥混凝土拌和与原材料堆放场地外,还应布置好钢筋制作场地。钢筋制作场应布置在距路面施工路段较近处,以便将预制加工好的钢筋运至工地。场地应利于排水,防止由于积水而降低钢筋品质。同时,需有充足的电源保证钢筋制作所需电力。

②机械设备及试验器具

连续配筋水泥混凝土路面施工应按工程规模和计划工期配备必要的机械设备,如水泥混凝土拌和、运输、浇筑机械与钢筋制作、焊接、安装机械。对于保证工程质量的主要试验项目,如水泥混凝土的材料检验、强度试验和钢筋的抗拉试验应重点检查,并应具备必要的试验器具。

③标准试验

开工前应认真做好各项标准试验,水泥混凝土应做配合比设计试验,钢筋应做抗拉试验,其结果须符合设计要求。

(2)钢筋设置

钢筋设置是连续配筋水泥混凝土路面不同于普通水泥混凝土路面施工的主要内容,也是连续配筋水泥混凝土路面施工中的关键工序。

钢筋在进场前应进行检验,并在施工中进行抽验。试验和抽验数据必须符合设计要求。采购的钢筋必须按不同品种、牌号分别验收堆存,不得混杂。钢筋在运输、储存过程中应避免锈蚀和污染。钢筋宜存放在仓库(棚)内,露天堆置时应垫高并加遮盖。

(3)混凝土施工

在完成前期准备工作、模板安装、钢筋制作和安装、端部矩形地梁施工后即可浇筑路面混凝土,施工方法与普通水泥混凝土路面施工基本相同。

连续配筋水泥混凝土路面的压纹、养生、拆模等工序与普通混凝土路面施工相同,此处不再赘述,其施工工艺流程见图 2-31。

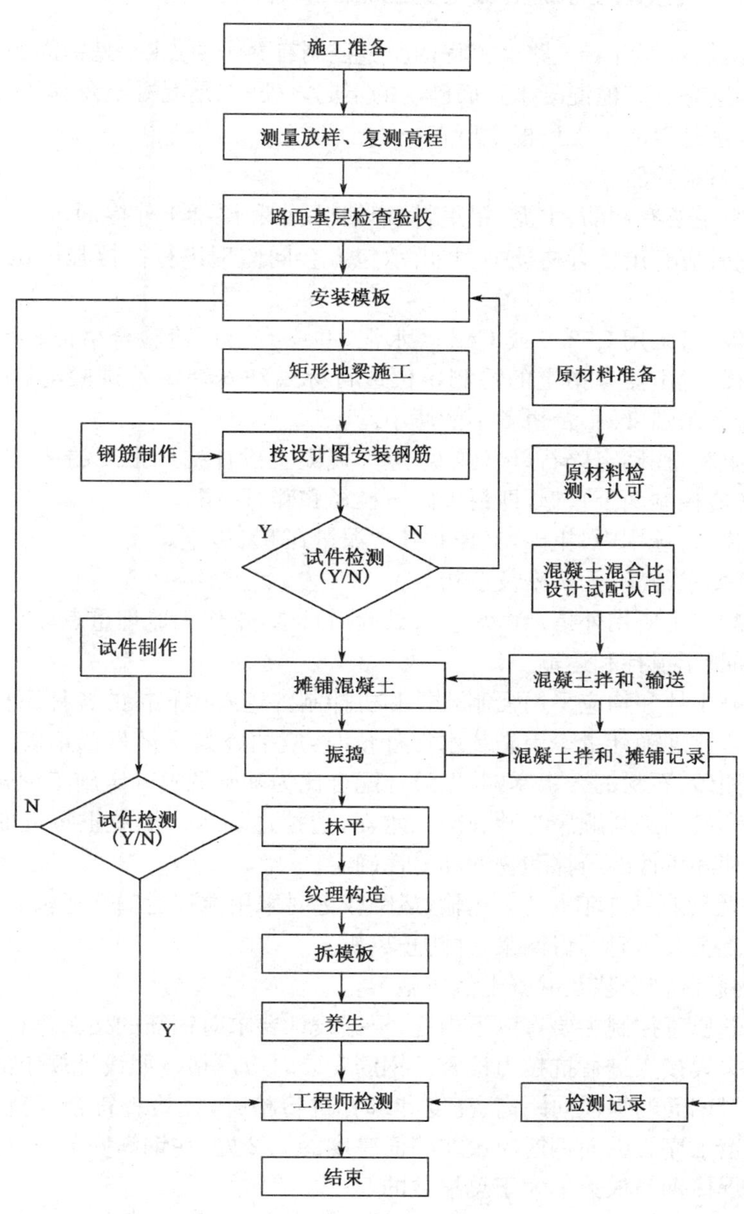

图 2-31　连续配筋水泥混凝土路面施工工艺流程图

2.4.2 连续配筋水泥混凝土路面施工质量控制

连续配筋水泥混凝土路面工程的质量控制有两个要点:一是钢筋的制作、安装与定位,这是与其他混凝土路面施工的不同之处;二是混凝土及其相关质量因素的控制,这是混凝土工程根本所在。

(1)原材料检验

原材料主要有钢筋、水泥、粗集料、细集料、水和混凝土外掺剂。

①钢筋:应有出厂合格证书,并由承包人会同监理进行抗拉强度试验,合格后方能使用。

②水泥:可采用C52.5或C42.5水泥,并应有出厂检验合格证。承包人应对水泥取样,送由监理指定的检测单位进行标号和安装定性试验,其中任一项(包括水泥富余强度)不合格者不能使用。

③粗集料:在确定碎石母岩强度(应为混凝土设计抗压强度的2.5倍以上)的同时,还应控制两个指标,即最大碎石粒径和碎石级配。

④细集料:选用中、粗砂,且控制其含泥量在3%以下。

⑤水:要求纯净、无污染及杂物。

⑥混凝土中所用外掺剂由承包人试验后自选,未作为监理重点。

(2)混凝土搅拌和运输

①混凝土拌和物应采用强制式拌和机拌制。进入拌和机的各种原材料必须按施工配合比准确计量。用袋装水泥计量时,应抽查其质量是否正确。每班开工前应实测砂、石料的含水率,并以设计配合比为基础调整确定施工配合比。

②拌和机的进料顺序为砂、碎石、水泥,边搅边加水。混凝土每批的搅拌时间应根据拌和机性能与拌和物的和易性确定。

③混凝土采用自卸机动车运输,运距较远时采用搅拌运输车运输。

④混凝土装运时不得漏浆,并防止离析。

(3)钢筋制作安装及混凝土浇筑施工

钢筋的质量控制主要有以下内容:根据设计要求对钢筋的接头进行检查,并取样对接头焊接点进行抗拉力检查。钢筋安装时应严格按照设计规定的位置进行布设。对钢筋的纵横向距离、高度和绑扎进行检查,经检查符合规范要求时,可进行下道工序。纵向钢筋应放在路面厚度的1/2处,在钢筋安装时,应注意同一断面的焊接钢筋根数不大于总根数的50%。

混凝土混合物浇筑时,为了保证抗折强度和平整度的要求,采用"三振、一拖滚、二拌、一拉毛"成面法进行施工。

(4)路表修整和拆模养生

修整时要与上次拌过痕迹重叠一半,在板面低洼处要补填混凝土,并用 3m 直尺检查平整度。抹面结束后,可用毛刷拉毛或用刻纹机使表面达到设计要求的纹理深度。

模板达到一定强度方可拆模,一般是根据气温条件按小时数控制。模板拆模应仔细,不得损坏板的边角,尽量保证模板的完好。

养生是混凝土强度形成过程中不可缺少的重要环节。拉毛 2～3h 后,根据面层的情况,用塑料薄膜覆盖新鲜混凝土表面。到薄膜内没有热水珠时,改用浸透含水的麦秸、麻袋等覆盖混凝土表面。养生应使混凝土表面始终呈潮湿状态。养护 14d 时,可达到设计强度的 80%以上,清除覆盖物,开放交通。

(5)质量检验与记录

①混凝土用的水泥、砂、碎石、水、外掺剂和钢筋等材料应按规范进行检查和试验,并应做好记录。

②钢筋混凝土板网片的检查应做好记录。

③混凝土的配合比、搅拌、支模、浇筑以及接缝等,应在施工中按规定频度和项目检查,并做好记录。

④混凝土抗折强度应符合验收标准的规定,做好记录。

2.5　连续配筋水泥混凝土路面试验路

2.5.1　连续配筋水泥混凝土路面试验路概况

针对水泥混凝土路面接缝多、特殊路基下耐久性差等问题,课题组于 1996 年在国道 210 线宜君哭泉段修筑了连续配筋水泥混凝土路面试验路。试验路位于 210 国道西包公路 K137＋915～K138＋250 段,系 1985 年由陕西省公路局主持的宜君淌泥河改建工程的一段,全长 335m。原设计路基宽度 10m,路面宽度 9m。路面结构为:2cm 沥青石屑封层＋4cm 沥青贯入＋20cm 碎石灰土＋20cm 手摆片石。但由于水文地质不良,岩层裂隙水丰富并未能彻底根治,加之施工中存在的问题,致使路基路面出现了严重病害。

1989 年,铜川公路管理总段又根据原线形将路面改建为水泥混凝土路面,但路基水患(地表水和地下水)未彻底根除,短短几年间混凝土路面相继出现唧泥、脱空、断板、沉陷等病害,严重地影响了过往车辆的行驶安全。为彻底治理该病害路段,1996 年通过专家论证,在采取修筑纵、横向土工织物盲沟和增设挡土墙护脚等工程的同时,对病害严重的 K137＋915～K138＋250 段路面采用连续配筋水泥混凝土路面，其他坏板如基层无问题则按普通混凝土路面做换板处理，以改善路面使用品质。路面结构见图 2-32。

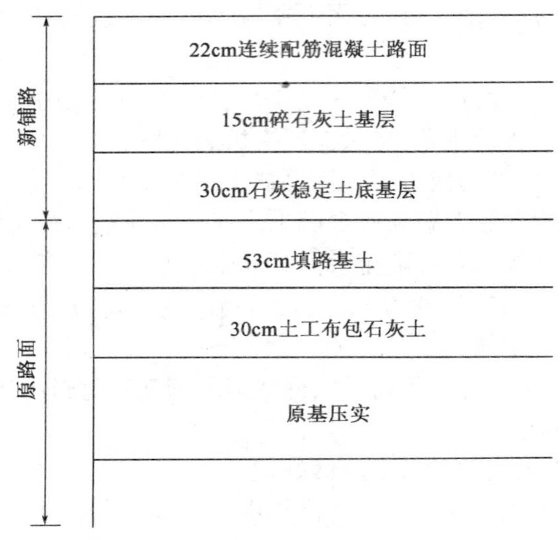

图 2-32 连续配筋水泥混凝土路面结构图

在对连续配筋水泥混凝土路面进行端部结构设计时，采用了设置锚固地梁和设置胀缝的端部处理办法，见图 2-33。

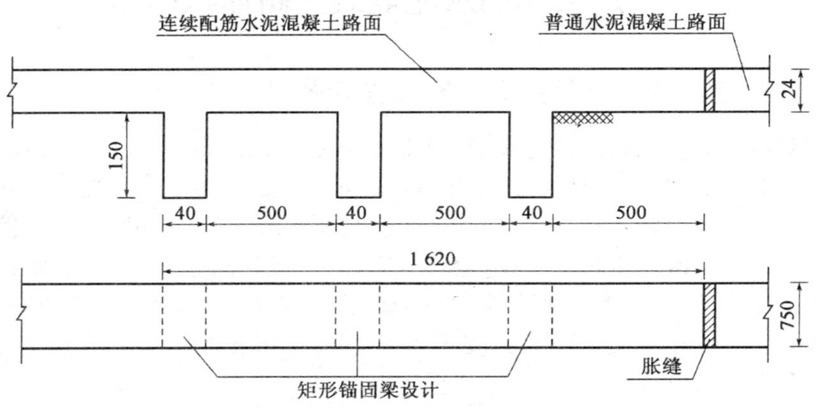

图 2-33 连续配筋水泥混凝土路面矩形锚固地梁(尺寸单位：mm)

2.5.2 连续配筋水泥混凝土路面试验路施工与检测

连续配筋水泥混凝土路面试验路段按前述施工技术施工。为了考察连续配筋水泥混凝土路面在车辆荷载作用下的受力特点与使用情况，对试验路进行了跟踪调查与测试。调查项目为横向裂缝位置、数量和间距，测试项目为弯沉与应变。考虑到端部锚固连续配筋水泥混凝土路面结构与一般连续配筋水泥混凝土路面结构有所不同，对这两个位置进行了应力对比测试。

图 2-34 列出了加载位置和测点位置，其中共 8 个测点，5 个加载位置。

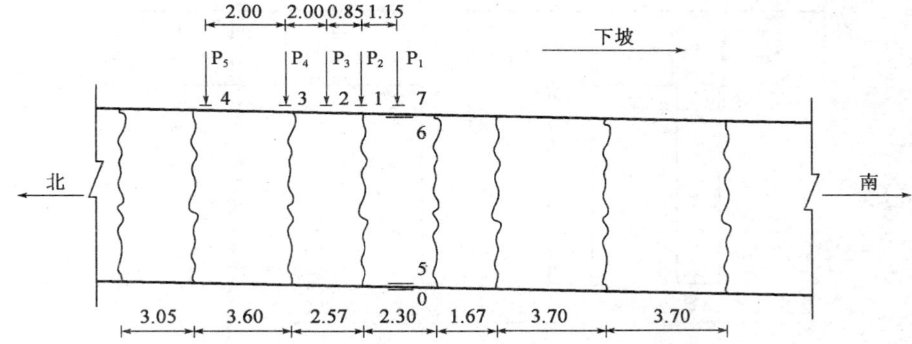

图 2-34　连续配筋水泥混凝土路面应力测试点位(尺寸单位：m)

图 2-35 显示出板表面应力在不同加载位置时的变化情况。从图中可见，当荷载作用于测点顶面时，该测点受压，且压应力最大。其他板顶测点的应力较小。由于连续配筋水泥混凝土路面内纵向钢筋具有较高的传荷能力，故其他测点既可能受拉，也可能受压，且分布在较大的路面范围内，充分说明连续配筋水泥混凝土路面具有更高的荷载扩散能力。当车辆荷载作用于 P_1 位置时，0 号测点为拉应力，这与前述有限元分析结果一致。

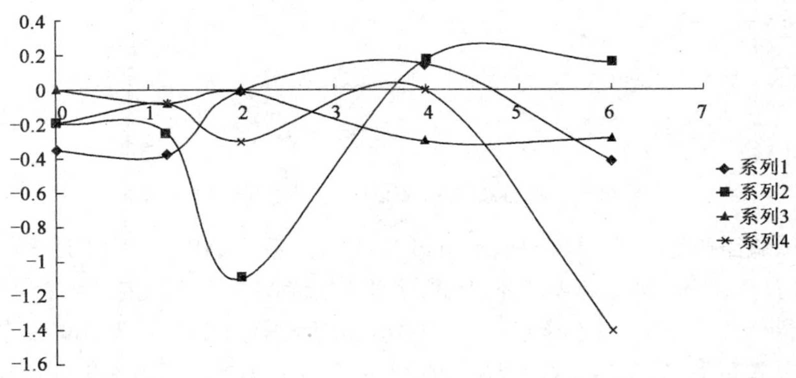

图 2-35　连续配筋水泥混凝土路面板项应力测试结果

图 2-36 为连续配筋水泥混凝土路面锚固端墙处的应力测点与加载位置，图 2-37 是相应的测试结果，易见与前述测试规律基本相似。在 P_5 加载时，测点 6

与测点 7 均为拉应力，说明有锚固地梁支撑的连续配筋水泥混凝土路面与普通连续配筋水泥混凝土路面的受力状态有一定区别。

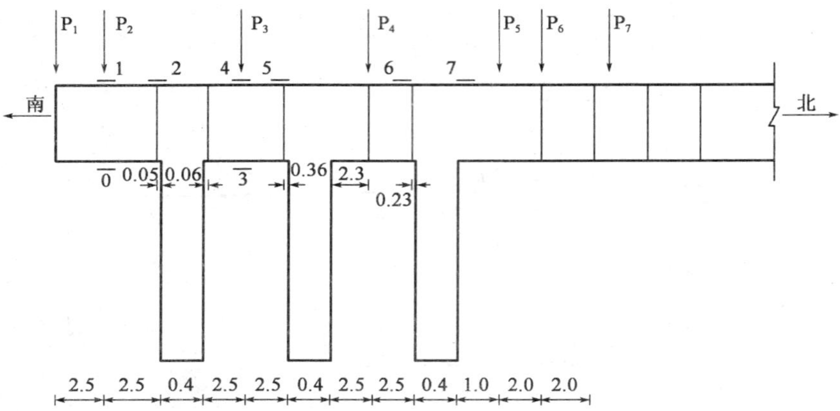

图 2-36 端部连续配筋水泥混凝土路面应力测试点位(尺寸单位：m)

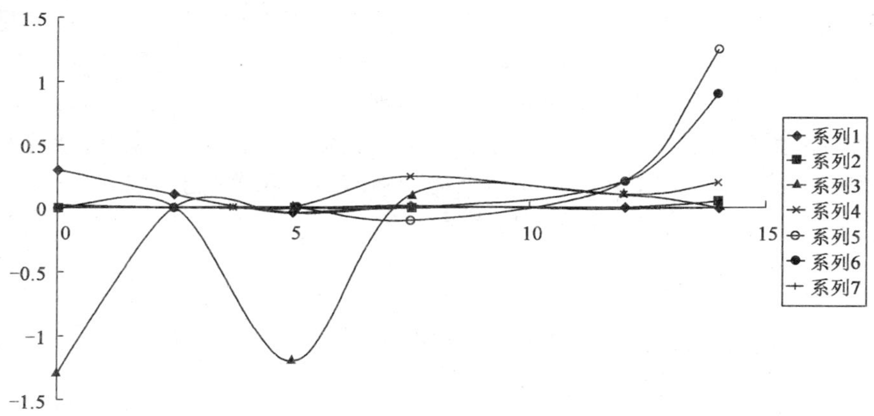

图 2-37 端部连续配筋水泥混凝土路面板顶应力测试结果

试验路施工完成后，分别于 1996 年 12 月 20 日、1997 年 12 月 23 日、1998 年 12 月 5 日和 2000 年 4 月 20 日进行四次裂缝调查。从调查结果看，第一次调查的裂缝数量最少，左右两幅一共 31 条，裂缝间距为 0.6～27m，其中东半幅的平均裂缝间距为 20.73m，西半幅的裂缝间距为 9.91m。第二次裂缝调查时的裂缝数量增至 136 条，东半幅平均裂缝间距为 4.56m，西半幅的平均裂缝间距为 2.59m，比第一次的裂缝间距小。第三次调查的裂缝数量为 169 条，东半幅平均裂缝间距为 3.12m，西半幅的裂缝间距为 2.33m，现场检测裂缝宽度为 1.0mm

左右。第四次的裂缝调查结果与第三次基本相同。调查结果表明，连续配筋水泥混凝土路面横向裂缝随使用时间增长而增多，裂缝间距逐渐减小并趋于稳定，横向裂缝主要产生在前两三年之内。

2.5.3　连续配筋水泥混凝土路面经济效益分析

连续配筋水泥混凝土路面具有优良的路用性能，但其经济效益也是关心的重点问题。通过修筑试验路发现，连续配筋水泥混凝土路面在水文地质不良地区不仅能防止路面的破坏，而且从长远的观点分析，也具有较好的经济效益，现以试验路为例进行具体分析。

连续配筋水泥混凝土路面无横向伸缩缝，地表水较难下渗浸害路基，加之即使路基局部出现不均匀沉陷，而由于其配筋量大，在悬空处的荷载可向周围传递而减小局部应力，明显地延缓了路面破损。该路段工程竣工后 3 年半，未投入任何维修费用，节省了养护投资。下面以设计周期 30 年的建养投资费用进行经济效益分析。

以 1996 年价格计算，并认为路基工程和路面(底)基层工程投资费用相同，连续配筋水泥混凝土路面建设投资费用为：164.05 元/$m^2 \times 2\,204 m^2 = 354\,954$ 元；普通混凝土路面建设投资费用为：94.27 元/$m^2 \times 2\,204 m^2 = 207\,771$ 元。

连续配筋水泥混凝土路面数年来无病害发生，而据实际调查统计，普通混凝土路面年平均换板率为 0.8%，以第 3 年开始局部换板、第 22 年加铺厚 5cm 的沥青混凝土面层作为中修工程方案，此两项费用分别为：

$$\frac{2\,204\text{m}^2 \times 0.8\% \times 20\ \text{年} \times (1.02^2 + 1.02^3 + \cdots + 1.02^{21})}{20 \times 94.27}\ \text{元/m}^2 = 42\,018\ \text{元}$$

5cm 厚沥青混凝土费用为：

$$34.01\ \text{元/m}^2 \times 2\,204\text{m}^2 \times 1.02^{21} = 113\,611\ \text{元}$$

两种路面在 30 年设计周期的投资以 1996 年现值计算，其差额为：

$$354\,954 - (207\,771 + 42\,018 + 113\,611) = -8\,446\ \text{元}$$

上述分析表明，在设计周期内两种路面建养投资基本持平，但由于连续配筋水泥混凝土路面行车舒适，且很少维修，因而油耗车损降低，具有显著的间接经济效益和社会效益。这说明连续配筋水泥混凝土路面用于地质水文不良地段具有良好的使用效果。上列经济效益分析只是依据目前水泥混凝土路面建养状况概略计算，用以说明连续配筋水泥混凝土路面与普通混凝土路面按设计周期计算建养投资的状况。

第3章　水泥粉煤灰混凝土研究

粉煤灰是我国排量较大的工业废渣之一。世界性能源危机、环境污染、矿物资源枯竭等促进了粉煤灰的循环综合利用，使其成为我国经济建设中一项重要的技术经济政策，是解决环境污染、资源缺乏矛盾的重要手段。粉煤灰用作水泥混凝土的掺和料，代替部分水泥或细集料，不仅可以节约大量水泥和细集料，减少用水量，降低混凝土成本，减少资源浪费和环境污染；而且可以改善混凝土拌和物的和易性，增强混凝土的可泵性，减少混凝土的徐变、水化热、热能膨胀性，减轻混凝土的收缩和开裂，提高混凝土的抗渗能力、抗硫酸盐性能和耐化学侵蚀性能。粉煤灰在大体积混凝土和一些建筑行业的混凝土中已有较多应用，但在道路路面水泥混凝土中的应用较少，且掺量往往较小（15％以下）。本研究开展路面用大掺量水泥粉煤灰混凝土的研究，对提高路面混凝土性能、促进资源循环利用具有重要意义。

3.1　水泥粉煤灰混凝土的水化机理

3.1.1　粉煤灰品质

粉煤灰是从煤炉烟道收集的粉末，从建筑材料的角度看，它是人工火山灰材料，具有多种用途，是一种建筑材料资源，应符合一定的品质标准。用作混凝土掺和物的粉煤灰成品可划分为三个等级，见表3-1。

用于混凝土的粉煤灰等级划分指标　　表3-1

指　标	级　别		
	一	二	三
细度（0.045mm）方孔筛筛余（％）　≯	12	20	45
需水量比（％）　≯	95	105	115
烧失量（％）　≯	5	8	15
含水率（％）　≯	1	1	不规定
SO_3^{2-} 含量（％）　≯	3	3	3

由于煤种、煤粉磨的型号、燃烧条件、司炉工的操作水平、电厂负荷的波动以及收尘系统的运行状态等因素都会影响粉煤灰的质量，在选用时要加以区别。

(1)关于粉煤灰的化学成分

我国的粉煤灰按其化学成分大致可分为：

①低钙灰，CaO 的含量在 5%～6%以下，SiO_2 的含量一般高于 50%，这种灰活性较低，我国多数电厂都生产这种灰。

②中钙灰和高钙灰，中钙灰的 CaO 的含量约 15%，而高钙灰的 CaO 含量则很高。粉煤灰中 CaO 的含量高，活性也越高。高钙灰本身就有水硬性，但 CaO 含量高的粉煤灰，游离 CaO 的含量也高，安定性不良，会导致混凝土结构物出现不均匀膨胀破坏。

③高钙粉煤灰中 Fe_2O_3 含量达 10%～20%。这种灰特点是密度大、微珠硬度大，加工成磨细灰时不易打破，对需水量比的影响不太大。

(2)关于五项指标

这里所说的五项指标是指表 3-1 中所提到的指标。对于干灰，控制含水率的关键在于运输和储存时注意防潮。SO_3^{2-} 虽然是重要指标，但大多数粉煤灰的该项指标较稳定，不易超标。五项指标中最应该关注的是烧失量、细度和需水量比。这三项指标既各自独立影响粉煤灰的品质和混凝土的性能，它们之间又有某种关联。烧失量和细度影响需水量比，往往是烧失量和筛余量越大，需水量比也越大。一般地说，烧失量和筛余量达到某一标准，需水量比也将达到某一标准。

3.1.2　水泥粉煤灰混凝土的水化机理

从粉煤灰与水泥共同水化硬化的水化化学角度来看，掺有粉煤灰的水泥和未掺粉煤灰的主要区别是：①熟料矿物的水化速率；②$Ca(OH)_2$ 存在数量；③熟料水化产物组成；④粉煤灰发生的反应。

在粉煤灰与熟料矿物硅酸三钙相互作用方面，既有粉煤灰促进 C_3S 水化的报道，又有粉煤灰延缓其水化的报道。但相关研究认为，水化 1d 后粉煤灰促进 C_3S 的水化。在粉煤灰促进 C_3S 水化机理上认为，水化开始阶段，粉煤灰颗粒表面是有助于 C—S—H 形成和 $Ca(OH)_2$ 结晶的活动中心，这就是粉煤灰加速 C_3S 水化的主要原因。Takemoto 将此归因于粉煤灰颗粒表面选择性吸收 Ca^{2+} 的结果。Guttemdge 认为有活性的微粉颗粒都能加速硅酸盐水泥熟料矿物的水化。然而也存在例外，如 γ—Al_2O_3 颗粒并没有这种加速作用。上述解释主要强调了粉煤灰颗粒的微细作用。

据此应该认为，即使养护 1d 时粉煤灰没有发生火山灰反应，也不能将粉煤灰看作惰性物质，也就是不能仅仅把粉煤灰对水泥水化的影响归因于微细颗粒的作用。

在粉煤灰延缓 C_3S 水化机理方面，Vei 等认为由于粉煤灰溶解产生 Al^{3+}，相应地增加了液相 Al^{3+} 浓度，Al^{3+} 与液相中 Ca^{2+}、SO_4^{2-} 结合形成钙矾石 AFe。AFe 的形成降低了液相中 Ca^{2+} 浓度，再加上粉煤灰颗粒表面吸收部分 Ca^{2+}，因此液相中的 Ca^{2+} 浓度比较低。在这种条件下，C—S—H 的形成和 $Ca(OH)_2$ 结晶均被延缓推迟，进而延缓了熟料矿物水化。

引起 $Ca(OH)_2$ 数量变化的因素主要有两个，一是其中熟料相对数量减少；二是粉煤灰发生火山灰反应吸收部分 $Ca(OH)_2$。两者都是降低浆体中的 $Ca(OH)_2$ 含量，但是并不排除粉煤灰没有表现出火山灰活性时，因硅酸盐水泥熟料矿物水化加速，引起 $Ca(OH)_2$ 数量增多的现象。与未掺粉煤灰相比，$Ca(OH)_2$ 的最终数量仍然降低。

粉煤灰发生反应时，首先从 SiO_2 和 SiO_2-Al_2O_3 构成的网络结构遭受 OH^- 侵蚀开始。OH^- 吸附在网络结构的阳离子上，使阳离子和网络结构中的氧离子分离，造成网络结构的解体和破坏，同时形成类似 C—S—H 的水化产物。一般来说，粉煤灰单独和水并存时并不水化，只有在熟料水化形成 $Ca(OH)_2$ 和液相中其他离子的作用下才发生水化反应。根据水泥粉煤灰浆体的 SEM 观察结果，粉煤灰发生反应主要有以下三个过程：①液相中的离子迁移到粉煤灰颗粒的表面反应区域；②$Ca(OH)_2$ 形成并沉淀；③$Ca(OH)_2$ 与粉煤灰玻璃相发生反应，生成 C—S—H。

粉煤灰颗粒之所以直到 7d 或者更长时间后才发生反应，其主要原因是水化液相中碱含量的高低或 pH 的大小决定了玻璃相网络结构解体的速度。只有液相的 pH 值达到 13.2 甚至更高时，玻璃相网络结构才能够迅速分离破坏。但是水泥水化液相的 pH 低于 13.2，另外粉煤灰颗粒表面沉积吸附的部分水化产物也有碍于网络结构的解体。粉煤灰颗粒发生火山灰反应的速率受水化液相碱含量高低的影响。

粉煤灰的物理特性如颗粒粒径分布，能够影响粉煤灰发生火山灰反应的快慢，粉煤灰参加反应速率的大小正比于其中粒径小于 10μm 颗粒的数量。粒径小于 5μm 的颗粒能迅速发生反应，并且粒径小于 2μm 的颗粒在 28d 内可以完成水化。

如果按照有无活性而把粉煤灰颗粒分为两类时，惰性颗粒反被 0.5μm 长的纤维状 C—S—H 所包裹，结晶相颗粒表面同样覆盖一层纤维状 C—S—H。未反应的结晶相镶嵌在C—S—H凝胶中，活性颗粒表面水化产物的特征是表面覆盖一层纤维状的C—S—H，并且在颗粒原始周界内形成了呈辐射状的C—S—H纤维，同时包含结晶良好的反应产物水化360d时，未完全反应的粉煤灰颗粒表面则是结构密实的C—S—H凝胶。

水泥水化初期，粉煤灰颗粒表面至少是三种状态：①被C—S—H单层膜包裹；②C—S—H/$Ca(OH)_2$双层膜包裹；③嵌入块状的$Ca(OH)_2$的晶体内。水泥水化后期，粉煤灰颗粒表面已完全与水泥水化产物发生二次反应，形成若干层反应物，呈致密的粒状或环状凝胶体，外面仍是针状C—S—H凝胶层或块状$Ca(OH)_2$晶体。C—S—H凝胶层与二次反应产物相互交织，同时增加厚度和密实度。

一般认为，水泥—惰性集料界面过渡层的厚度在30～50μm范围内。过渡层是由沉积在集料一侧的AFe和$Ca(OH)_2$晶体以及紧邻二者的C—S—H凝胶层构成。活性集料增强水泥水化产物和集料之间界面过渡层的密实性，降低了界面过渡层的厚度。

3.1.3 粉煤灰对水泥水化的影响

(1)初期水化热

当粉煤灰、水泥与水拌和时，迅速发生剧烈的水化反应，表现出非常大的水化放热速率，特别是当掺入CaO+MgO含量较高的粉煤灰时，水化放热速率明显高于其他粉煤灰；几分钟后水化放热速率减小；至2h左右，水化反应暂时停止，进入休止期；约再经1h后，水化反应重新开始，并进入第二次放热高峰期，约在10h达到最大值。第一次放热高峰期是由以下反应生成：水泥粉煤灰与水接触后，其中一部分C_3S立即进入溶液，产生$Ca(OH)_2$并使溶液中$Ca(OH)_2$浓度达到饱和状态；一部分铝酸钙进入溶液并与溶液的石膏反应，生成硫铝酸钙。第二次放热高峰主要是C_3S水化形成硅酸钙凝胶所致。

粉煤灰中CaO含量越高，水泥粉煤灰的水化放热速率越大，而较大的CaO含量使得溶液中$Ca(OH)_2$浓度易达到饱和，并形成更多的$Ca(OH)_2$晶粒，从而促进了C_3S的水化过程。

(2)烧失量

水泥粉煤灰烧失量主要反映水泥粉煤灰中化学结合水的多少。化学结合水越多，表明水泥水化越充分，水化产物越多，胶结作用越强。

当水泥中掺加不同剂量的粉煤灰时，其烧失量随水泥粉煤灰掺量的增加而有所降低，但与相同水泥用量相比，则烧失量增加，这说明粉煤灰的掺入提高了水泥粉煤灰的水化程度。当粉煤灰中 CaO 含量较大时，粉煤灰对水化程度的提高作用也越明显。

3.1.4 水泥粉煤灰混凝土的势能化

按照水泥混凝土形成的新拌、硬化和使用三阶段，粉煤灰的效应在新拌阶段主要是塑化势，硬化阶段是固化势，使用阶段是免疫抗侵势。根据能量守恒观点，粉煤灰在混凝土中的作用，本质上是粉煤灰的潜在能量从一种形式向另一种形式转换，以服务于混凝土工程性能的过程。这种能量变化，在一定的试验条件下，是以混凝土工程性能的某些变化来加以表征的。

物理学上将凡是由相互作用的物体之间的相对位置决定的能量都称作势能。对于水泥混凝土来说，其新拌阶段的塑性势能宏观上取决于流体对承接面的势能，微观上则取决于流体中细微颗粒之间的势能总和。而其硬化阶段的固化势能，往往用力学强度加以衡量，则宏观上取决于弹塑性体外观变形的难易，微观上取决于材料结构中微元单位之间的势能总和。至于使用阶段的免疫势能，往往用各种耐久性指标加以衡量，其取决因素则与固化势能相同。由此可知，在一定阶段和一定位置上，即在一定的试验条件下，一定的混凝土都有一定的塑化势能、固化势能和免疫势能。上述有关粉煤灰潜能交换的三种效应指标，反映的恰恰是这三种势能的变化值。

按照我国用于水泥混凝土的粉煤灰技术指标，在砂浆系统中将粉煤灰的塑化势、固化势和免疫势分别定义为：

粉煤灰的塑化势 P_m＝100×（1－粉煤灰的需水量比）

粉煤灰的固化势 S_m＝（粉煤灰砂浆抗压强度/基准水泥砂浆抗压强度）×100

粉煤灰的免疫势 D_m＝（粉煤灰耐久性指标/基准水泥耐久性指标）×100

以上表达式中，P_m 与粉煤灰质量和掺量的变化有关，其正负与大小分别说明了粉煤灰对砂浆混合料塑化势能施以作用的方向和大小。S_m 成立的条件是粉煤灰砂浆的流动度与基准水泥砂浆流动度相同。D_m 成立的条件是耐久性指标均变换成从数值递进来说明程度提高的形式。

事实上，以上这些势能的作用又具有显著的协同性，据此定义粉煤灰各势能的协同特征分量为：

$$C_m = \frac{(S_m + D_m)}{(100 - P_m)}$$

显然，粉煤灰材料的 P_m 值越大，对一定的 S_m，则 C_m 越大；而对一定的 P_m，

粉煤灰材料的 S_m 值越大，C_m 值亦越大。因而，通过分析 C_m 值，应从协同的角度来综合分析粉煤灰材料的各势能值，而不是割裂开来分别考察。

(1)粉煤灰质量等级的势能化

根据有关用于水泥和混凝土中粉煤灰质量等级的规定，可得出不同等级和不同掺入质量系数粉煤灰的 P_m 与 C_m，如表 3-2 和表 3-3 所示。

用于水泥和混凝土粉煤灰的 P_m 和 C_m　　表 3-2

指　标	粉煤灰等级		
	Ⅰ	Ⅱ	Ⅲ
需水量比(%)(不大于)	95	105	115
28d 抗压强度比(%)(不小于)	75	62	—
P_m(不小于)	5	−5	−15
S_m(不小于)	75	—	—
C_m(不小于)	0.79	0.59	—

不同等级和不同掺入质量系数的粉煤灰的 P_m 和 C_m 值　　表 3-3

指　标	粉煤灰等级	粉煤灰掺量(%)				
		10	20	30	40	50
需水量比(%)	Ⅰ	98	95	93	91	90
	Ⅱ	98	98	100	102	104
	Ⅲ	104	102	110	—	—
28d 抗压强度比(%)	Ⅰ	101	102	97	85	72
	Ⅱ	96	94	88	75	61
	Ⅲ	78	68	59	—	—
P_m	Ⅰ	2	5	7	9	10
	Ⅱ	1	2	0	−2	−4
	Ⅲ	−4	−6	−10	—	—
C_m	Ⅰ	1.03	1.07	1.04	0.93	0.80
	Ⅱ	0.97	0.96	0.88	0.74	0.59
	Ⅲ	0.79	0.64	0.90	—	—

由上述两表可以看出，对于Ⅰ级粉煤灰，其相应的掺量范围为 20%～50%，Ⅱ级粉煤灰为 0～50%，Ⅲ级粉煤灰为 20%以上。说明Ⅰ级粉煤灰多掺(>50%)或少掺(<20%)都有降势的趋势，Ⅱ级粉煤灰的降级范围约在 50%以上，Ⅲ级粉煤灰的升级范围在 20%以下。

(2)粉煤灰混凝土中双掺技术的势能化

在粉煤灰混凝土中,采取加入适量化学外加剂的措施,以改进粉煤灰的应用效果,是目前被广泛采用的一种技术,即双掺技术。运用势能的观点来描述双掺技术的效果和优化过程,具有相当的完整性和直观性。表 3-4 为掺入不同剂量的粉煤灰(Ⅲ级)和减水剂时水泥砂浆的 P_m 与 C_m 值。

掺入不同剂量的粉煤灰和减水剂时水泥砂浆的 P_m 和 C_m 值 表 3-4

指　　标	减水剂(%)	粉煤灰掺量(%)			
		0	10	20	30
需水量比(%)	0	100.00	104.00	106.00	110.00
	0.33		100.00		
	1.00			100.00	
	1.67				100.00
28d 抗压强度比(%)	0	100.00	78.00	68.00	58.00
	0.33		90.00		
	1.00			82.00	
	1.67				74.00
P_m	0	0	−4.00	−6.00	−10.00
	0.33		0		
	1.00			0	
	1.67				0
C_m	0	1.00	0.79	0.64	0.50
	0.33		0.90		
	1.00			0.82	
	1.67				0.74

由上表可以看出,随着减水剂的加入,水泥粉煤灰混凝土的 C_m 值有增大的趋势。但要达到相同的效果,随着粉煤灰掺量的增大,减水剂的剂量也要增大。

3.2 水泥粉煤灰混凝土配合比设计

3.2.1 原材料要求

(1)水泥

研究表明,水泥粉煤灰混凝土可采用硅酸盐水泥、普通硅酸盐水泥、道路硅酸盐水泥和矿渣硅酸盐水泥。水泥粉煤灰混凝土的早期强度比普通水泥混凝土低，因此水泥强度等级应尽量高一些。R 型早强水泥不适应混凝土路面在常温和高温施工季节使用，冬季施工推荐采用 R 型水泥。

实现水泥较高抗弯拉强度的熟料矿物物理化学基础是采用较高的 C_4AF、C_2S 和优化其微细颗粒级配等，并应保证混凝土路面用水泥的 C_2S 不小于 50%，C_3A 不大于 7%，C_4AF 不低于 14%(道路水泥则不小于 16%)。

大规模水泥混凝土路面的施工常用散装水泥，若不控制散装水泥的出厂温度及运到现场的温度，则施工中混合料温度过高而产生网裂或断裂，因此必须对散装水泥的出厂温度及运到现场的温度进行控制。一般散装水泥出厂温度不得大于 55℃，运到工地搅拌时温度不得大于 50℃。

(2)粉煤灰

粉煤灰是火力发电厂煤粉燃烧后从烟道中回收的一种粉末，其主要成分是 SiO_2、Fe_2O_3、Al_2O_3 和 CaO，还有其他微量化合物近二十余种。硅铝粉煤灰($SiO_2+Al_2O_3$ 含量>50%)呈碱性，pH 值为 8～13。水泥粉煤灰混凝土路面所用粉煤灰干排或湿排均可，要求尽量利用新鲜粉煤灰。目前尚没有用于公路水泥混凝土路面粉煤灰的技术标准，建议尽量采用二级以上粉煤灰，以保证配制出的水泥混凝土强度，减少外掺剂的用量。

(3)集料

集料通常占混凝土体积的 70%～80%，因此对混凝土性质有极大得影响。集料是颗粒状，通常是无机材料，取自天然岩石、碎石、砾石和砂。

①细集料

细集料应质地坚硬、耐久、洁净，有良好的级配，适宜的细度模数，杂质的含量小于规定值。细集料标准级配范围见表 3-5。

细集料标准级配范围　　表 3-5

级配分区	筛孔尺寸(mm)						
	10	5	2.5	1.25	0.63	0.315	0.16
	通过率(%)						
Ⅰ	100	90～100	65～95	35～65	15～29	5～20	0～10
Ⅱ	100	90～100	75～100	50～90	30～59	8～30	0～10
Ⅲ	100	90～100	85～100	75～90	60～84	15～45	0～10

表 3-5 中Ⅰ区砂属于粗砂范畴，Ⅱ区砂是中砂和一部分偏粗的细砂，Ⅲ区砂为细砂和一部分偏细的中砂。为提高混凝土的耐磨性，小于 0.08mm 的颗粒不应超过 3%。

砂中的杂质主要指泥土、有机质、硫化物和硫酸盐等。要求砂中含泥量不大于3%，硫化物及硫酸盐含量(折算为SO_3)不大于1%，采用比色法测定有机质含量，颜色不深于标准溶液的颜色。同时砂中不得混有石灰、煤渣、草根等杂质。

②粗集料

粗集料要求质地坚硬、耐久、洁净，且具有良好的级配。水泥粉煤灰混凝土路面用粗集料技术要求见表3-6。粗集料的最大粒径不应大于40mm，级配可采用连续级配或间断级配。连续级配的优点是所配制的混凝土较密实，具有优良的工作性，不易产生离析现象。间断级配相比之下配制相同强度混凝土所需水泥用量可少些，但容易产生离析，并需强力振捣。粗集料级配范围见表3-7。

粗集料技术要求 表3-6

项目	技术要求	
	碎石	砾石
石料饱水抗压强度与混凝土设计弯拉强度比值	≥13	—
石料强度	≥3级	≥3级
针片状含量(%)	≤15	≤15
软弱颗粒含量(%)	—	≤5
硫酸盐及硫化物含量(折算为SO_3)(%)	≤1	≤1
含泥量(冲洗法)(%)	≤1	≤1
有机物含量(比色法)	—	颜色不深于标准溶液颜色
空隙率(%)	—	≤45
磨耗率(双筒式磨耗机)(%)	≤4	≤4

粗集料级配范围 表3-7

级配类型	粒径(mm)	筛孔尺寸(mm)							
		40	30	25	20	15	10	5	2.5
		通过百分率(%)							
连续级配	5～40	95～100	55～69	39～54	25～40	14～27	5～15	0～5	—
	2.5～30	—	95～100	67～77	44～59	25～40	11～24	3～11	0～5
	2.5～20	—	—	—	95～100	55～69	25～40	5～15	0～5
间断级配	5～40	95～100	55～69	39～54	25～40	14～27	14～27	0～5	—
	2.5～30	—	95～100	67～77	44～59	25～40	25～40	3～11	0～5
	2.5～20	—	—	—	95～100	25～40	25～40	2～15	0～5

3.2.2　配合比设计原理

水泥粉煤灰混凝土配合比设计方法研究，从 20 世纪 60 年代后期开始有新的发展，各国专家提出了很多新方法。到了 20 世纪 80 年代，这方面的发展可分为两种趋向：一种趋向是确定粉煤灰是混凝土所必需的基本材料之一，不必依靠与普通混凝土对比，而是独立进行配合比设计；另一种趋向是发展比较实用的，依靠与普通水泥基准混凝土对比的简易配合比设计。主要设计方法先后有史密斯(Smith)等效系数法、调整系数法、独立设计法等。

混凝土水灰比强度公式是混凝土工程最重要、最常用的公式。一方面，它可用于混凝土的配合比设计，由目标强度推算出主要的配比参数$\frac{W}{C}$；另一方面，它可用于预测，根据混凝土的组成和配合比来预测其工程强度。

传统的混凝土由水泥、粗集料、细集料和水四个部分组成。鲍罗米强度公式很好地反映了四个组成部分及其对强度的影响，成为混凝土配合比计算的一个极为有效的工具。20 世纪 60 年代开始，减水剂的发明成为混凝土的第五组分后，混凝土进入高强阶段，这时减水剂的因素在$\frac{W}{C}$这个参数里完全得到反映，鲍罗米强度公式仍然适用。

20 世纪 90 年代后，随着高强、高性能混凝土的发展，高活性粉煤灰正逐渐成为高强高性能混凝土的第六组分。第六组分的引入，不仅出于经济和环保方面的考虑，更重要的是对混凝土的耐久性有利。

由于普通强度公式没有体现粉煤灰因素，所以对于不同品种的粉煤灰，甚至不同掺量的混凝土，都必须试配出其对应的系数不同的强度方程，因而效率低下。在这种情况下，普通强度公式对生产实践很难起到应有的指导作用，因而迫切需要研究出适合粉煤灰混凝土配合比设计的强度公式。

(1)粉煤灰的强度效应

粉煤灰是从煤粉炉烟道气体中收集到的粉末，属人工火山灰质材料，用来做混凝土的掺和料，不仅可以节约水泥用量，更重要的是可以改善混凝土的性能。概括地说，粉煤灰在水泥混凝土中有三种效应。

①颗粒形态效应产生减水作用。粉煤灰多呈球形，粒径很小，表面比较光滑。这种球形小颗粒通称“微珠”，掺入混凝土中犹如滚珠，可提高混凝土的和易性，减少用水量。

②火山灰效应使粉煤灰具有活化作用。粉煤灰的主要化学成分是 SiO_2、

Al_2O_3 和 Fe_2O_3。我国只有少数地区产 CaO 含量高、自身具有极强水硬性的粉煤灰大多数粉煤灰 CaO 含量低，自身所能产生的水化作用是微不足道的。但若受到水泥水化产生的 $Ca(OH)_2$ 激发，粉煤灰会逐渐发生水化作用，和水泥一起成为胶凝材料，使混凝土胶结并产生力学强度。

③微集料效应造成致密作用。粉煤灰颗粒一般都很小，在混凝土中可起微集料作用，充填到微小的孔隙中，同时还可受激发而在表面生成胶凝物质，物理充填和水化反应产物充填共存，比惰性微集料单纯的机械充填效果更好，可使混凝土更加致密。

(2)含粉煤灰因素的灰水比强度公式

从水泥组成的观点看，混凝土中的粉煤灰掺和料(F)可视作水泥的组成部分——水泥混合材。这样六组分的混凝土系统可视为五组分的混凝土系统，其中水泥组分由原来的纯水泥(C)转换为另一种水泥 B($B=C+F$)。在这种情况下，鲍罗米强度公式对此系统适用，即：

$$f_{c,28}=K_1R_B\left(\frac{B}{W}-K_2\right) \tag{3-1}$$

式中：B——胶结料($C+F$)用量；

R_B——胶结料实际强度。

与普通鲍罗米强度公式相比，上式将结构参数由 C/W 转换为$(C+F)/W$，同时将代表浆体本质的水泥实际强度 R_C 修正为胶结料实际强度 R_B。

合理的 R_B(包括 R_C)应是在某个固定水灰比下测定的胶结料胶砂强度值。为与国标相接，可定义 R_B 为由粉煤灰和水泥组成的胶结料在水灰比固定为 0.44时的 28d 胶砂强度。这样含粉煤灰因素的灰水比强度公式可改成：

$$f_{c,28}=K_1\frac{R_B}{R_C}\cdot R_C\left(\frac{B}{W}-K_2\right) \tag{3-2}$$

$\frac{R_B}{R_C}$具有明确的意义，R_B、R_C 是水泥 C 在加入粉煤灰前后在同一水灰比(0.44)下所测得的强度，未受水灰比变化影响，因此 R_B 与 R_C 之比实际上纯粹地代表了粉煤灰火山灰活性或潜在水硬性引起的强度效应。

当配制混凝土的水泥品种稳定，水灰比变化不太大时，$\frac{R_B}{R_C}$主要与粉煤灰的品种、质量和掺量有关。对于某一特定的粉煤灰，$\frac{R_B}{R_C}$是掺量 p 的函数，即 $\varphi(p)=\frac{R_B}{R_C}$，它称为粉煤灰强度效应系数。

至此，含粉煤灰因素的灰水比强度公式为：

$$f_{c,28}=K_1\varphi(p)R_C\left(\frac{B}{W}-K_2\right) \tag{3-3}$$

其中，K_1、K_2 为系数，主要与集料有关，而与水泥、粉煤灰无关，可通过试验由回归分析求得，它适用于水泥品种、质量有变化的场合。

对于品种质量稳定的水泥，集料 K_1、K_2、R_C 为常数，于是：

$$f_{c,28}=\varphi(p)\cdot\left(a\frac{B}{W}-b\right) \tag{3-4}$$

其中：a、b 为系数，与水泥集料有关，而与粉煤灰无关，可由试验回归分析求得，它适用于水泥品种、质量相对稳定的场合。

这里需要注意的是，$\varphi(p)$不是通过回归分析求得的系数，而是通过预先试验取得的已知函数。$\varphi(p)$主要与粉煤灰的品种、质量和掺量有关，也与水泥品种有关。

$\varphi(p)$数据最好的取得途径是：在粉煤灰成为规格化的商品之后，$\varphi(p)$可按不同水泥类分别测试作为粉煤灰最主要的系数，由粉煤灰生产商提供。

(3)含粉煤灰因素强度公式的应用

本研究扩展的含粉煤灰因素的强度公式具有以下特点：

①公式简单，建立强度方程容易。

将 $f_{c,28}=\varphi(p)(a\times B/W-b)$稍作变换，即成为：

$$\frac{f_{c,28}}{\varphi(p)}=a\times\frac{B}{W}-b \tag{3-5}$$

即 $f_{c,28}/\varphi(p)$与结构系数$\frac{B}{W}$呈线性关系，这种形式很容易建立强度方程，要配出两组或两组以上掺或不掺粉煤灰的混凝土，即可方便得出系数 a、b。

②公式适用范围广，指导性强。

使用普通的灰水比强度公式，对于粉煤灰品种不同、掺量不同的混凝土，都需试配出其对应的系数不同的强度方程，效率低下。而本研究扩展的含粉煤灰因素的强度公式，系数 a、b 不随粉煤灰品种、掺量而改变，适用性强，可根据粉煤灰品种、掺量的任意变化来进行混凝土配合比设计。

3.2.3　配合比设计方法

本研究通过综合级配来确定砂、石比例，然后再根据抗弯拉强度指标要求设计各组成材料配比。具体设计方法如下。

1)粉煤灰混凝土初步配合比

(1)确定配制强度

粉煤灰混凝土配制强度 $f_{cf,0}$ 按下式计算：

$$f_{cf,0} = Kf_{cf,k} \tag{3-6}$$

式中：$f_{cf,0}$——混凝土配制抗弯拉强度(MPa)；

$f_{cf,k}$——混凝土设计抗弯拉强度(MPa)；

K——系数，通常取 1.10～1.15，施工水平较高者 K=1.1，一般者 K=1.15。

(2)计算水胶比$\frac{W}{B}$

水泥粉煤灰混凝土拌和物的水胶比可根据扩展的鲍罗米公式计算。采用抗弯拉强度时，其扩展公式为：

$$f_{cf,0} = \varphi(p)\left(a \times \frac{B}{W} - b\right) \tag{3-7}$$

式中：$f_{cf,0}$——混凝土配制抗弯拉强度(MPa)；

$\varphi(p)$——粉煤灰的强度效应系数；

$\frac{B}{W}$——胶水比；

a、b——试验参数。

本研究采用陕西铜川产 42.5 级普通硅酸盐水泥，灞河电厂湿排 II 级粉煤灰，铜川产石灰岩碎石和中砂。试验得出的不同粉煤灰掺量与粉煤灰强度效应系数 $\varphi(p)$ 的关系如表 3-8 所示，回归得出试验参数为：a=3.30、b=2.54。

$\varphi(p)$与粉煤灰掺量 p 的关系 表 3-8

粉煤灰掺量 p(%)	W/B(%)	$\varphi(p)$	$f_{cf,28}$(MPa)
0	0.45	1.0	5.8
20	0.38	0.95	5.8
30	0.38	0.90	5.5
40	0.38	0.84	5.2
50	0.38	0.75	4.6

(3)确定单位用水量

道面混凝土和易性的要求为维勃稠度 20～30s，根据此要求选择用水量一般可根据施工单位对所用材料的经验选定。如使用经验不足，可参照表 3-9 选取。

水泥粉煤灰混凝土用水量选择　　表 3-9

粉煤灰需水比(%)	95	100	104
用水量(kg/m^3)	138～140	143～145	148～150

该表的数据是碎石最大粒径为 40mm 的推荐值，当最大粒径小于 40mm 时应适当加大用水量。

(4)确定水泥和粉煤灰用量

根据$\frac{W}{B}=\frac{W}{(C+F)}$以及$p=\frac{F}{(F+C)}$，即可求出水泥和粉煤灰用量：

$$B=\frac{W}{\frac{W}{B}} \tag{3-8}$$

$$F=\frac{C}{1-\frac{F}{F+C}}\times\frac{F}{F+C} \tag{3-9}$$

(5)水泥粉煤灰混凝土配合比计算

前面已经确定了水泥用量、粉煤灰用量、用水量和集料组成质量百分比，根据这些参数，应用绝对体积法，计算砂、石用量。

2)试拌调整，提出基准配合比

(1)试拌，取施工现场实际材料，配制 0.03m^3 混凝土拌和物。

(2)测定工作性，测定维勃稠度，并观察黏聚性和保水性。

(3)调整配比，如流动性偏小，则应保持 W/C，在 $F/(F+C)$不变的情况下适当增加用水量，反之可适当减少用水量。

(4)提出基准配合比。根据调整情况，提出一个流动性、黏聚性和保水性均符合要求的配合比。

3)强度测定、确定试验室配合比

(1)制备抗弯拉强度试件

按基准配合比，W/B 值各增减 0.03，再计算两组配比，用三组配合比制备抗弯拉强度试件。

(2)抗弯拉强度测定

三组试件经 28d 标准条件下养护，按标准方法测定其抗弯拉强度。

(3)确定试验室配合比

根据抗弯拉强度，确定符合工作性和强度要求且最经济的试验室配比。

4)换算工地配合比

根据施工现场材料性质和砂石材料颗粒表面的含水率，对试验室配比进行换算，最后得出施工配合比。

3.3 水泥粉煤灰混凝土路用性能

3.3.1 干缩特性

水泥采用陕西铜川产42.5级普通硅酸盐水泥；砂为河砂，细度模数为2.6，属Ⅱ区中砂；碎石为石灰岩碎石，颗粒组成见表3-10；粉煤灰为干灰袋装硅铝粉煤灰，为Ⅱ级粉煤灰。

水泥混凝土路面碎石颗粒组成 表3-10

筛孔尺寸(mm)	40	30	25	20	15	10	5
质量通过率(%)	96	63	52	39	26	14	5
标准规定值(%)	95～100	55～69	39～54	25～40	14～27	5～15	0～5

干缩试验采用尺寸150mm×150mm×550mm的梁试件，成型按规范要求进行。养生到规定的龄期，用千分表测定不同龄期的干缩值，计算其干缩率的平均值。干缩试验装置见图3-1。

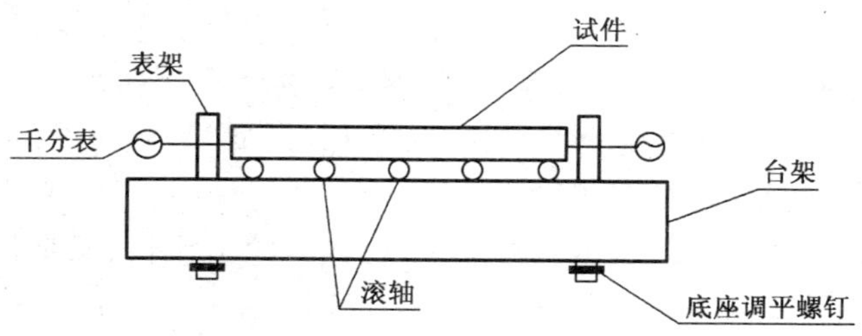

图3-1 干缩试验装置

将掺与不掺粉煤灰的水泥混凝土试件在相同的试验温度、湿度条件下进行7d、28d龄期的干缩试验，结果见表3-11。

干缩试验结果 表3-11

粉煤灰掺量(%)	变形值($\times10^{-4}$)		配合比
	7d	28d	
0	2.08	5.19	C345，W155，G1382，S565，减水剂0.6
40	2.14	5.11	C263，F175，W140，G1310，S562，外掺剂0.6

由上述结果可以看出，水泥粉煤灰混凝土由于掺入了大量体积的粉煤灰，虽然浆体体积增加，但用水量较小，水胶比小，早期 7d 的收缩略有增加；但到 28d 时，与基准混凝土基本接近或略小，可满足路面混凝土的正常使用，不会带来不利影响。

3.3.2 强度特性

为了研究粉煤灰对水泥混凝土性能的影响，在试验研究中分别采用了不掺粉煤灰的普通混凝土配合比为基准，采用超量替代法设计的水泥粉煤灰混凝土和应用本研究方法配制的水泥粉煤灰混凝土，对以上配制的水泥混凝土分别进行不同龄期的抗压强度、抗弯拉强度试验，结果见表 3-12。

混凝土的强度试验结果　　表 3-12

编号	混凝土类型	配合比	抗压强度(MPa)			抗弯拉强度(MPa)		
			7d	28d	90d	7d	28d	90d
0	基准	C345，W155，G1382，S565，减水剂 0.6	23.0	31	36	3.80	5.40	5.8
30F	粉煤灰	C285，F122，W140，G1332，S571，外掺剂 3.1	18.3	33	38	3.60	5.70	6.8
40F	粉煤灰	C263，F175，W140，G1310，S562，外掺剂 3.3	16.5	32	38	3.30	5.50	6.7
50F	粉煤灰	C247，F247，W140，G1271，S545，外掺剂 3.7	15.2	28	37	3.00	4.80	6.2
0G	基准	C330，W142	—	—	—	3.34	4.54	—
10FG	粉煤灰	C297，F74.3，W142	—	—	—	3.20	4.04	—
15FG	粉煤灰	C280，F49.5，W142	—	—	—	3.27	4.07	—
15JFG	粉煤灰	C280，F49.5，W142，早强剂 2	—	—	—	3.63	4.36	—
20JFG	粉煤灰	C264，F66，W122，减水剂 2	—	—	—	3.40	4.64	—

从图 3-2 和图 3-3 所示混凝土抗压强度和抗弯拉强度增长情况可以看出，基准混凝土随龄期增长，其抗弯拉、抗压强度在初期增长较快，但到后期增长速度变缓；水泥粉煤灰混凝土强度随龄期变化增长较明显，尤其是后期效果。

从图 3-4 可以看出，随粉煤灰掺量的增加，水泥粉煤灰混凝土的强度逐渐减小。因此，不同的粉煤灰品种应有一个临界掺量来适应相应标准的水泥混凝土强度及要求。

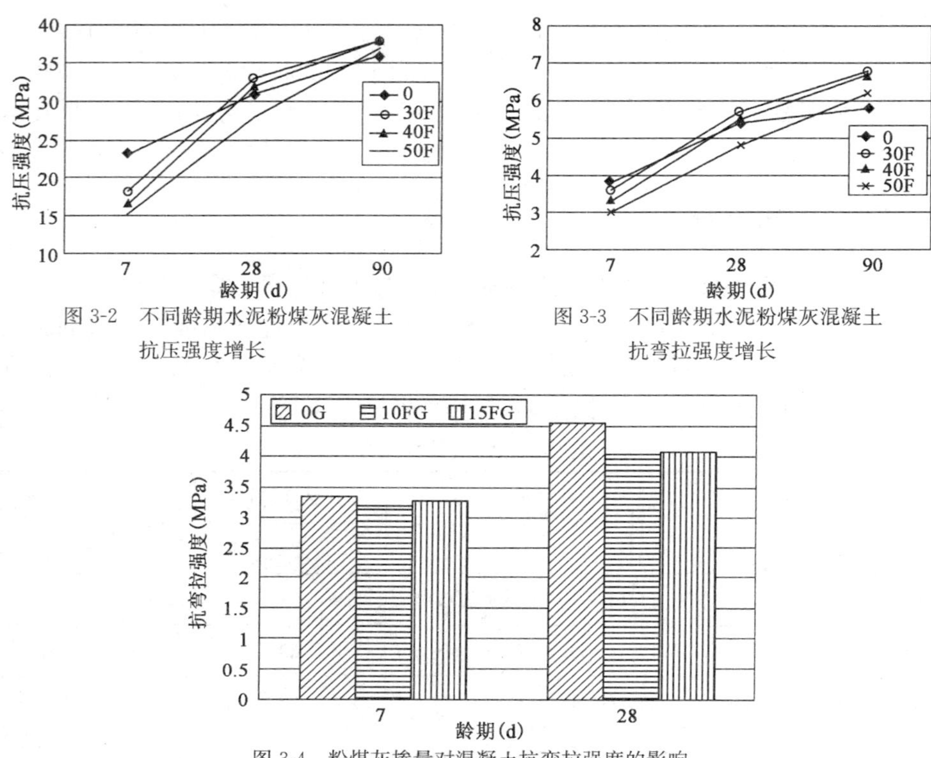

图 3-2　不同龄期水泥粉煤灰混凝土抗压强度增长

图 3-3　不同龄期水泥粉煤灰混凝土抗弯拉强度增长

图 3-4　粉煤灰掺量对混凝土抗弯拉强度的影响

从图 3-5 可以看出，水泥混凝土中同时掺入粉煤灰和减水剂或早强剂，比只掺粉煤灰的效果更佳。在水泥混凝土中同时掺入粉煤灰、减水剂或早强剂，由于它们之间起着复合减水作用，可使水泥混凝土的用水量进一步减少，从而提高强度。

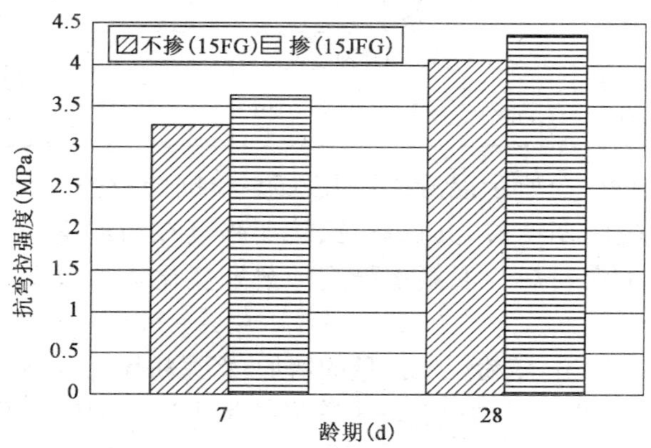

图 3-5　外掺剂对水泥粉煤灰混凝土抗弯拉强度影响

3.3.3　抗磨耗性

水泥粉煤灰混凝土的耐磨耗试验结果见表 3-13。

水泥粉煤灰混凝土磨耗试验结果　　表 3-13

编　号	粉煤灰掺量(%)	混凝土的磨耗(kg/m³)		备　注
		28d	90d	
0	0	0.876	0.682	掺减水剂
30F	30	0.890	0.640	掺减水早强剂
40F	40	0.917	0.672	掺减水早强剂
50F	50	0.936	0.684	掺减水早强剂
0G	0	0.880	0.713	未掺减水剂
20JFG	20	0.870	0.628	掺木钙减水剂

由结果可以看出，在同掺减水剂的情况下，掺加 30%粉煤灰的混凝土 28d 的抗磨耗性与基准混凝土基本相当，90d 粉煤灰混凝土的抗磨耗性明显要优于基准混凝土。随粉煤灰掺量的继续增大，抗磨耗性有所降低，但掺量为 40%的粉煤灰混凝土的 90d 龄期抗磨耗结果仍大于基准混凝土。在基准混凝土不掺减水剂的情况下，粉煤灰混凝土掺加减水剂后，无论是 28d 还是 90d，其抗磨耗性均要大于基准混凝土。

3.3.4　抗冻性

混凝土经过 150 次冻融循环后的试验结果见表 3-14。

水泥混凝土冻融试验结果　　表 3-14

编　号	粉煤灰掺量(%)	减水剂	150 次冻融前强度(MPa)	冻后强度(MPa)	强度损失(%)	备　注
0	0	有	31	27.5	11.3	42.5 级水泥
40F	40	有	32	29.5	7.8	42.5 级水泥
0G	0	无	53.3	50.4	5.4	52.5 级水泥
15FG	15	无	53.5	43.5	18.7	52.5 级水泥
20JFG	20	有	53.3	48.5	9	52.5 级水泥

试验结果表明，双掺粉煤灰混凝土的抗冻性与基准混凝土基本相同。但对于不掺减水剂的粉煤灰混凝土，其耐久性要比基准混凝土有所降低。经过 150 次冻融循环后，混凝土强度损失均小于规范要求的 25%，可以满足路面混凝土

抗冻性要求。对于抗冻等级要求更高的工程，可掺适量引气剂以提高粉煤灰混凝土的抗冻等级。

3.4 水泥粉煤灰混凝土试验路

3.4.1 水泥粉煤灰混凝土试验路概况

为了提高水泥混凝土路面性能，综合利用工业废渣得到经济性好的水泥混凝土路面，1999 年 8 月，项目组修筑了 200m 水泥粉煤灰混凝土路面试验段。试验段位于国道 210 线陕西铜川境内 K823＋100～K823＋300 路段，全长 200m，路面结构见图 3-6。生产路段路面结构与之相同，仅面层采用普通水泥混凝土。

粉煤灰水泥混凝土23cm
水泥稳定砂砾15cm
天然砂砾15cm
土基

图 3-6 水泥粉煤灰混凝土路面结构

试验路水泥采用陕西铜川产 525 普通硅酸盐水泥；砂为河砂，筛分结果见表 3-15，细度模数为 2.6，属Ⅱ区中砂；碎石为石灰岩碎石，颗粒组成见表 3-16；粉煤灰为干灰袋装硅铝粉煤灰，检验结果见表 3-17，可得该粉煤灰为Ⅱ级粉煤灰。

水泥混凝土路面砂筛分试验结果　　表 3-15

筛孔尺寸(mm)	10	5	2.5	1.25	0.60	0.30	0.15
质量通过率(%)	100	90.3	83.0	80.4	39.5	9.0	4.3
标准规定值(%)	100	90～100	75～100	50～90	30～59	8～30	0～10

水泥混凝土路面碎石颗粒组成　　表 3-16

筛孔尺寸(mm)	40	30	25	20	15	10	5
质量通过率(%)	96	63	52	39	26	14	5
标准规定值(%)	95～100	55～69	39～54	25～40	14～27	5～15	0～5

水泥混凝土路面碎石颗粒组成　　表 3-17

项目	细度	烧失量(%)	SiO_2	R_2O_3	Fe_2O_3	Al_2O_3	CaO	MgO
规定值	≤20	≤8	—	—	—	—	—	—
试验结果	11.2	6.09	53.4	28.15	14.29	12.04	7.89	1.93

通过室内试验，得出路面混凝土配合比结果见表 3-18 和表 3-19。施工时选用了水灰比为 0.46 的水泥粉煤灰混凝土配合比(即第三组)，普通水泥混凝土配

合比的水灰比为 0.44，28d 抗弯拉强度为 5.26MPa，维勃稠度＜20s，坍落度＜10mm。

普通水泥混凝土配合比　　表 3-18

材　　料	水　　泥	细　集　料	粗　集　料	水
每立方米混凝土用料量(kg)	339	751	1 195	149
配合比	1	2.22	3.53	0.44

水泥粉煤灰混凝土配合比设计表　　表 3-19

项　　目	第　一　组	第　二　组	第　三　组
W/C	0.40	0.43	0.46
$1m^3$ 用水(kg)	166	166	166
$1m^3$ 用水泥(kg)	342	318	297
$1m^3$ 用粉煤灰(kg)	73	68	64
$1m^3$ 用砂(kg)	1 220	1 220	1 220
$1m^3$ 用碎石(kg)	686	686	686
28d 抗折强度(MPa)	5.55	4.99	4.56
维勃稠度(s)	＜20	＜20	＜20

试验路施工方法与普通水泥混凝土路面相同。通车前，对试验路段平整度、纵断面高程、厚度、相邻板高差、抗滑构造深度等进行了检测，均满足规范要求，综合评分为 91.2，质量等级为优良。通车一年后，对试验路段使用状况的调查分析得出，水泥粉煤灰混凝土路面段无裂缝、起皮、麻面、剥落现象，表面纹理与竣工时相同，使用情况良好。

3.4.2　水泥粉煤灰混凝土试验路效益分析

(1)经济效益

用粉煤灰超量替代部分水泥拌制的水泥粉煤灰混凝土的经济效益主要有两方面：首先最主要的是提高了水泥混凝土的使用品质；其次是节约了大量的费用。

水泥粉煤灰混凝土路面在掺入减水剂后，不但早期强度得到保证，而且后期强度的增长更加明显。由于粉煤灰具有火山灰活性效应，使得其在很长的时间内都对强度增长起作用。添加了粉煤灰的水泥混凝土强度有明显提高。同时，粉煤灰在水泥混凝土中具有填充空隙的作用，使混凝土路面的密实度提高，增强了路面的抗渗性能。另外，掺加粉煤灰可以有效降低水泥混凝土在水化过程中的温升，减少了因水化温升而造成的水泥混凝土路面裂缝，提高了其耐久性。

以试验路混凝土配合比为例，普通水泥混凝土路面每立方米水泥用量为345kg，水泥粉煤灰混凝土路面每立方米水泥用量为263kg，每立方米可节约水泥82kg，节约率为23.77%；另外每立方米用粉煤灰175kg，用外加剂（早强剂+减水剂）3.2kg。根据施工时的水泥平均价350元/t，粉煤灰平均价40元/t，每立方米混凝土可以节约水泥费用28.7元，增加粉煤灰费用7元，增加外掺剂费用12.8元，则每立方米水泥混凝土可节约费用8.9元。对于路面宽度为9m、路面板厚度23cm的二级公路，每公里水泥粉煤灰混凝土路面则可以节约费用18 423元，经济效益显著。

(2)社会效益

以试验路内掺法粉煤灰含灰率40%为例，水泥粉煤灰混凝土每立方米水泥用量为263kg，粉煤灰用量175kg；相同强度等级混凝土不利用粉煤灰的水泥用量为345kg，则粉煤灰混凝土可以减少水泥用量82kg，增加粉煤灰用量175kg。对于路面宽度为9m、路面板厚度23cm的二级公路，每公里水泥粉煤灰混凝土路面则可以节约水泥用量169.74t，利用粉煤灰362.25t。生产1吨水泥的CO_2气体排放量为0.667t，则可以减少CO_2气体排放113.22t。据测算，每亩土地可堆放400t粉煤灰，则可以减少占用土地0.9亩，且可以节约征地费用。另外，粉煤灰有较大的碱性，在水泥混凝土中利用后可以减轻粉煤灰长期堆放对周围的农田、土地的碱化影响。

由此可见，水泥粉煤灰混凝土路面用粉煤灰替代部分水泥后，在保证水泥混凝土路面使用性能的基础上，可以减少水泥用量，减轻生产水泥带来的空气污染，减少粉煤灰堆放占用的土地面积，节约征地费用，降低粉煤灰长期堆放带来的环境污染程度，利于低碳环保，产生较大的社会效益，环保效益更为突出。

第 4 章　嵌锁密实水泥混凝土研究

水泥混凝土作为当代用量最大、用途最广、最重要的建筑材料之一，在用量不断增大的同时，其使用品质和经济成本要求也不断提高。在影响水泥混凝土工程质量和成本的诸多因素中，配合比设计是成败的关键，国内外已形成了多种以宏观组成设计参数和力学强度为指标的混凝土配合比设计方法。随着水泥混凝土技术的发展和工程对水泥混凝土要求的提高，我国现行水泥混凝土配合比设计方法应用中发现，对粗集料的重视程度不足，尚未充分发挥粗集料在混凝土中的刚性骨架、阻挡裂缝等作用；设计方法对工程技术人员经验的依赖性很强，且试算和试配调整的工作量大；设计方法确定得出的水泥用量、砂率、集料级配组成等与水泥混凝土的经济性、耐久性等不协调。这些问题影响着水泥混凝土的质量保证和施工成本，应引起建设者的重视，对其加以解决已刻不容缓。本研究从水泥混凝土的强度构成原理出发，借鉴体积法设计思想，以充分发挥粗集料在混凝土中的作用为目标，分析砂浆和集料的组成比例、集料级配对混凝土工作性和强度的影响，提出了粗集料嵌锁结构组成和嵌锁密实水泥混凝土；以技术合理、经济有效、可操作性强为原则，提出了嵌锁密实水泥混凝土配合比设计方法，从而提高混凝土性能，有效利用有限资源，节约工程成本。

4.1　粗集料嵌锁骨架结构

4.1.1　嵌锁密实水泥混凝土及其骨架结构

水泥混凝土是一种多相复合材料，不同相的性质及其相互作用均影响混凝土的性质。为了获得满足工作性、强度、耐久性等要求，且经济性好的水泥混凝土，集料、水泥、水等材料的组成比例应合理，以充分发挥分散相、连续相等各相对混凝土性能的贡献。

综合“中心质假说”、架构混凝土等思想，从宏观、细观和微观多相分散系的角度，水泥混凝土可分解为混凝土、砂浆和水泥净浆三个体系(图 4-1)。在宏观体系下，水泥混凝土可以认为由粗集料和水泥砂浆两相组成，粗集料的主要作用是形成致密骨架结构；而水泥砂浆则填充粗集料剩余空隙，并裹附粗集料表面。在细观体系下，水泥砂浆可以认为由细集料和水泥净浆两相组成，细集料主要填充粗集料空隙，并与水泥净浆一起裹附粗集料；而水泥净浆则填充粗细集料的剩余空隙，并裹附集料表面。在微观体系下，水泥净浆可以认为是由水泥颗粒和水两相组成，生成水泥石，起到胶结作用。由此，水泥混凝土中的粗集料应紧密堆积形成骨架结构，细集料应充分填充粗集料剩余空隙，水泥净浆应有足够的黏结力。

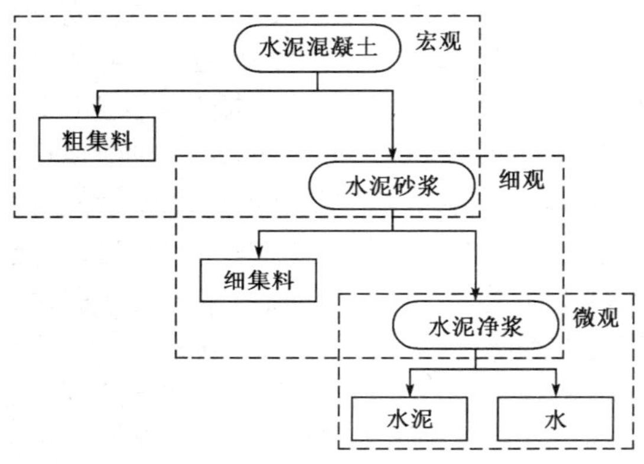

图 4-1　水泥混凝土组成体系

（1）粗集料嵌锁骨架结构

根据水泥混凝土中粗集料的作用，以粒子干涉理论和颗粒填充理论为基础，提出粗集料嵌锁骨架结构。其基本思想是：根据不同粒径粗集料的振动排列和填充形式，以粗集料骨架颗粒与填充颗粒不干涉或少干涉、充分嵌锁、紧密排列为原则，使粗集料颗粒在振动过程中相互嵌入、互相咬合，达到合理密实状态，形成一个多级空间主骨架结构。

为了表征粗集料的级配组成结构与集料颗粒之间的关系，引入集料填充体积比和集料质量比两个参数。集料填充体积比（简称集料填充比）定义为填充颗粒的振实体积与骨架颗粒振实剩余空隙体积的比值，用 T_{ij} 表示，即：

$$T_{ij} = \frac{V_i}{V_j v_{oj}} \times 100 \tag{4-1}$$

式中：T_{ij}——集料填充比（%）；

V_i——填充颗粒振实体积（L）；

V_j——骨架颗粒振实体积（L）；

v_{oj}——骨架颗粒振实空隙率（%）。

集料质量比是指在相对应的集料填充比下，填充颗粒质量与集料混合料质量的比值，用 T_{mij} 表示，即：

$$T_{mij} = \frac{m_i}{m_i + m_j} \times 100 \tag{4-2}$$

式中：T_{mij}——集料质量比(%)；

m_i——一定集料填充比下的填充颗粒质量(kg)；

m_j——骨架颗粒质量(kg)。

上述两个参数的本质相同，均反映了集料颗粒之间的组成比例。两个指标可以根据集料颗粒的毛体积密度和振实密度进行转换，即：

$$T_{mij} = \frac{\rho_{0i} T_{ij} v_{0j}}{\rho_{0i} T_{ij} v_{0j} + \rho_{0j}} \tag{4-3}$$

式中：ρ_{0i}——填充颗粒振实密度(g/cm^3)；

ρ_{0j}——骨架颗粒振实密度(g/cm^3)。

(2)嵌锁密实水泥混凝土

嵌锁密实水泥混凝土定义为：在粗集料嵌锁骨架结构的基础上，利用砂及其空隙填充主骨架的剩余空隙，使集料混合后的空隙率最小，且比表面积也不大；进一步用水泥净浆填充砂石混合料的剩余空隙，裹附砂颗粒表面，并与砂组成水泥砂浆裹附粗集料颗粒表面，形成充分密实、满足强度要求且具有一定流动性的混凝土。

根据嵌锁密实水泥混凝土的定义，砂的作用主要是填充粗集料骨架的剩余空隙，并与水泥净浆一起裹附粗集料颗粒表面。砂的合理用量应是：充分填充粗集料骨架空隙，但不影响或尽可能少影响粗集料骨架结构，使砂石混合料的空隙率最小；预留一定的富裕，用于与水泥净浆一起裹附粗集料颗粒表面，保证颗粒黏结力和提高混凝土流动性。

在嵌锁密实水泥混凝土中，水泥净浆的作用主要是填充砂石混合料的空隙，裹附并润滑集料颗粒表面，对水泥混凝土的密实度、强度、流动性、耐久性等有显著影响。配合比设计中应控制水泥净浆用量在合理范围内。本研究引入水泥净浆填充比参数，以反映水泥净浆对嵌锁密实水泥混凝土的贡献。水泥净浆填充比定义为水泥净浆体积与砂石混合料振实剩余空隙体积的比值，用 T_c 表示，即：

$$T_c = \frac{V_c}{V_{vJ}} \tag{4-4}$$

式中：T_c——水泥净浆填充比；

V_c——水泥净浆体积(L)；

V_{vJ}——砂石混合料振实剩余空隙体积(L)。

4.1.2 粗集料振动填充试验分析

研究借鉴逐级填充理论,根据单一粒径颗粒试验结果(表 4-1),通过振动填充试验,分析集料填充比与混合料振实剩余空隙率的关系,确定嵌锁骨架结构临界状态及其最佳集料填充比。

单一粒径颗粒试验结果 表 4-1

筛孔(mm)		26.5	19	16	13.2	9.5	4.75	2.36
筛孔通过率(%)	20～30mm	97.2	6.8	0.17	0.1	—	—	—
	10～20mm	100	94.2	68.4	32.9	2.0	—	—
	5～10mm	—	—	100	98.7	74.6	1.2	—
	3～5mm	—	—	—	—	100	60.8	0.3
毛体积密度(g/cm^3)		2.741	2.731	2.722	2.698	2.738	2.688	2.731
振实密度(g/cm^3)		1.501	1.547	1.529	1.532	1.545	1.564	1.617
振动空隙率(%)		45.2	43.4	43.8	43.2	43.6	41.8	40.8

1)粒径具有 1/2 倍关系的混合料填充试验

(1)26.5mm 颗粒与 13.2mm 颗粒

26.5mm 颗粒与 13.2mm 颗粒按不同集料填充比混合后的试验结果见图 4-2。

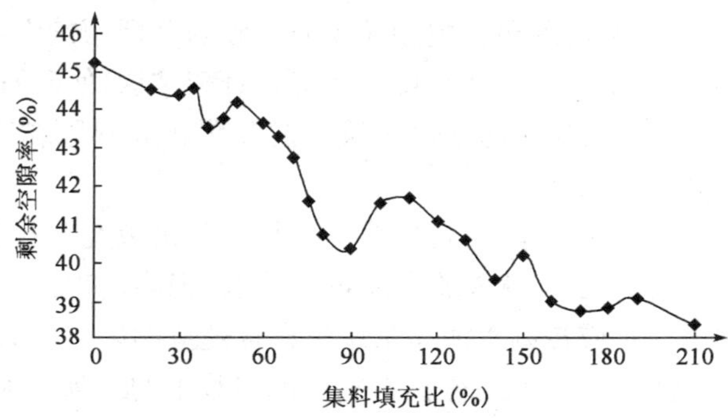

图 4-2 集料填充比与混合料剩余空隙率的关系(粒径为 26.5mm 与 13.2mm)

由图 4-2 可见,26.5mm 与 13.2mm 颗粒混合料振实剩余空隙率随集料填充比的增大而减小。同时,变化曲线存在三个明显的波谷。当集料填充比逐渐增大到 40%时,混合料振实剩余空隙率逐渐减小到 43.5%,并出现第一次波谷;集料填充比增大到 90%时,剩余空隙率减小到 40.4%,出现第二次波谷;集料填充比为170%时，剩余空隙率减小到38.8%，出现第三次波谷，之后趋于稳定。

由粒子干涉理论可知，当集料填充比较小时，13.2mm颗粒可以填充一部分26.5mm颗粒之间的空隙，但由于数量较少，对骨架颗粒的接触与排列状态不会产生明显影响，空隙率有所减小但变化不大。

当集料填充比大于40%后，13.2mm颗粒进一步填充骨架颗粒的空隙，填充颗粒的粒径小于空隙间距，且填充颗粒的计算体积也未超过空隙体积，不应该干涉骨架颗粒的结构。但实际颗粒形状与假设球体或球冠的差异较大，混合振动后颗粒之间的接触情况并非假设的理想状态，存在干涉现象，对骨架颗粒的排列产生影响，且表现为剩余空隙率略有增大而出现较小波谷；当骨架颗粒重新排列达到稳定后，填充效果明显增强，剩余空隙率明显减小，级配组成设计中应对此予以重视。

在集料填充比达到90%时，13.2mm颗粒的填入将再次影响骨架颗粒的排列，且由于数量较多，影响较大，剩余空隙率的变化出现明显的波谷。骨架颗粒受填充颗粒影响形成新的排列组合结构后，填充颗粒的增加会减小混合料的剩余空隙率，但影响程度逐渐减小，并在集料填充比为170%时出现第三次波谷。此后，增加13.2mm颗粒将明显干涉并撑开骨架结构，使骨架颗粒处于悬浮状态，混合料振实剩余空隙率将主要取决于填充颗粒自身的空隙特性。

粗集料级配组成设计中，希望骨架颗粒之间多点接触、相互嵌锁形成稳定骨架，填充颗粒充分占据骨架空隙，但又不干涉或少干涉骨架，使混合料在该状态的剩余空隙率小，密实程度好。由此可得，利用13.2mm颗粒填充26.5mm颗粒形成的骨架，当13.2mm颗粒的集料填充比为40%时，颗粒之间没有明显的干涉，集料形成稳定的嵌锁骨架结构。

(2)19mm颗粒与9.5mm颗粒

19mm颗粒与9.5mm颗粒混合后的振动试验结果见图4-3。

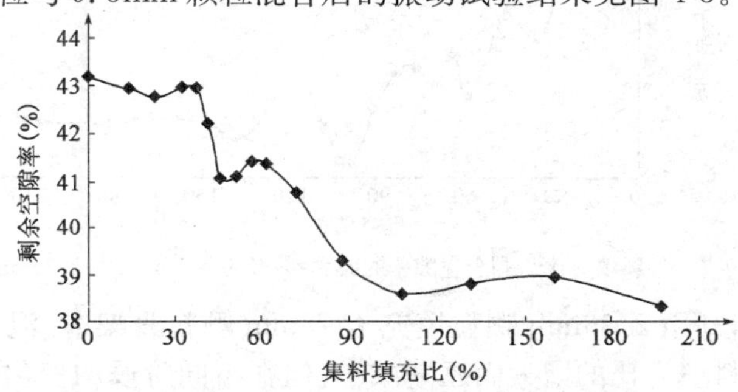

图4-3　集料填充比与剩余空隙率的关系(粒径为19mm与9.5mm)

由图可见，9.5mm 颗粒填充 19mm 颗粒时，混合料振实剩余空隙率总体随集料填充比的增加而减小，分别约在 42%和 108%附近出现了明显波谷值。

(3)9.5mm 颗粒与 4.75mm 颗粒

9.5mm 颗粒与 4.75mm 颗粒混合后的振动试验结果如图 4-4 所示。

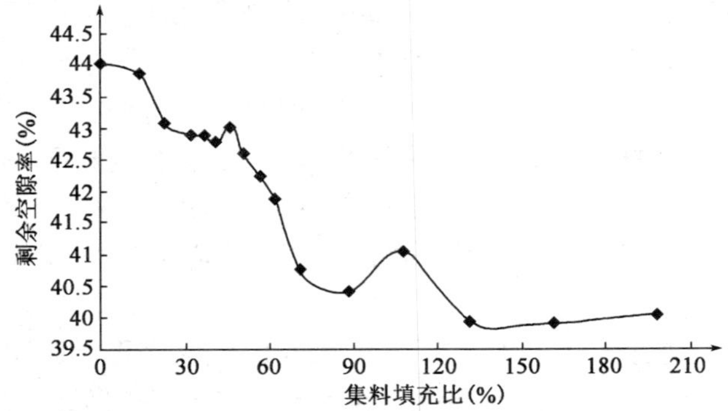

图 4-4　集料填充比与剩余空隙率的关系(粒径为 9.5mm 与 4.75mm)

从图可以看出，利用 4.75mm 颗粒填充 9.5mm 颗粒时，混合料振实剩余空隙率随集料填充比的增加而减小，出现了三个波谷。第三个波谷后明显趋于稳定，可能与填充颗粒粒径较小有关。

(4)4.75mm 颗粒与 2.36mm 颗粒

目前粗细集料的界限筛孔为 2.36mm。2.36mm 颗粒填充 4.75mm 颗粒作为骨架结构的最低一级填充。按不同集料填充比混合后的振动试验结果见图 4-5。

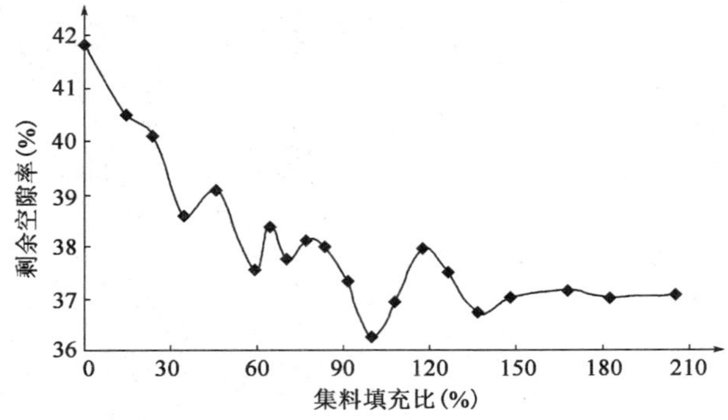

图 4-5　集料填充比与剩余空隙率的关系(粒径为 4.75mm 与 2.36mm)

从图可见，利用 2.36mm 颗粒填充 4.75mm 颗粒骨架时，混合料振实剩余空隙率随着集料填充比的增大而逐渐减小，但在不同阶段的变化幅度与前述有所不同。集料填充比小于 60%时，少量增加填充颗粒，可以使混合料的空隙率明显减小。集料填充比大于60%后,剩余空隙率变化曲线虽分别在99%和137%处出现了波谷,但空隙率总体变化不大。两种集料颗粒粒径虽有1/2倍关系,但颗粒尺寸均较小,振实密度和振实空隙率差异不大,振动填充过程中的相互干涉明显。

2)粒径不具有1/2倍关系的混合料填充试验

(1)16mm颗粒与13.2mm、9.5mm颗粒

由于没有对应16mm颗粒粒径1/2倍关系的筛孔,采用13.2mm、9.5mm颗粒作为填充颗粒,按不同集料填充比混合后的振动试验结果见图4-6。

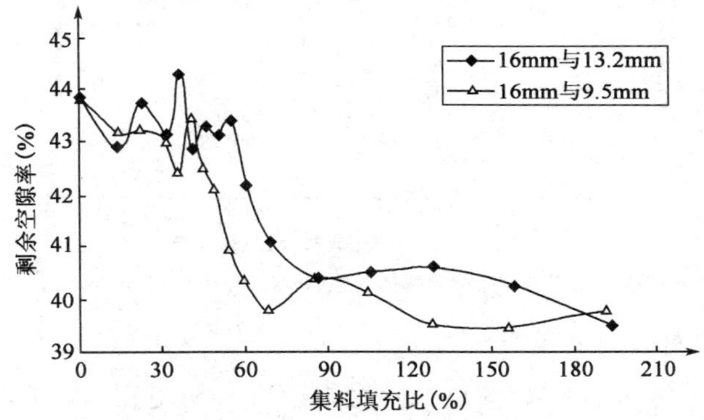

图4-6 集料填充比与剩余空隙率的关系(粒径为16mm与13.2mm、9.5mm)

由图可见,随着集料填充比的增大,混合料振实剩余空隙率逐渐减小,集料填充比增大到一定值后混合料振实剩余空隙率逐渐趋于稳定,先后都出现了三个波谷。振实剩余空隙率随集料填充比的总体变化趋势虽与前述基本相同,但集料填充比为32%附近的波谷前的空隙率变化并不明显,16mm颗粒与13.2mm颗粒混合料振实剩余空隙率甚至大于填充颗粒较少时的空隙率,说明填充颗粒对骨架颗粒排列结构的影响明显。主要可能因为13.2mm颗粒较大,且与16mm颗粒的粒径较为接近,干涉相对严重。另外,用9.5mm颗粒填充的混合料振实剩余空隙率小于用16mm颗粒填充的混合料,相互干涉也较小。因此,16mm颗粒采用9.5mm颗粒进行填充较为合理。

(2)13.2mm颗粒与9.5mm、4.75mm颗粒

与16mm颗粒类似,13.2mm颗粒分别用9.5mm和4.75mm颗粒填充,试验结果如图4-7所示。

由图可见,13.2mm颗粒形成的骨架分别采用9.5mm颗粒和4.75mm颗粒填充时,混合料振实剩余空隙率随集料填充比的变化趋势与上述基本相同,但采

用 9.5mm 颗粒填充时的混合料振实剩余空隙率明显大于采用 4.75mm 颗粒填充，且两种填充颗粒剩余空隙率变化曲线的波谷出现位置有所不同，填充颗粒粒径越大，波谷对应的集料填充比越大。由此可见，填充颗粒粒径对骨架的影响较大，粒径越小，填充效果越好，越有利于形成嵌锁骨架结构。因此，选择 4.75mm 颗粒作为 13.2mm 粒径骨架颗粒的填充颗粒。

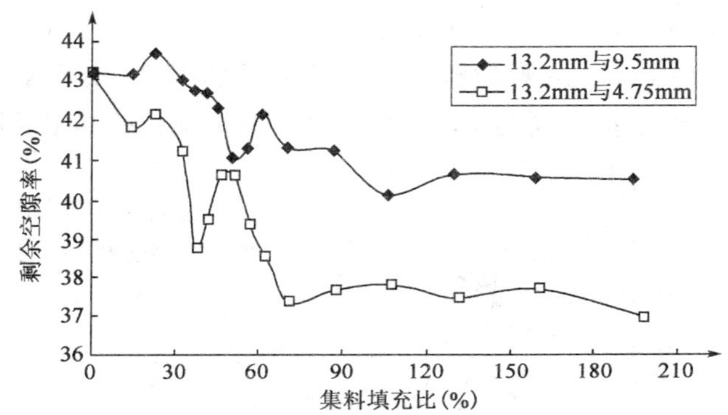

图 4-7　集料填充比与剩余空隙率的关系(粒径为 13.2mm 与 9.5mm、4.75mm)

3)最佳集料填充比

由图 4-8 所示不同粒径颗粒试验结果综合分析可得，随着混合料最大粒径的减小，混合料振实剩余空隙率减小，且变化曲线的起伏变化幅度减小，更趋于稳定。相同集料填充比下，用更小粒径颗粒振动填充后的剩余空隙率小于用相邻粒径颗粒填充，主要是更小粒径颗粒对骨架结构的干涉较小。

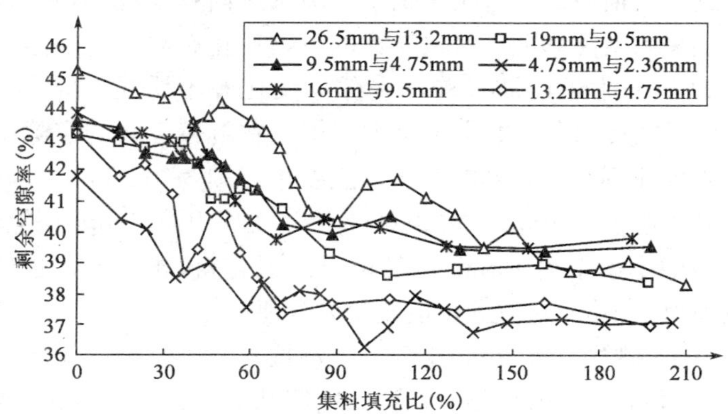

图 4-8　集料填充比与剩余空隙率的关系

为了充分发挥粗集料的嵌锁骨架作用，希望粗集料颗粒之间紧密多点接触，形成良好的骨架结构，且在相互不发生干涉或者干涉尽可能小的情况下，使集料混合料的剩余空隙率最小，达到最佳密实稳定状态。水泥混凝土有施工和易性的要求，通过试拌混凝土的坍落度试验得出。当水泥混凝土中的粗集料形成剩余空隙率最小的骨架密实结构时，为了达到和易性的要求，需要用更多的水泥砂浆或采用较大的砂率和水灰比，这不仅会增大材料成本，还会影响水泥混凝土的强度和耐久性。因此，水泥混凝土的粗集料结构不应以最小剩余空隙率控制，集料颗粒之间应相互接触形成嵌锁骨架，整体结构处于相对稳定状态，留有足够空间使水泥砂浆填充与干涉而不破坏粗集料骨架。

根据前述不同粒径颗粒之间的振动填充试验结果，集料填充比在混合料振实剩余空隙率变化曲线的第一波谷和第二波谷之间变化时，水泥混凝土粗集料结构均处于相对稳定状态。第一波谷对应的集料填充比较小，即填充颗粒较少，表征填充颗粒填充部分骨架颗粒空隙且对骨架颗粒结构没有干涉或干涉很小的状态，骨架颗粒之间连续接触与多点接触共存。第二波谷对应集料填充比在90％附近，即起填充作用的较小粒径集料颗粒较多，理论上接近填充颗粒完全填满骨架颗粒剩余空隙的临界状态，较大粒径集料颗粒之间的连续性变差，以多点接触为主。同时，由表 4-2 对比可见，不同颗粒混合料振动填充试验得出的第一波谷对应的集料填充比接近，平均值为 40.0％，均方差为 4.1；而第二波谷对应的集料填充比相对离散，即受颗粒粒径影响较大。因此，本研究以出现第一波谷时的集料填充比，作为嵌锁密实水泥混凝土中粗集料形成嵌锁骨架结构的最佳集料填充比。

第一与第二波谷值对比　　表 4-2

试　验　组	第一波谷值(％)	第二波谷值(％)	波谷值之差(％)
26.5mm 颗粒与 13.2mm 颗粒	40.0	90.0	50.0
19mm 颗粒与 9.5mm 颗粒	46.2	107.5	61.3
9.5mm 颗粒与 4.75mm 颗粒	41.7	88.0	46.3
4.75mm 颗粒与 2.36mm 颗粒	34.2	99.2	64.9
16mm 颗粒与 9.5mm 颗粒	40.9	86.2	45.4
13.2mm 颗粒与 4.75mm 颗粒	37.2	71.0	33.8
均值	40.0	90.3	50.3
标准差	4.1	12.4	11.4

4.1.3　不同粒径规格混合料振动填充试验验证

在工程实际中，粗集料均是由石料场按规范级配组成要求加工的成品粒径规格料，如现行规范中的10～30mm、10～20mm等。本研究对20～30mm、10～20mm、5～10mm、3～5mm等四种成品粒径规格料逐级进行振动填充试验，验证前述研究得出的最佳集料填充比对成品粒径规格料形成嵌锁骨架结构的适用性及其应用可靠性。

(1)20～30mm与10～20mm一级振动填充

20～30mm与10～20mm成品粒径规格料的振动填充试验结果见图4-9。

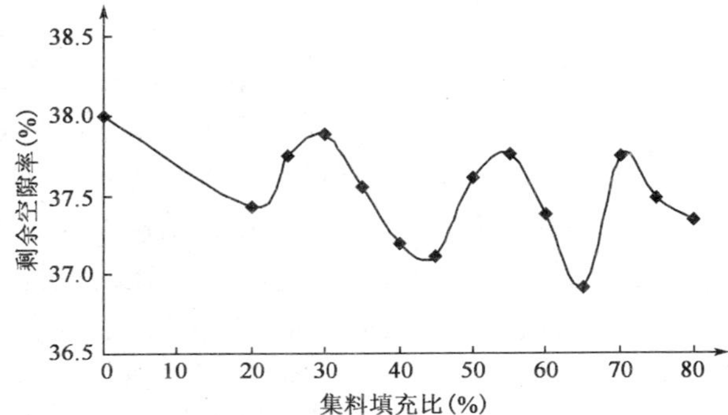

图4-9 一级振动填充的集料填充比与剩余空隙率关系

由图4-9可见，两种成品粒径规格料组成的混合料振实剩余空隙率随着集料填充比的增大而减小。与单一粒径颗粒试验结果相比，相同集料填充比变化区间内剩余空隙率的波动变化范围相对较小，约在37%～38%之间变化。一级振动填充集料填充比为65%时，混合料振实剩余空隙率最小，为36.9%，相应集料质量比为36.8%。

(2)20～30mm、10～20mm与5～10mm二级振动填充

取20～30mm与10～20mm振动填充试验最佳集料质量比配制混合料作为骨架料，变化5～10mm成品粒径规格料比例进行混合料振动填充，结果见图4-10。

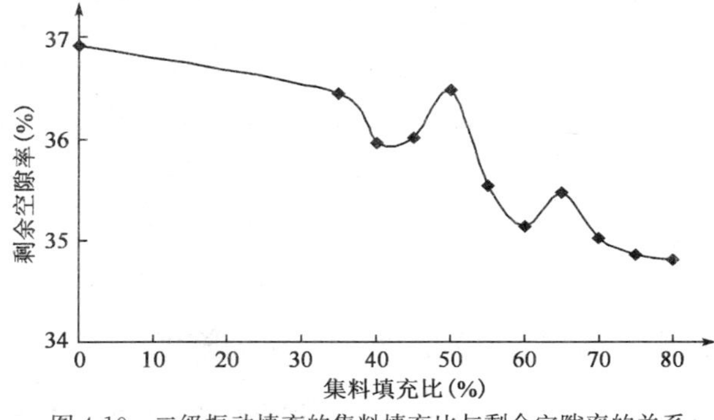

图4-10 二级振动填充的集料填充比与剩余空隙率的关系

由图可见，成品粒径规格料二级振动填充时的剩余空隙率变化曲线与单一粒径混合料基本相同，直接取第一波谷对应的集料填充比作为最佳结构状态取值，最佳集料填充比 45%，对应集料质量比为 7.4%。

(3)20～30mm、10～20mm、5～10mm 与 3～5mm 三级振动填充

取一级和二级振动填充试验确定的最佳填充比配制混合料作为骨架料，用 3～5mm 成品规格粒径混料进行振动填充试验，结果见图 4-11。

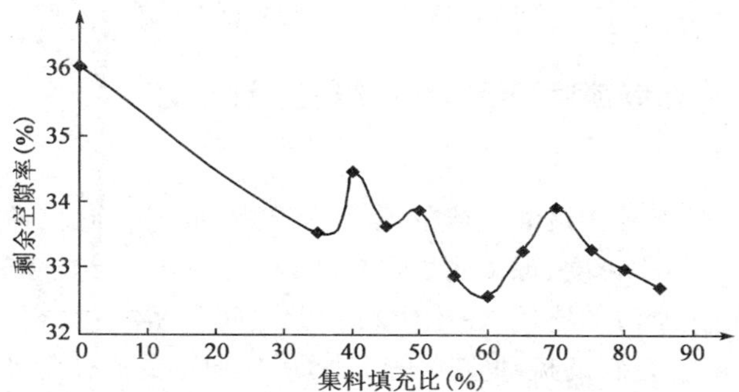

图 4-11　三级振动填充的集料填充比与剩余空隙率的关系

由前面分析可知，三级填充的集料填充比应考虑工作性、砂率等因素，这级最佳集料填充比取 60%，对应集料质量比为 5.7%。

综合以上不同粒径规格混合料的逐级振动填充试验结果可以得出，不同粒径规格碎石的最佳集料质量比取整后为：20～30mm ∶ 10～20mm ∶ 5～10mm ∶ 3～5mm=57% ∶ 34% ∶ 6% ∶ 3%，实测振实剩余空隙率为 32.6%，级配曲线见图 4-12。

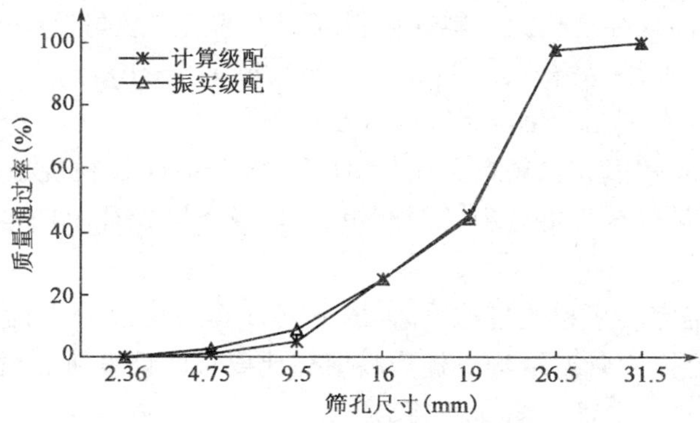

图 4-12　嵌锁骨架粗集料级配曲线

根据不同粒径规格混合料的筛分结果，按照两种单一粒径颗粒混合料振动填充试验确定的最佳集料填充比(其中 4.75mm 与 2.36mm 取 60%)和集料质

量比，计算确定的不同规格粒径碎石的集料质量比为 20～30mm：10～20mm：5～10mm：3～5mm=58%：36%：4%：2%，计算剩余空隙率为 32.1%，级配曲线见图 4-12。

由此可见，两种方法确定的达到嵌锁骨架结构状态的集料质量比接近，两个级配曲线的不同筛孔通过率差别除了 9.5mm 为 4.3%，其余均在 2.5%以内。表明两种单一粒径颗粒混合料试验确定的达到嵌锁骨架状态的最佳集料填充比，可以用于计算确定不同粒径规格集料组成比例，且可靠性好。

4.1.4 粗集料嵌锁骨架结构级配组成设计方法

(1)设计思想

粗集料嵌锁骨架结构级配组成的设计思想是：根据不同粒径规格成品粗集料的筛分结果、毛体积密度、振动密度等性质，利用集料填充比参数，计算确定不同粒径粗集料颗粒所占的比例，使粗集料颗粒之间紧密相接、相互嵌锁，且相互不干涉或少干涉，混合料的振动空隙率较小，形成稳定的嵌锁骨架结构。

(2)设计方法

根据不同粗集料筛分后单档颗粒的毛体积密度、振动密度试验结果，计算其振动空隙率 v。

利用式(4-5)计算最佳集料填充比下不同粒径颗粒之间的集料质量比 T_{mij}。

定义不同粒径规格碎石的组成比例为 G_{i}，则应满足：

$$\sum_{i=1}^{4} G_{\mathrm{i}} = 100 \tag{4-5}$$

式中：G_{i}——不同粒径规格混合料在矿料级配中的集料质量比(%)。

以工地实际使用碎石(20～30mm、10～20mm、5～10mm 与 3～5mm)四种不同粒径规格碎石配制为例，$i=1,2,3,4$。

在初设的 G_{i} 初值和粗集料总用量 M 下，根据不同粒径规格成品粗集料的筛分结果，可以计算得出混合料的级配组成，以及不同粒径单档集料颗粒的既有质量 m_{i}。

利用计算确定的集料质量比 T_{mij}，按下列计算式可以分别计算得出不同粒径填充颗粒满足嵌锁骨架结构最佳集料填充比要求的计算所需质量 M_{i}：

$$M_{13.2} = m_{26.5} T_{\mathrm{m}26.5,13.2} \tag{4-6}$$

$$M_{9.5} = m_{19} T_{\mathrm{m}19,9.5} + m_{16} T_{\mathrm{m}16,9.5} \tag{4-7}$$

$$M_{4.75} = m_{13.2} T_{\mathrm{m}13.2,4.75} + m_{9.5} T_{\mathrm{m}9.5,4.75} \tag{4-8}$$

$$M_{2.36} = m_{4.75} T_{\mathrm{m}4.75,2.36} \tag{4-9}$$

式中：M_i——嵌锁骨架结构的填充颗粒计算所需质量(g)；

m_i——G_i 下各粒径单档集料颗粒的既有质量(g)。

设需要混合料的总量为 C，则在各档料相应的比例 G_i 和每档料中所含不同规格粒径集料的质量百分数 N_{ij} 的条件下，可计算得到 m_i。

$$m_{16} = CG_1 N_{11} + CG_2 N_{12} + CG_3 N_{13} \tag{4-10}$$

$$m_{13.2} = CG_1 N_{21} + CG_2 N_{22} + CG_3 N_{23} \tag{4-11}$$

$$m_{9.5} = CG_1 N_{31} + CG_2 N_{32} + CG_3 N_{33} \tag{4-12}$$

$$m_{4.75} = CG_1 N_{41} + CG_2 N_{42} + CG_3 N_{43} \tag{4-13}$$

$$m_{2.36} = CG_1 N_{51} + CG_2 N_{52} + CG_3 N_{53} \tag{4-14}$$

式中：N_{ij}——在 j 档集料中 i 规格粒径集料的质量百分数。

根据粗集料嵌锁骨架结构与集料填充比的定义，不同粒径规格碎石的组成比例 G_i 的合理取值应是：在该组成比例下，按照嵌锁骨架结构最佳集料填充比计算确定的填充颗粒所需质量与对应填充颗粒既有质量越接近越好。本研究采用迭代计算方法，以主要填充颗粒质量偏差作为控制指标，优化确定合理组成比例 G_i。根据水泥混凝土常用粗集料最大粒径，9.5mm、4.75mm 和 2.36mm 颗粒为主要填充颗粒，对应筛孔作为粗集料嵌锁骨架结构组成设计的关键筛孔进行控制。填充颗粒质量偏差控制标准借鉴沥青混合料矿料级配施工控制标准，控制参数为 $H[i]$，代表 9.5mm、4.75mm 和 2.36mm 颗粒的理论值 M_i 与既有质量 m_i 的精确度。迭代计算中的约束与控制条件为：

约束条件 1： $$H[1] = |(M_{9.5} - m_{9.5})/M_{9.5}| \tag{4-15}$$

约束条件 2： $$H[2] = |(M_{4.75} - m_{4.75})/M_{4.75}| \tag{4-16}$$

约束条件 3： $$H[3] = |(M_{2.36} - m_{2.36})/M_{2.36}| \tag{4-17}$$

控制条件 4： $$\max H[i] - \min H[i] \leqslant 0.01 \tag{4-18}$$

对于公称最大粒径大于 19mm 的混合料，级配组成设计中 $H[1]$、$H[2]$、$H[3]$ 和控制条件 4 是关键约束条件；对于公称最大粒径小于等于 16mm 的混合料，$H[2]$、$H[3]$ 和控制条件 4 是关键约束条件。

将式(4-6)～式(4-14)代入式(4-15)～式(4-18)并结合式(4-5)，可解得不同粒径规格混合料在矿料级配中的集料质量比 G_i。

为了便于工程应用，本研究采用 VB 编制了粗集料嵌锁骨架结构级配组成设计软件 QSMS-V2.0。软件界面如图 4-13 所示，软件编制流程图见图 4-14。

软件计算中需要输入的参数包括：

①粗集料公称最大粒径；

②不同粒径规格集料的筛孔结果；

③单一粒径集料的毛体积密度或表观密度；

④单一粒径集料的振实密度；

⑤最佳集料填充比(或缺省)。

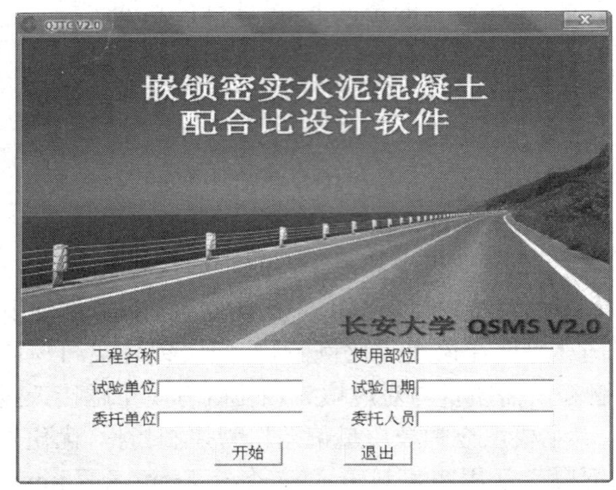

图 4-13　嵌锁骨架级配调试程序

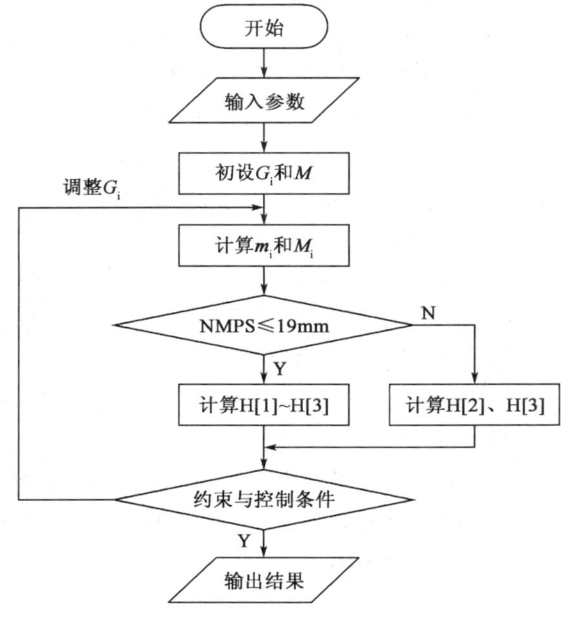

图 4-14　粗集料嵌锁骨架结构级配组成设计软件流程图

嵌锁密实水泥混凝土粗集料嵌锁骨架结构级配组成设计流程如图 4-15 所示。与现行水泥混凝土粗集料级配组成确定方法相比，本研究提出的粗集料嵌锁骨架结构级配组成设计方法的不同之处在于：粗集料试验中增加单一粒径集料颗粒振动试验；利用设计软件，直接计算确定不同粒径规格集料的组成比例与混合料级配组成。

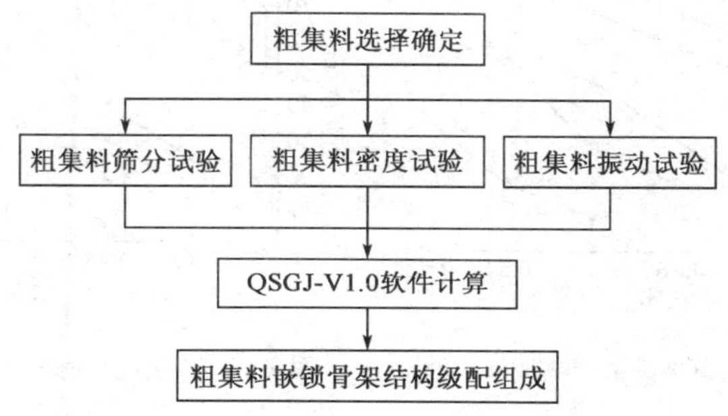

图 4-15　粗集料嵌锁骨架结构级配组成设计流程图

4.2　嵌锁密实水泥混凝土路用性能

4.2.1　工作性

工作和易性是新拌混凝土的一项重要性能，以确定混凝土的浇筑、运输、捣实和终饰抹面的难易程度。本研究在已确定的嵌锁骨架结构粗集料级配组成的基础上，分析水灰比、砂率、水泥净浆填充比等与混凝土工作性的关系，为混凝土配合比设计提供依据。

(1)水灰比影响分析

根据试验结果，水灰比与坍落度的关系如图 4-16～图 4-22 所示，图中(0.30,1.75)系指砂率 0.30、水泥净浆填充比 1.75，其他类似。

由试验结果可知，在一定的砂率和水泥净浆填充比下，混凝土坍落度均随着水灰比的增大而近似线性增大，变化趋势并不受砂率和水泥净浆填充比的影响。相同砂率与水泥净浆填充比下，水灰比越大，水泥净浆越稀，混凝土的流动性越好，这与已有相关研究结论一致。

同时，相同砂率下，坍落度随水灰比的变化斜率随着水泥净浆填充比的增大而增大，或者说同一水灰比下，水泥净浆填充比大的新拌混凝土的坍落度大。由此可见，水泥净浆填充比表征的水泥砂浆的多少和水灰比表征的水泥净浆的稀稠，在混凝土中的润滑作用相近，采用较大水泥净浆填充比或较大水灰比，均会使润滑作用增强，提高混凝土的工作性。

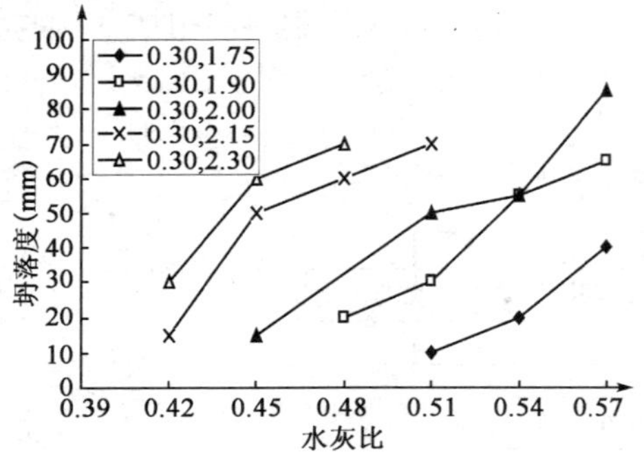

图 4-16　水灰比与坍落度关系(砂率为 0.30)

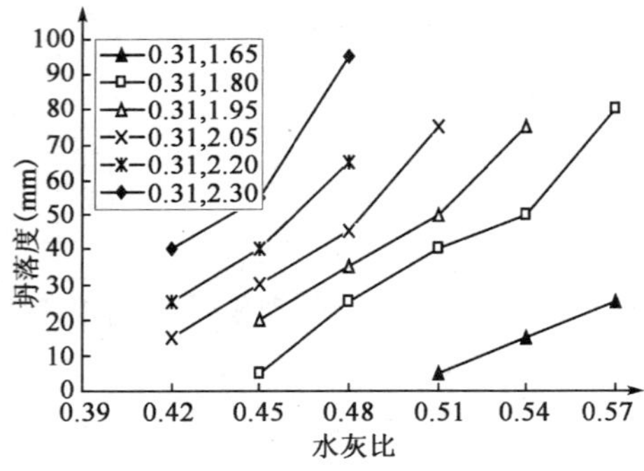

图 4-17　水灰比与坍落度关系(砂率为 0.31)

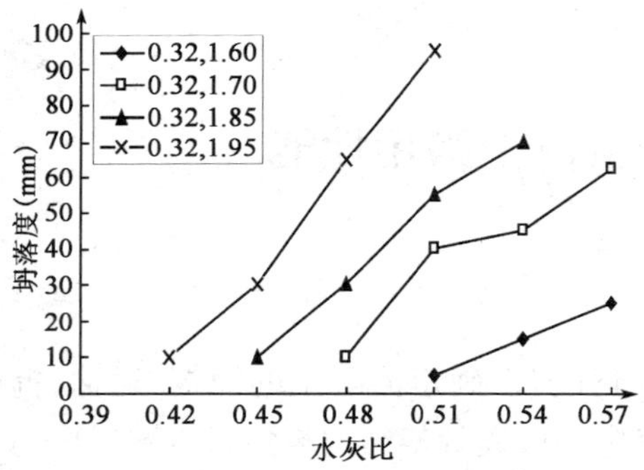

图 4-18　水灰比与坍落度关系(砂率为 0.32)

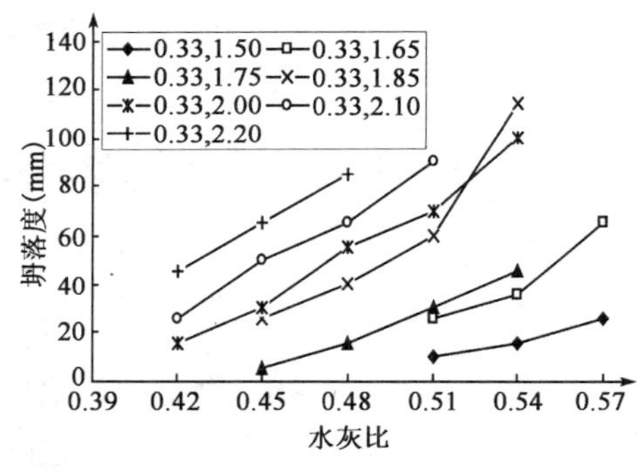

图 4-19　水灰比与坍落度关系(砂率为 0.33)

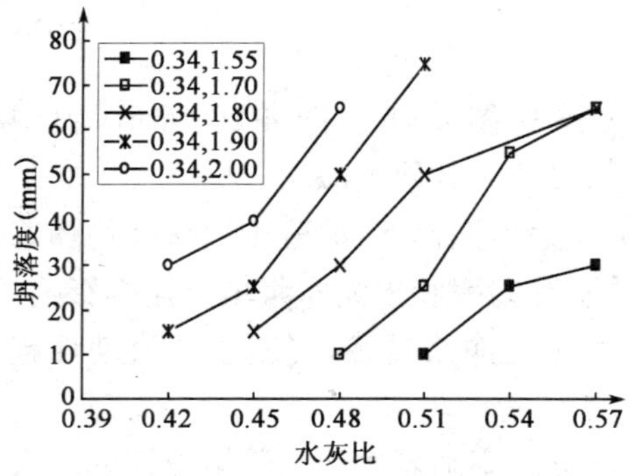

图 4-20　水灰比与坍落度关系(砂率为 0.34)

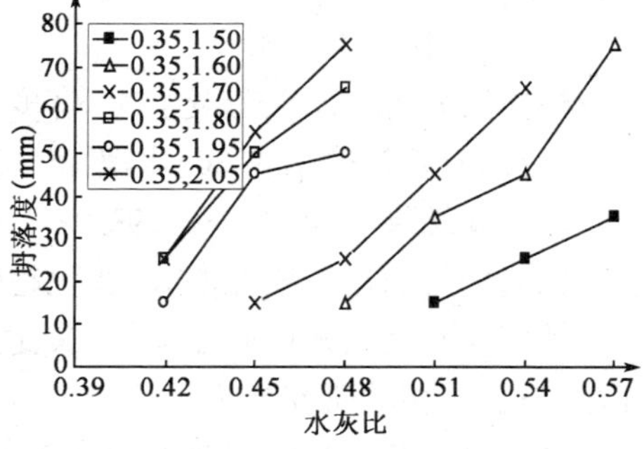

图 4-21　水灰比与坍落度关系(砂率为 0.35)

在一定的砂率和水泥净浆填充比下，水灰比$\frac{W}{C}$与坍落度S_L近似呈线性关系，可以用线性模型回归。

$$S_L = a\frac{W}{C} + b \tag{4-19}$$

式中：S_L——坍落度(mm)；

$\frac{W}{C}$——水灰比；

a——线性回归公式的斜率；

b——线性回归公式的截距。

(2)砂率影响分析

相同水灰比下，砂率与坍落度的关系如图 4-23～图 4-27 所示。

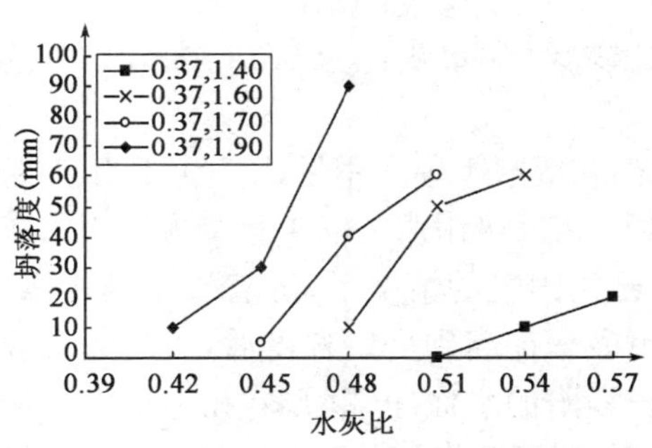

图 4-22　水灰比与坍落度关系(砂率为 0.37)

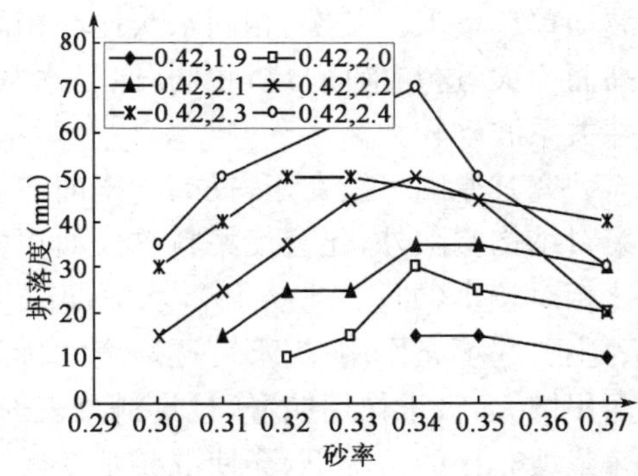

图 4-23　砂率与坍落度关系(水灰比 0.42)

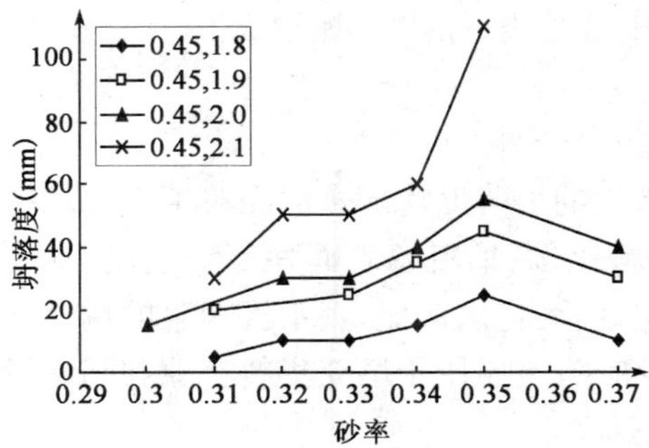

图 4-24　砂率与坍落度关系(水灰比 0.45)

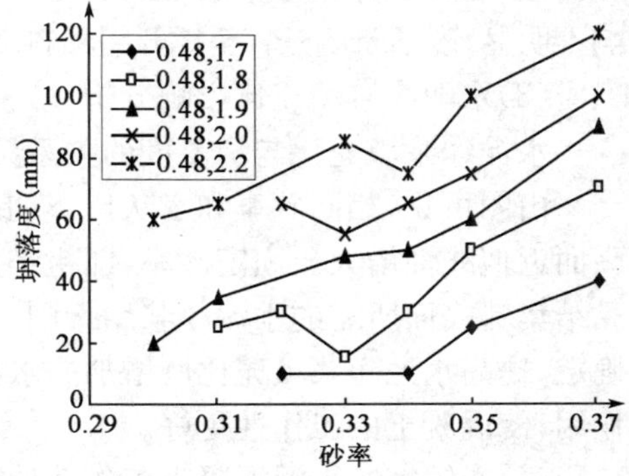

图 4-25　砂率与坍落度关系(水灰比 0.48)

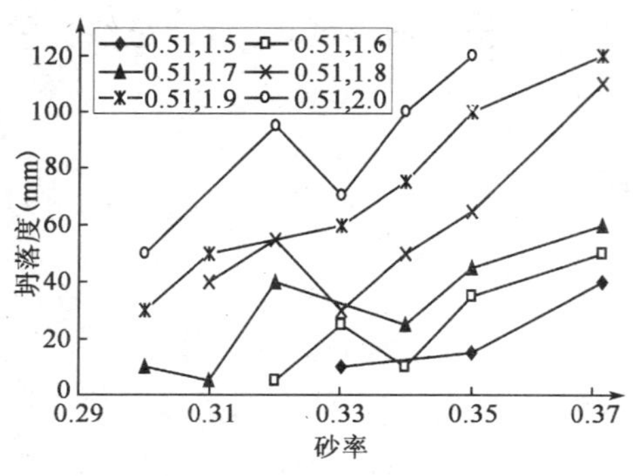

图 4-26 砂率与坍落度关系(水灰比为 0.51)

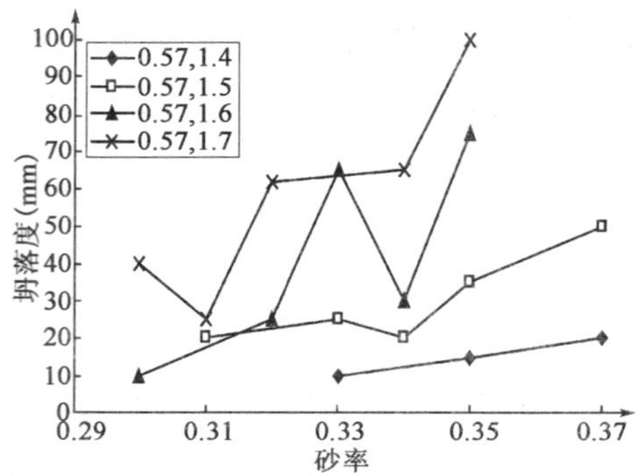

图 4-27 砂率与坍落度关系(水灰比为 0.57)

总体而言,砂率与坍落度的关系受水灰比和水泥净浆填充比的影响较大。首先,随着水灰比的增大,坍落度随砂率的变化趋势由上凸抛物线形逐渐过渡为波动单调增大。其次,相同水灰比和相同砂率下,坍落度随水泥净浆填充比的提高而增大,这与前面分析相同;但当水灰比较大(如水灰比为 0.51、0.57)时,这种关系波动较大。

究其原因可能在于,提高砂率即增加砂在混凝土中的用量,除了可以填充粗集料结构空隙外,还会使集料总表面积增大,表面吸附水的需求量增大。当水灰比相对较小(如 0.42、0.45),水泥净浆填充比固定的情况下,随着砂率的提高,砂主要起填充作用,坍落度逐渐增大;但当砂率提高到一定程度后,集料的总表面积增大,吸水作用明显,且集料总表面积裹附的水泥净浆增多,在不增大水泥净浆填充比的情况下,会使混凝土变得干涩,坍落度将随砂率的提高而减小。砂率存在一个坍落度达到最大的最佳值,为 0.34～0.35。此时,若增大水泥净浆填充比,则混凝土坍落度会继续增大。当水灰比相对较大时,提高砂率的吸水作用影响不明显,砂不断填充直至撑开粗集料空隙,表现为坍落度不断增大。

(3)水泥净浆填充比影响分析

水泥净浆填充比与坍落度的关系见图 4-28～图 4-33。

由图可见,相同砂率和水灰比下,混凝土的坍落度均随水泥净浆填充比的提高而近似线性增大。固定砂率,即粗细集料比例、集料总表面积等确定,裹附与黏结集料表面所需的水泥净浆用量则一定;而固定水灰比,则水泥净浆的稠度已确定;提高水泥净浆填充比所增加的水泥净浆,主要用于填充集料空隙和起润滑作用,使混凝土的工作性更好。

(4)嵌锁密实水泥混凝土工作性计算式

①砂率计算

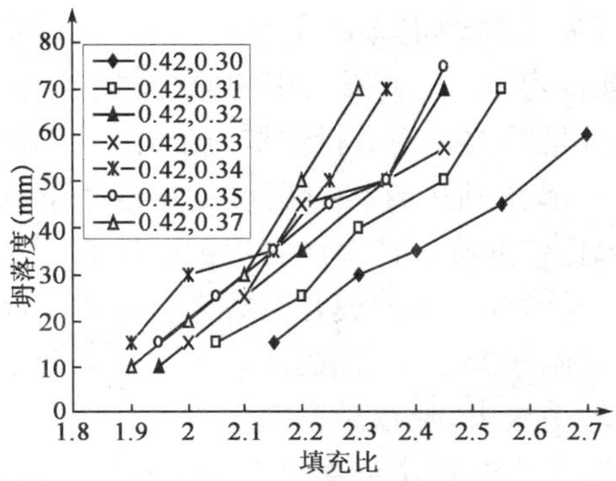

图 4-28　水泥净浆填充比与坍落度关系
（水灰比为 0.42）

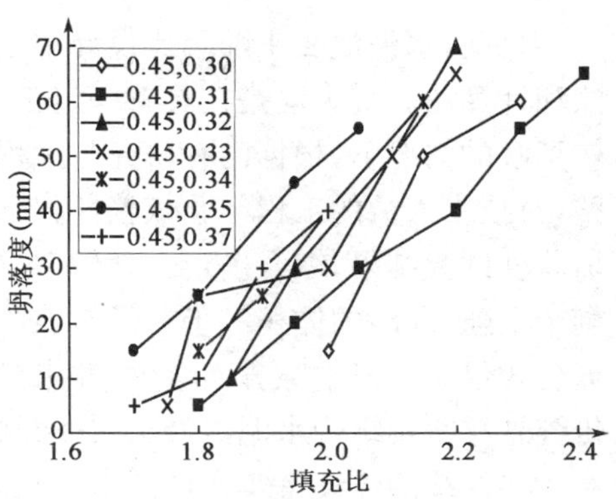

图 4-29　水泥净浆填充比与坍落度关系
（水灰比为 0.45）

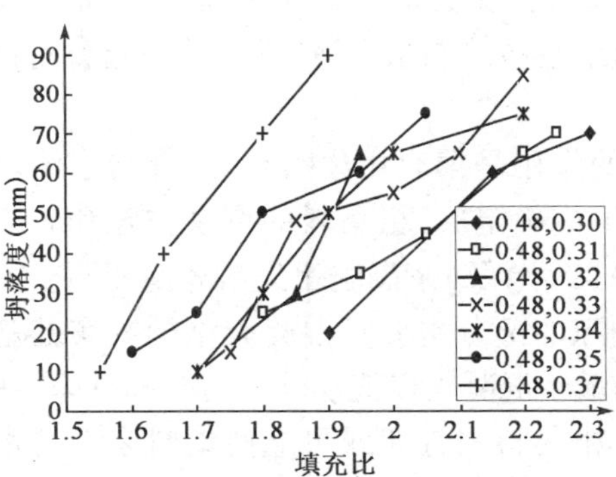

图 4-30　水泥净浆填充比与坍落度关系
（水灰比为 0.48）

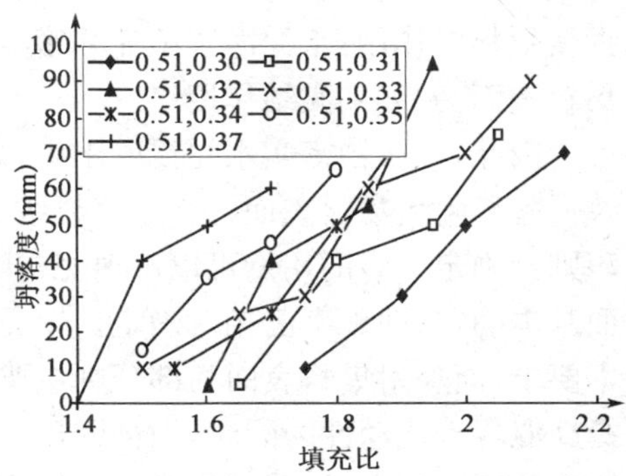

图 4-31　水泥净浆填充比与坍落度关系
（水灰比为 0.51）

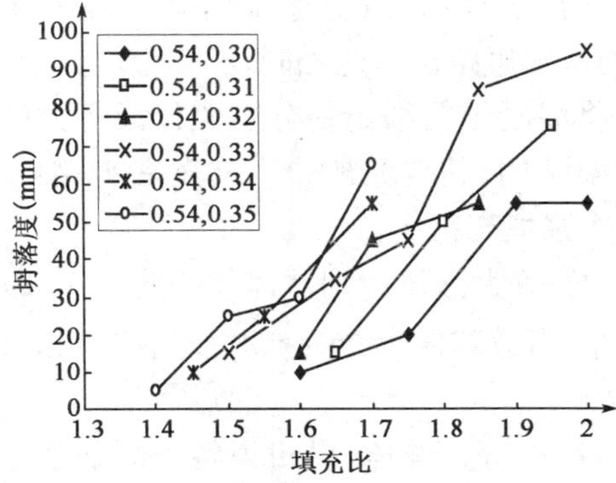

图 4-32　水泥净浆填充比与坍落度关系
（水灰比为 0.54）

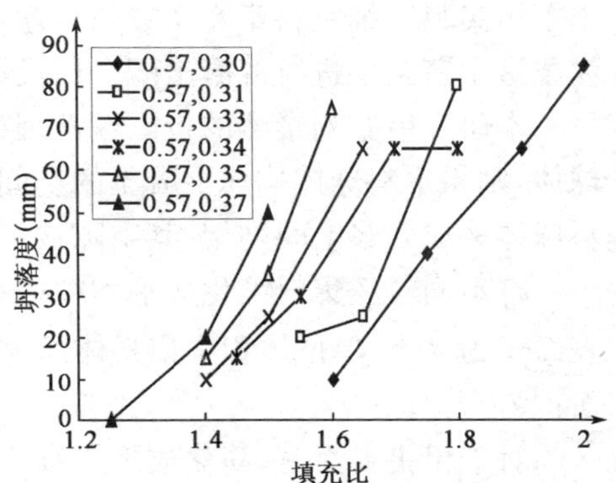

图 4-33　水泥净浆填充比与坍落度关系
（水灰比为 0.57）

目前，水泥混凝土配合比设计中，合理砂率的确定方法主要有查表法、试验法和计算法。查表法是在具有一定工程实践经验，并对所采用的原材料性能比较了解的情况下，根据已有研究与工程经验推荐的砂率进行选取，再通过试拌调整，对技术人员的工程经验依赖性很强。试验法则是直接根据仅变化砂率下的坍落度试验结果，综合确定合理砂率，结果比较准确。计算法是根据砂填充石子剩余空隙，即砂的体积等于石子空隙体积，并考虑一定的拨开系数进行计算。计算公式仅从填充空隙方面考虑，并未考虑裹附集料表面，且拨开系数主要来源于传统悬浮密实结构水泥混凝土实践经验，取值较大，导致砂率偏大。

在传统的连续密实或悬浮密实水泥混凝土中，粗集料悬浮在水泥砂浆中，砂率一般较大，水泥砂浆用量也较大，且水泥混凝土强度主要依赖于水泥砂浆及其与集料界面的黏结强度。但对嵌锁密实水泥混凝土而言，设计出发点是充分发挥粗集料的作用，水泥净浆填充并密实粗细集料的剩余空隙，且与砂一起裹附粗集料表面，并起到黏结作用。

因此，在嵌锁密实水泥混凝土中，砂的作用是填充粗集料空隙，并与水泥净浆一起裹附粗集料表面。当粗集料级配组成确定后，粗集料的剩余空隙和表面积则已确定。砂的用量可以由填充空隙和与水泥净浆裹附粗集料表面积两个方面基本确定，即砂率已相对确定。填充空隙的部分主要是混凝土结构密实的基本要求，而裹附集料表面的部分则主要是赋予混凝土以流动性。若提高砂率，在提高混凝土流动性的同时，则会明显干扰粗集料的骨架或可能使集料表面的水泥砂浆厚度过大，均不利于形成嵌锁密实结构。已有研究中控制浆集比的原因与此类似。王立久等在密实系数法混凝土配合比设计研究中，利用这种思路提出了粗集料和细集料密实系数的概念，并给出了计算公式。按砂浆富余率和水泥浆富余富余率进行混凝土配合比设计的基本思路也与此相同。

本研究借鉴刘崇熙的包围垛密理论，将混凝土粗细集料分别假设成等大的球体，则粗集料球体构成混凝土的空间骨架结构，其空隙被砂浆填充密实；细集料球体构成砂浆空间网架，其空隙被水泥净浆填充密实。

将不同粒径集料简化成平均粒径为 D 的等大球体。则球体体积为 $\pi D^3/6$，表面积为 πD^2，单位体积中集料体积为 m/ρ，当量球体个数为 $6m/\pi D^3\rho$ 时，总表面积为 $6m/D\rho$。

对于粗集料而言，简化成平均直径为 D_G 的等大球体，设粗集料表面砂浆包裹层厚度为 δ_G，则填充粗集料空隙和包裹粗集料表面的砂浆总体积应该等于砂、水泥、水的总体积，即：

$$\frac{m_G}{\rho_{0G}}v_G+\frac{6m_G\delta_G}{D_G\rho_G}=\frac{m_S}{\rho_S}+\frac{m_C}{\rho_C}+\frac{m_W}{\rho_W} \tag{4-20}$$

式中：m_G、m_S、m_C、m_W——单位体积混凝土中碎石、砂、水泥、水的质量(kg)；

ρ_G、ρ_S、ρ_C、ρ_W——碎石、砂、水泥、水的表观密度(kg/m³)；

D_G——粗集料平均粒径(mm)；

δ_G——粗集料表面砂浆包裹层厚度(mm)；

ρ_{0G}——粗集料振实密度(kg/m³)；

v_G——粗集料振实剩余空隙率(%)。

对于细集料砂而言，简化成平均直径为 D_S 的等大球体，设砂表面水泥净浆的包裹层厚度为 δ_S，则填充砂的空隙和包裹砂表面的水泥净浆的总体积应该等于水泥和水的总体积，即：

$$\frac{m_S}{\rho_{0S}}v_S+\frac{6m_S\delta_S}{D_S\rho_S}=\frac{m_C}{\rho_C}+\frac{m_W}{\rho_W} \tag{4-21}$$

式中：D_S——砂平均粒径(mm)；

δ_S——砂表面水泥净浆包裹层厚度(mm)；

ρ_{0S}——砂的振实密度(kg/m³)；

v_S——砂的振实剩余空隙率(%)。

由式(4-20)和式(4-21)可得：

$$\frac{m_G}{\rho_{0G}}v_G+\frac{6m_G\delta_G}{D_G\rho_G}=\frac{m_S}{\rho_S}+\frac{m_S}{\rho_{0S}}v_S+\frac{6m_S\delta_S}{D_S\rho_S} \tag{4-22}$$

由砂率的定义有：

$$\left.\begin{aligned}\beta_S&=\frac{m_S}{m_S+m_G}\\ \frac{m_G}{m_S}&=\frac{1-\beta_s}{\beta_s}\end{aligned}\right\} \tag{4-23}$$

对式(4-22)两边同除以 m_S 后，将式(4-23)代入可得：

$$\beta_S=\frac{\dfrac{6\delta_G}{D_G\rho_G}+\dfrac{v_G}{\rho_{0G}}}{\dfrac{1}{\rho_S}+\dfrac{6\delta_S}{D_S\rho_S}+\dfrac{v_S}{\rho_{0S}}+\dfrac{6\delta_G}{D_G\rho_G}+\dfrac{v_G}{\rho_{0G}}} \tag{4-24}$$

由式(4-24)可见，在粗细集料密度、空隙率已知的条件下，砂率与粗细集料的平均粒径、粗细集料表面包裹层厚度有关。而当级配组成确定时，粗细集料的平均粒径也随之确定。因此，关键在于粗细集料表面的包裹层厚度 δ_G 和 δ_S。

粗集料表面的包裹层是由砂和水泥组成的水泥砂浆。前述研究表明，包裹层厚度随着集料体积百分数的增大而减小，且颗粒粒径越大，厚度越大。本研究粗集料表面的包裹层厚度 δ_G 按砂数量平均粒径 D_S 的 2 倍取值，即 $\delta_G=2D_S$。

细集料表面的包裹层是水泥净浆。水泥细度一般要求 80μm 方孔筛上筛余量不大于 10%，30μm 以下部分是水泥主要的活性部分，而已有研究表明，水泥颗粒粒径在 45μm 以下才能充分水化。可见，未水化水泥颗粒粒径主要集中在 45～80μm。因此，本研究细集料表面的包裹层 δ_S 按单粒未水化水泥颗粒粒径考虑，取值 0.1mm。

将确定的包裹层厚度 δ_G 和 δ_S 带入式(4-24)，即可计算得出嵌锁密实水泥混凝土的砂率。

②坍落度计算

前述试验分析得出，嵌锁密实水泥混凝土工作性主要依赖于水灰比和水泥净浆填充比，为了确定混凝土工作性与水灰比和水泥净浆填充比的关系式，考虑到在固定砂率下，坍落度与水灰比、水泥净浆填充比均有良好的线性关系，利用式(4-25)线性模型对坍落度、水灰比、水泥净浆填充比进行回归。结果见表 4-3。

$$S_L = a\frac{W}{C} + bT_c + c \tag{4-25}$$

式中：S_L——坍落度(mm)；

$\frac{W}{C}$——水灰比；

T_c——水泥净浆填充比；

a、b——线性模型斜率；

c——截距。

水灰比、水泥净浆填充比与坍落度回归关系 表 4-3

β_S	a	b	c	R^2
0.30	487.2	113.3	−431.0	0.79
0.31	478.0	117.4	−427.5	0.82
0.32	415.9	102.1	−357.0	0.72
0.33	652.9	141.3	−544.9	0.79
0.34	566.0	149.2	−511.9	0.90
0.35	510.5	113.3	−414.7	0.76
0.37	963.2	145.9	−674.3	0.76

4.2.2　强度特性

强度是评价水泥混凝土质量的最基本指标，也直接影响着混凝土的耐久性、抗渗性等其他性能。现行规范也以强度来确定水泥混凝土等级。本研究通过具有嵌锁骨架结构粗集料级配组成的水泥混凝土的强度试验，分析水灰比、水泥净浆填充比、砂率等因素对嵌锁密实水泥混凝土强度的影响，为混凝土配合比设计奠定基础。

1)抗压强度

(1)水灰比影响分析

图 4-34 和图 4-35 分别为不同水泥净浆填充比和砂率下，水灰比与混凝土 28d 和 7d 抗压强度的关系。

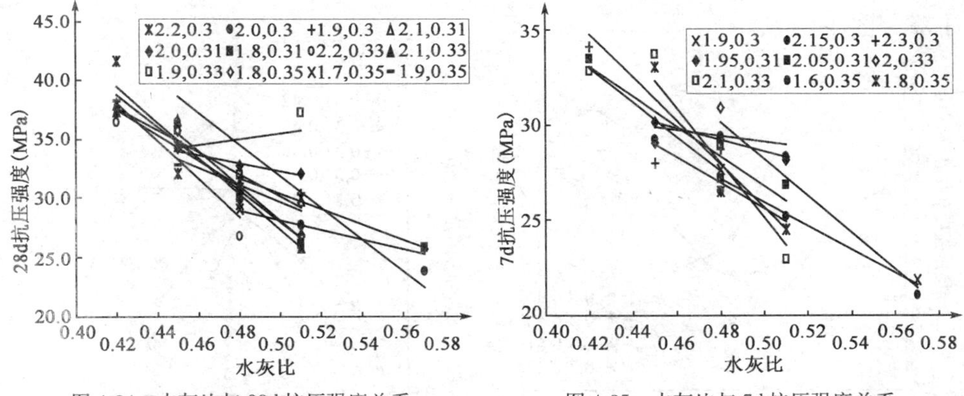

图 4-34　水灰比与 28d 抗压强度关系　　图 4-35　水灰比与 7d 抗压强度关系

由图可见，嵌锁密实水泥混凝土的抗压强度随着水灰比的增大而近似线性降低，这与鲍罗米公式表征的关系相同。但是水灰比对嵌锁密实水泥混凝土抗压强度的影响与砂率、水泥净浆填充比密切相关，表现为不同砂率和水泥净浆填充比下的线性斜率不同。如图 4-36 所示，相同砂率下，水泥净浆填充比越大，抗压强度随水灰比变化的线性斜率越大，即水灰比的影响更为明显。同时，由图 4-37 可得，水泥净浆填充比相同且较大时，随着砂率的增大，水灰比对抗压强度的影响程度有所减弱。

结合工作性分析结果可知，水灰比对嵌锁密实水泥混凝土有明显影响，在配合比设计中应作为主要控制指标。

(2)水泥净浆填充比影响分析

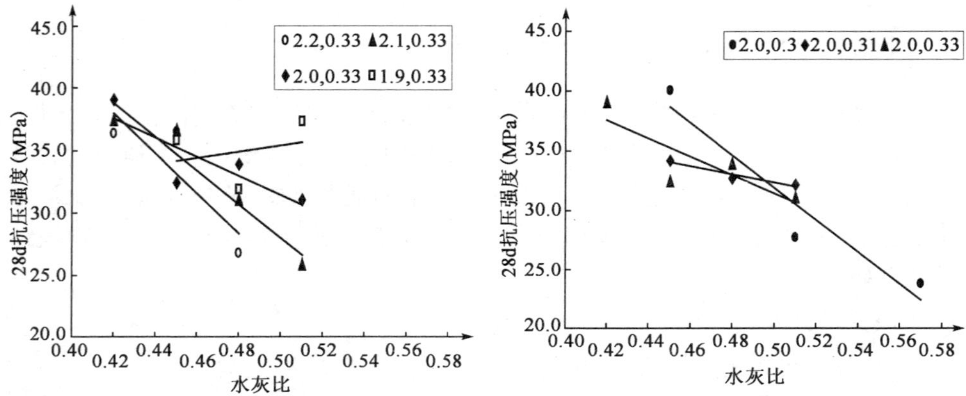

图 4-36　砂率 0.33 的水灰比与 28d 抗压强度关系　　图 4-37　填充比 2.0 的水灰比与 28d 抗压强度关系

在一定的水灰比与砂率下，水泥净浆填充比与混凝土抗压强度的关系如图 4-38～图 4-43 所示。

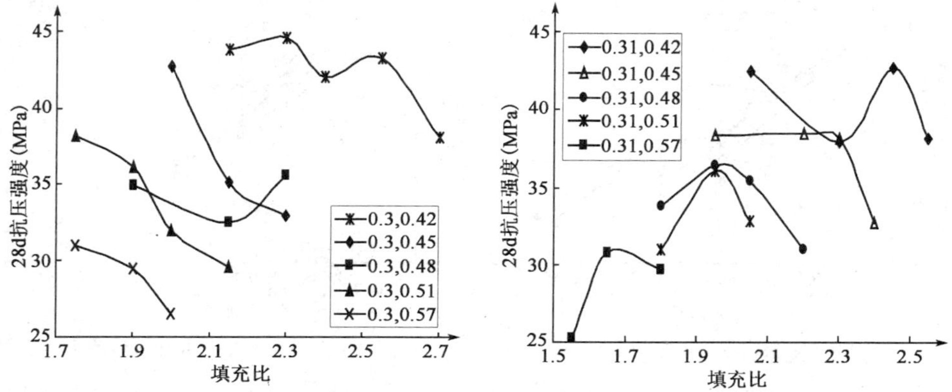

图 4-38　填充比与 28d 抗压强度关系(β_S 为 0.30)　　图 4-39　填充比与 28d 抗压强度关系(β_S 为 0.31)

(3)砂率的影响分析

在相同水灰比下，砂率与嵌锁密实水泥混凝土抗压强度关系如图 4-44～图 4-50 所示。

由图可见，砂率对嵌锁密实水泥混凝土抗压强度的影响与水灰比、水泥净浆填充比密切相关。在相同水灰比和水泥净浆填充比下，混凝土抗压强度随着砂率的增大而降低。

总体而言，砂率过大对嵌锁密实水泥混凝土的抗压强度不利，应结合工作性要求，控制在合理范围内。

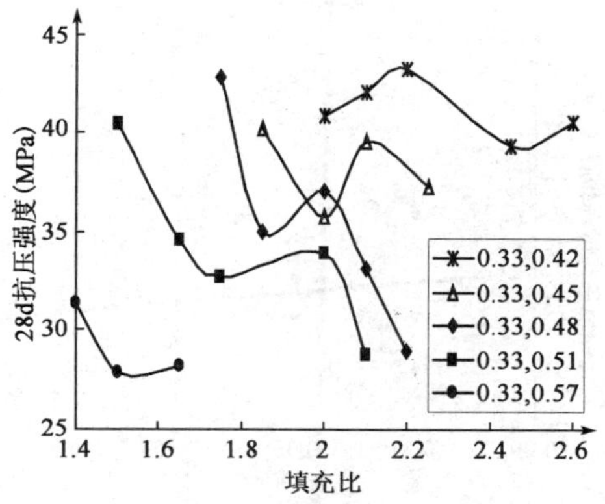

图 4-40　填充比与 28d 抗压强度关系(β_S 为 0.33)

图 4-41　填充比与 28d 抗压强度关系(β_S 为 0.35)

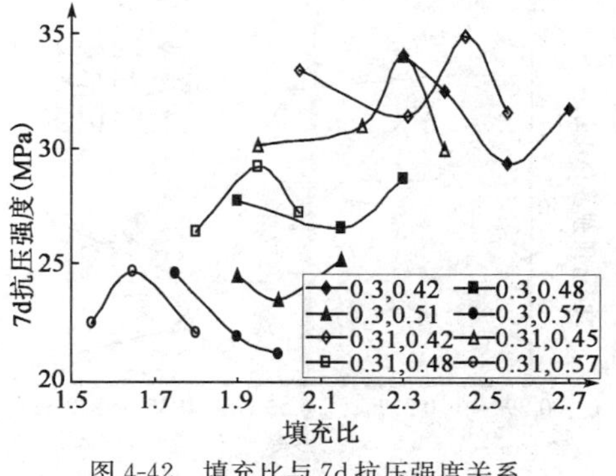

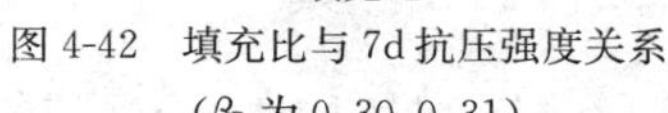
图 4-42　填充比与 7d 抗压强度关系
(β_S 为 0.30,0.31)

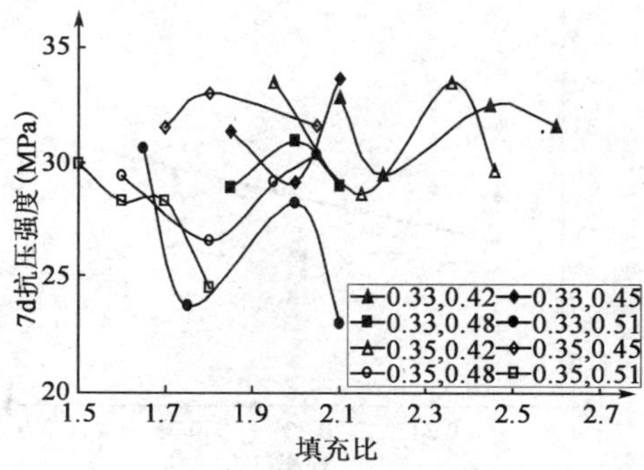

图 4-43　填充比与 7d 抗压强度关系
(β_S 为 0.33,0.35)

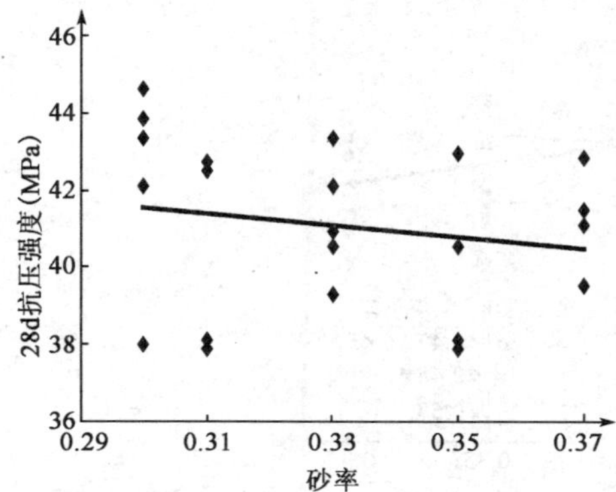

图 4-44　砂率与 28d 抗压强度关系(水灰比为 0.42)

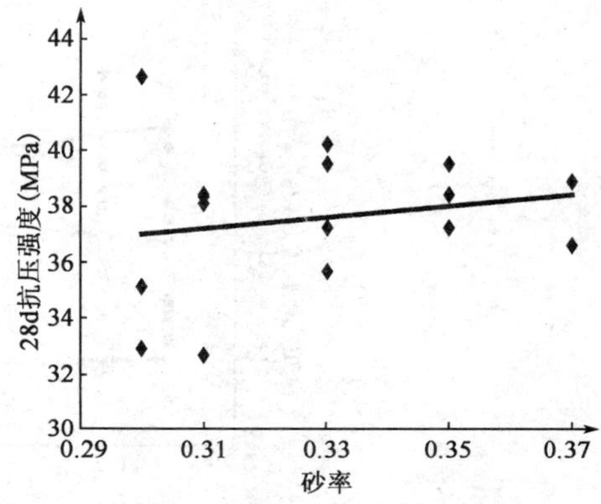

图 4-45　砂率与 28d 抗压强度关系(水灰比为 0.45)

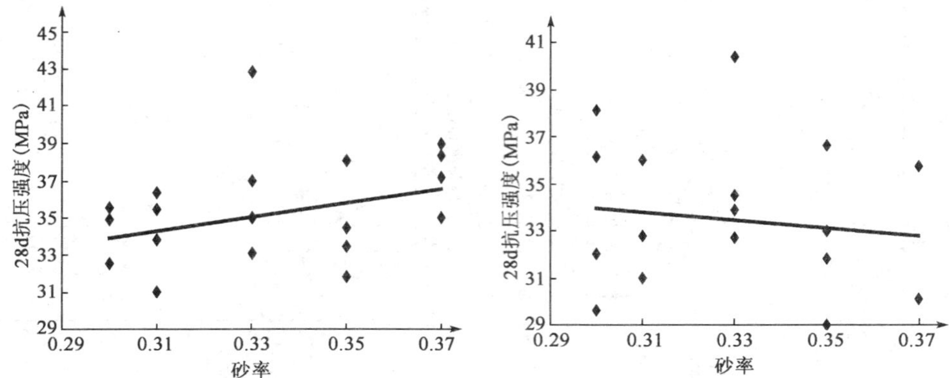

图4-46　砂率与28d抗压强度关系(水灰比为0.48)　图4-47　砂率与28d抗压强度关系(水灰比为0.51)

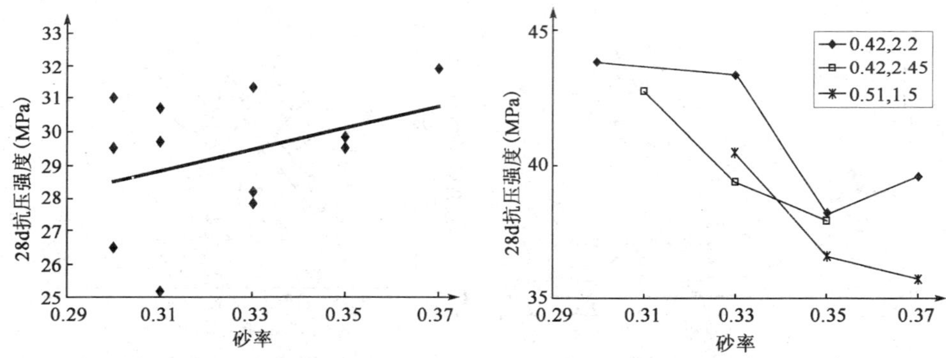

图4-48　砂率与28d抗压强度关系(水灰比为0.57)　图4-49　砂率与28d抗压强度关系(不同水灰比)

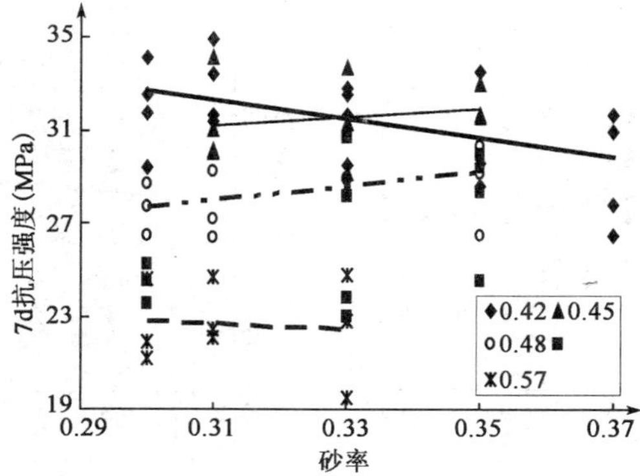

图4-50　砂率与7d抗压强度关系(不同水灰比)

(4)抗压强度计算公式

由前述分析可知,水灰比、砂率、水泥净浆填充比均对嵌锁密实水泥混凝土的 28d 抗压强度有明显影响。为了便于应用,结合混凝土工作性计算,仍分别在不同砂率下,利用式(4-26)线性模型回归 28d 抗压强度与水灰比、水泥净浆填充比的关系式。结果见表 4-4。

$$f_{cu,0} = a\frac{W}{C} + bT_c + c \tag{4-26}$$

式中:$f_{cu,0}$——混凝土 28d 抗压强度(MPa);

$\frac{W}{C}$——水灰比;

T_c——水泥净浆填充比;

a、b、c——系数。

水灰比、水泥净浆填充比与 28d 抗压强度回归结果　　表 4-4

β_S	a	b	c	R^2
0.30	−118.5	−8.3	110.8	0.809
0.31	−81.6	−4.2	83.6	0.742
0.33	−125.6	−9.5	115.2	0.797
0.35	−99.7	−6.2	94.6	0.823
0.37	−64.0	−0.4	68.8	0.750

本研究回归得出的嵌锁密实水泥混凝土 7d 抗压强度 f_{c7} 与 28d 抗压强度 $f_{cu,0}$ 的关系式为:

$$f_{cu,0} = 1.049f_{c7} + 8.786 \tag{4-27}$$

2)抗弯拉强度

(1)水灰比影响分析

图 4-51 为不同水泥净浆填充比和砂率下,水灰比与混凝土 28d 抗弯拉强度的关系。由图可见,与抗压强度变化趋势类似,嵌锁密实水泥混凝土的抗弯拉强度随着水灰比的增大而近似线性降低;不同砂率和水泥净浆填充比下的线性斜率不同,即水灰比的影响程度与砂率、水泥净浆填充比密切相关。

由图 4-52 可得,在砂率相同的情况下,随着水泥净浆填充比的增大,抗压强度与水灰比关系线的斜率有所增大,但与砂率相关。

由图 4-53 所示的相同水泥净浆填充比下的变化可见,砂率越大,水灰比对

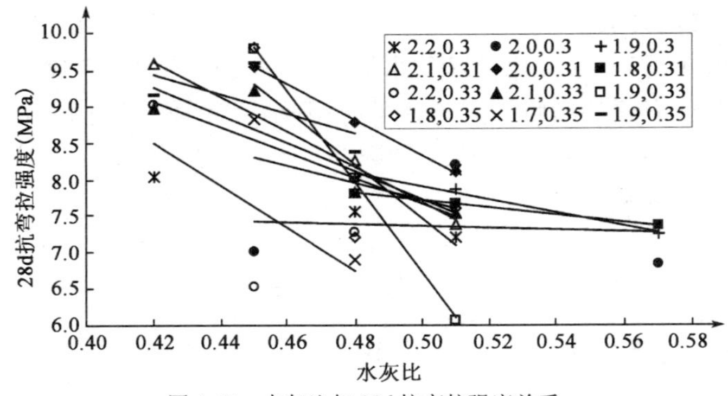

图 4-51　水灰比与 28d 抗弯拉强度关系

混凝土抗弯拉强度的影响越明显。这与混凝土抗压强度的变化趋势有所不同。

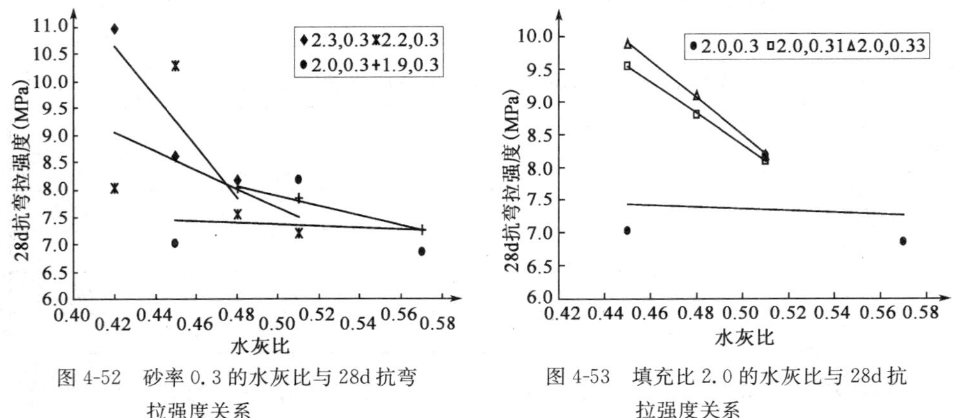

图 4-52　砂率 0.3 的水灰比与 28d 抗弯拉强度关系

图 4-53　填充比 2.0 的水灰比与 28d 抗拉强度关系

(2)水泥净浆填充比影响分析

由图 4-54～图 4-57 所示混凝土抗弯拉强度随水泥净浆填充比的变化趋势可见,在相同砂率下,水泥净浆填充比对混凝土抗弯拉强度有明显影响,且与水灰比相关。与混凝土抗压强度变化趋势相比,混凝土抗弯拉强度达到最大的最佳填充比更为明显。这可能在于水泥净浆提供的黏结力对混凝土抗弯拉强度的贡献大于对混凝土抗压强度的贡献。

(3)砂率影响分析

由图 4-58～图 4-62 可见,在水灰比相同的情况下,混凝土抗弯拉强度总体随砂率的增大而有所减小,但与水泥净浆填充比有密切关系。关键在于相同水灰比下,砂率和水泥净浆填充比的变化直接影响砂浆的质量,从而影响砂浆对混凝土强度的贡献。

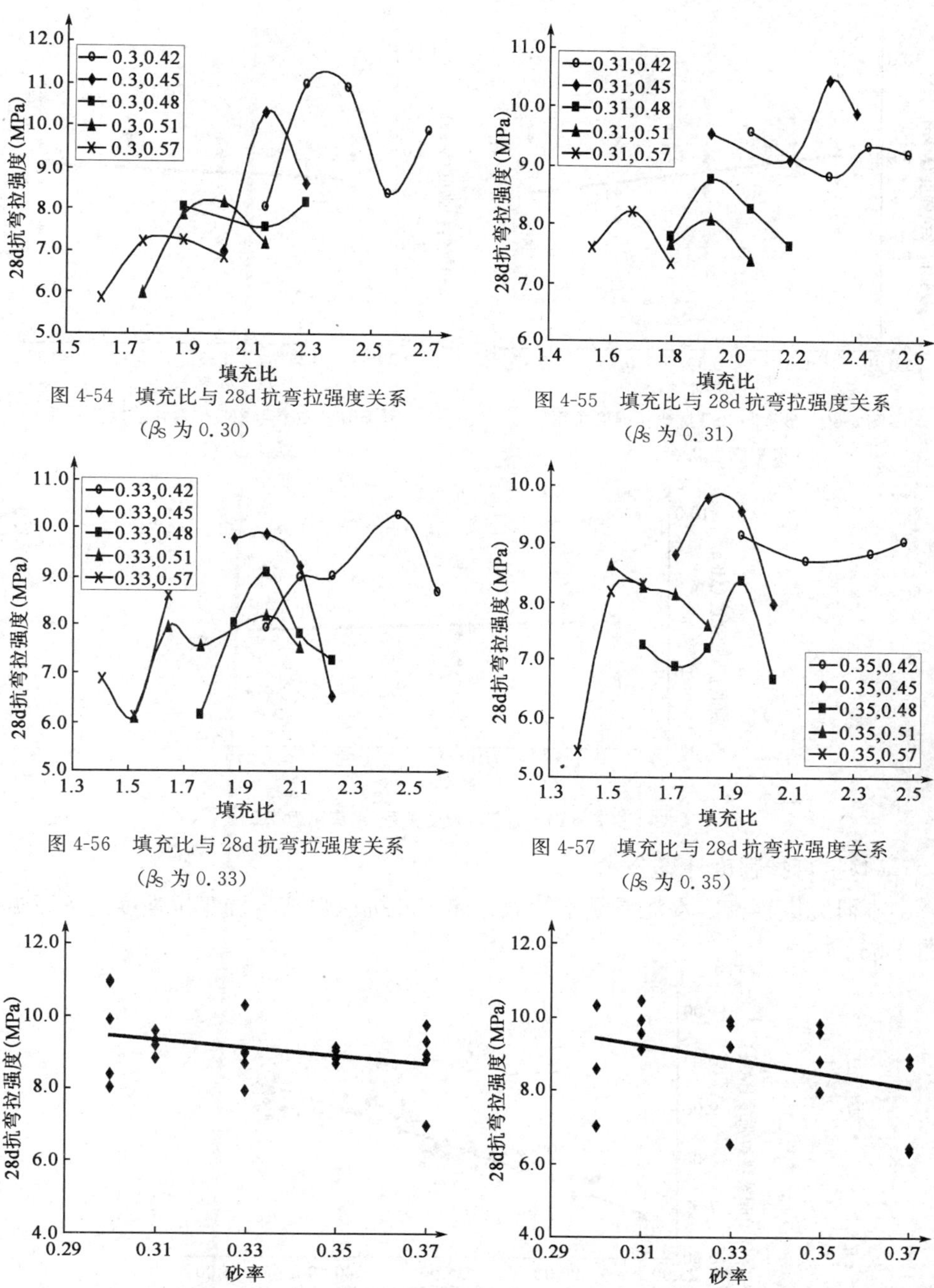

图 4-54　填充比与 28d 抗弯拉强度关系（β_S 为 0.30）

图 4-55　填充比与 28d 抗弯拉强度关系（β_S 为 0.31）

图 4-56　填充比与 28d 抗弯拉强度关系（β_S 为 0.33）

图 4-57　填充比与 28d 抗弯拉强度关系（β_S 为 0.35）

图4-58　砂率与 28d 抗弯拉强度关系(水灰比为 0.42)

图4-59　砂率与 28d 抗弯拉强度关系(水灰比为 0.45)

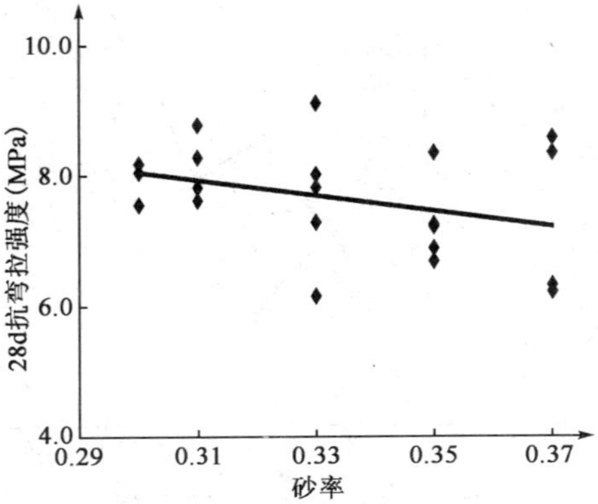

图 4-60　砂率与 28d 抗弯拉强度关系
（水灰比为 0.48）

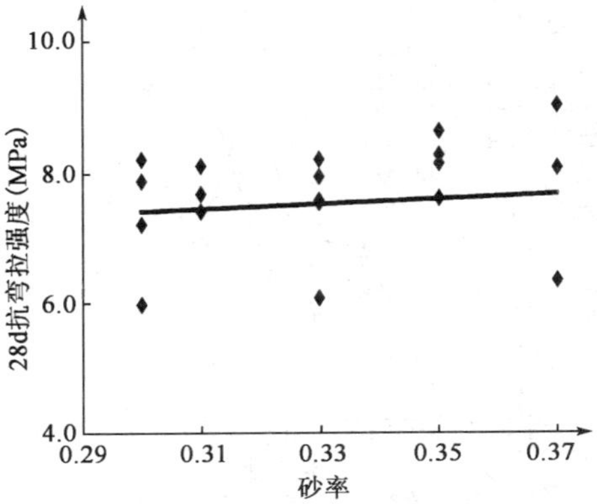

图 4-61　砂率与 28d 抗弯拉强度关系
（水灰比为 0.51）

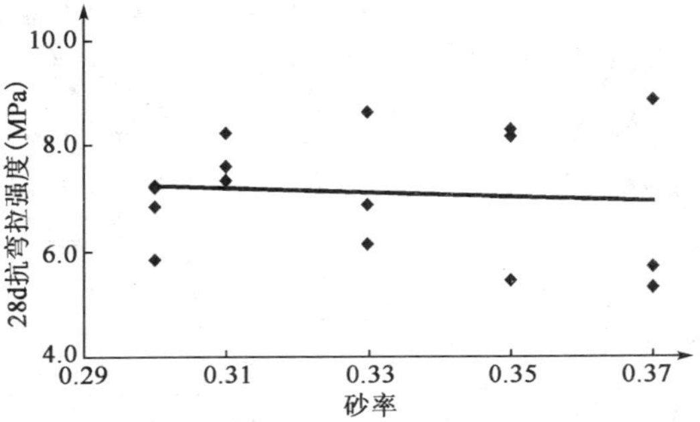

图 4-62　砂率与 28d 抗弯拉强度关系(水灰比为 0.57)

(4)抗弯拉强度计算公式

本研究嵌锁密实水泥混凝土的立方体 28d 抗压强度与抗弯拉强度的关系见图 4-63。

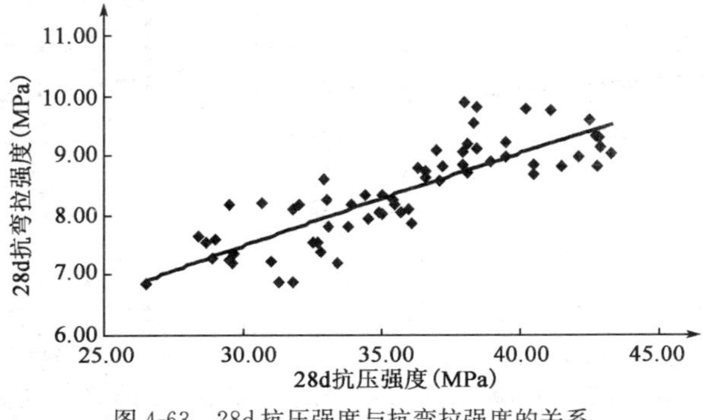

图 4-63　28d 抗压强度与抗弯拉强度的关系

利用回归分析得到立方体 28d 抗压强度 $f_{cu,0}$ 与抗弯拉强度 f_f 的关系式为：

$$f_f = 0.807 f_{cu,0}^{0.66} \tag{4-28}$$

4.3　嵌锁密实水泥混凝土配合比设计方法

水泥混凝土配合比设计是混凝土工程的基础与关键。一个良好的水泥混凝土配合比，应满足混凝土强度、工作性、耐久性等各项技术要求，且经济合理。本研究在现有水泥混凝土配合比设计原则、方法与模型的基础上，综合工作性与强度特性研究成果，引进水泥净浆填充比参数，建立嵌锁密实水泥混凝土组成模型，提出同时满足工作性与强度要求的嵌锁密实水泥混凝土配合比设计方法。

4.3.1　嵌锁密实水泥混凝土组成模型

水泥混凝土配合比设计一般遵循四项主要法则：水灰比法则、混凝土密实体积法则、最小单位加水量或最小胶凝材料用量法则、最小水泥用量法则。一般以水灰比、砂率、用水量为主要设计参数，且以水灰比法则为主，利用鲍罗米公式计算确定水灰比和水泥用量，再应用绝对体积法或假定表观密度法计算单位体积混凝土中的集料总用量；通过计算—试配方法，最终确定各材料用量。

水泥混凝土的发展基础是“水泥石”理论。传统水泥石模型中，强调水灰比对混凝土强度的影响，也就是仅考虑了水泥对混凝土强度的贡献，仅以水灰比参数量化水泥的胶结作用，反映水泥石的胶结强度，对集料尤其是粗集料的作用考虑明显不足，也没有将水泥石与集料之间建立必然的内在联系。

针对传统水泥石模型存在的问题，王立久等以吴中伟—廉慧珍提出的“大中心质”学说为理论基础，参考垛密理论，建立了混凝土架构模型及架构设计理论。将粗细集料作用分开考虑，用粗集料构成架构起骨架作用；而细集料用来增强水泥石，构造了由粗集料架构层、过渡层和砂浆层构成的混凝土架构三圆模型。以架浆比参数反映混凝土中砂浆和粗集料的比值对混凝土各自贡献，建立了以架浆比、灰砂比偏离、单位用水量为参数的混凝土架构设计理论数学模型。

嵌锁密实水泥混凝土正是基于上述两个理论，利用粗集料形成的嵌锁骨架结构，充分发挥其在混凝土强度中的贡献；又通过砂对主骨架的填充和其与水泥净浆共同裹附粗集料颗粒表面，以及水泥净浆对砂石混合料的填充和其对砂的裹附，达到充分密实且又有一定流动性；从而平衡且充分发挥水泥石与粗集料在混凝土中的作用。本研究在保证粗集料形成嵌锁骨架结构的基础上，引入集料填充比 T_{ij} 和水泥净浆填充比 T_c 两个参数，建立嵌锁密实水泥混凝土组成模型，目的在于充分发挥粗集料作用的同时，保证混凝土密实和水泥石的作用。

嵌锁密实水泥混凝土组成模型包括两个部分：集料填充比 T_{ij} 参数控制粗集料嵌锁骨架结构；砂率 β_s、水泥净浆填充比 T_c、水灰比 W/C 三个参数控制混凝土工作性与强度。其中前者在粗集料嵌锁骨架结构级配组成设计方法中实现，后者则借鉴传统水泥石模型公式，再增加混凝土工作性定量表达式，利用式(4-29)计算确定砂率，即：

$$S_L = a\frac{W}{C} + bT_c + c \tag{4-29}$$

$$\frac{f_{cu}}{f_{ce}} = A\frac{C}{W} + BT_c + C \tag{4-30}$$

式中：　S_L——坍落度(mm)；

f_{cu}、f_{ce}——混凝土和水泥的抗压强度(MPa)；

$\frac{C}{W}$——灰水比；

T_c——水泥净浆填充比；

a、b、c、A、B、C——试验参数。

与传统水泥石模型和架构混凝土水泥石模型相比，嵌锁密实水泥混凝土组成模型有以下优点：

①明确了粗集料在水泥混凝土中的骨架作用，并利用集料填充比 T_{ij} 参数直观表征与量化确定粗集料嵌锁骨架结构级配组成。

②引入水泥净浆填充比 T_c 参数，在水泥石与集料之间建立了明确联系。

③突破传统模型中仅依赖强度确定参数的模式，增加混凝土工作性定量表达式，明确不同因素对混凝土工作性的影响。

④四个参数分别对应表征了粗集料、细集料、水泥净浆在混凝土中的作用。

4.3.2 配合比设计计算公式

(1)粗集料嵌锁骨架结构

集料填充比 T_{ij} 利用振动填充试验确定。粗集料嵌锁骨架结构级配组成设计公式见 6.1.4 节，利用编制的 QSMS-V2.0 软件完成设计。

(2)砂率 β_S

砂的用量可以由填充空隙和与水泥净浆裹附粗集料表面积两个方面基本确定，利用本研究提出的式(4-24)计算确定砂率 β_S。

(3)混凝土坍落度

嵌锁密实水泥混凝土坍落度根据式(4-25)和表 4-3 计算确定。表 4-3 中参数为中砂配制混凝土的试验回归结果，通过粗砂和细砂的对比试验与分析得出，砂的粗细程度对嵌锁密实水泥混凝土工作性的影响已在砂率计算取值中给予了充分考虑，混凝土坍落度计算公式的参数不再进行砂粗细程度的修正。

(4)混凝土强度

在前述中砂和 P・O42.5 普通硅酸盐水泥配制的混凝土强度特性试验分析的基础上，补充 P・O52.5 普通硅酸盐水泥和 P・C42.5 复合水泥分别与中砂配制混凝土，以及粗砂和细砂分别与 P・O42.5 普通硅酸盐水泥配制混凝土，进行了 28d 抗压强度和抗弯拉强度试验。为了与传统水泥石模型保持一致，本研究设计模型中也以混凝土 28d 抗压强度与水泥胶结强度的比值 f_{cu}/f_{ce} 为主要指标，经回归分析，得出式(4-30)的试验参数见表 4-5。

水泥混凝土强度试验参数　　表 4-5

β_s	A	B	C	R^2
0.27	0.538	0.073 6	−0.518 0	0.897
0.29	0.336	0.010 8	0.052 4	0.764
0.30	0.661	−0.225	−0.109 0	0.851
0.31	0.447	−0.112	0.082 9	0.767
0.33	0.651	−0.211	−0.150 0	0.786
0.35	0.569	−0.174	−0.090 7	0.835
0.37	0.336	−0.019	0.158 0	0.748

4.3.3　配合比设计步骤

根据前述设计模型与基本计算公式，同时满足工作性和强度要求的嵌锁密实水泥混凝土配合比设计流程如图 4-64 所示。

(1)原材料选择与试验

水泥强度和品质指标均需满足相关的标准与规定。水泥强度等级选择，应与混凝土的设计强度相适应。一般情况下，水泥强度为混凝土强度的 1.2～1.5 倍；配制高强度时，水泥强度为混凝土强度的 0.9～1.3 倍。对于有特殊需要的混凝土，应根据条件根据相关规定选用特种水泥。对于选定的水泥，应测试其物理力学性质，以满足相关标准与规定。试验确定水泥的密度 ρ_C 和强度。

粗集料的粒径大小、表观特性、集料级配对混凝土的工作性和强度影响很大，压碎值、针片状颗粒含量等各项技术指标均应满足规范要求。根据混凝土结构与施工方法要求，确定粗集料的最大粒径一般不大于 40mm。粗集料应采用轧制碎石，且表面粗糙、有棱角、针片状颗粒少。通过试验测定粗集料压碎值、针片状颗粒含量等。对粗集料进行筛分，并测试单档颗粒的毛体积密度(表观密度)和振实密度。

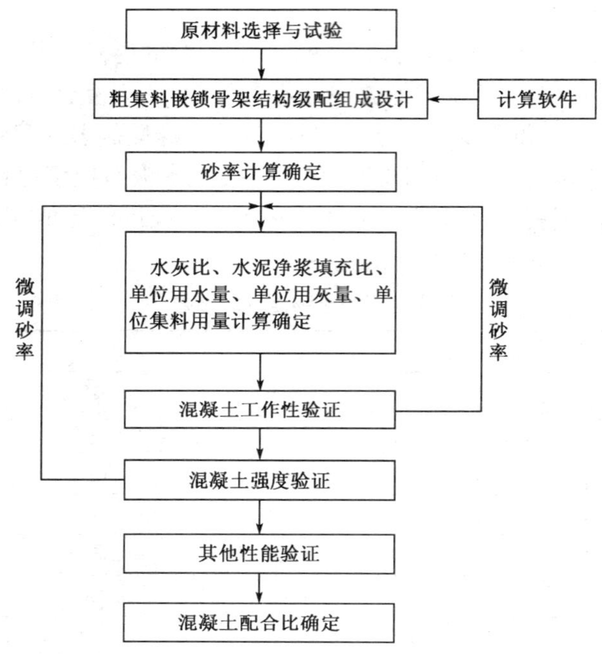

图 4-64　嵌锁密实水泥混凝土配合比设计流程

细集料主要指天然砂，级配较好的中砂适用于各种混凝土和有特殊需求的混凝土，细度模数以 2.5～3.0 为宜。通过试验测定细集料的筛分，计算细度模数，并测试细集料的振实密度和毛体积密度(表观密度)。

凡能饮用的自来水和任何 pH 不少于 4 的非酸性水均可以用于混凝土。

对于有特殊要求的混凝土，可以掺加减水剂、引气剂、膨胀剂、早强剂、速凝剂、缓凝集等外加剂。对于嵌锁密实混凝土，外加剂的掺量根据计算确定的配合比，考虑外加剂功能进行调整确定。

(2)粗集料嵌锁骨架结构级配组成设计

利用本研究提出的级配组成设计方法和编制的软件，根据原材料试验结果，确定不同规格粒径碎石比例与粗集料级配组成。

(3)砂率 β_s 计算确定

根据粗细集料的筛分、密度、振动试验结果，计算粗细集料的数量平均粒径，利用本研究提出的公式(4-24)计算确定砂率。

(4)联立求解参数

由水泥净浆填充比的定义可得：

$$T_c = \frac{V_c}{V_{vJ}} = \frac{\left(\frac{m_W}{\rho_W} + \frac{m_C}{\rho_C}\right)}{\frac{m_S}{\rho_{0S}}\nu_S} \tag{4-31}$$

由砂率的定义可得：

$$\beta_s = \frac{m_S}{m_S + m_G} \tag{4-32}$$

由水灰比的定义可得：

$$\frac{W}{C} = \frac{m_w}{m_C} \tag{4-33}$$

水泥混凝土体积法公式为：

$$\frac{m_W}{\rho_W} + \frac{m_S}{\rho_S} + \frac{m_G}{\rho_G} + \frac{m_C}{\rho_C} + 10a = 100 \tag{4-34}$$

根据工程对水泥混凝土的强度和工作性要求，即可确定混凝土配制强度 f_{cu} 和坍落度 S_L；水泥选择确定后即可得到水泥强度 f_{ce}；粗集料级配组成确定后可以计算得出砂率 β_s。将式(4-29)～式(4-34)共 6 个方程联立求解，即可确定$\frac{W}{C}$、T_c、m_G、m_S、m_C、m_W 六个参数，最终确定混凝土配合比。

(5)试拌验证混凝土工作性与强度

利用计算确定的配合比，试拌混凝土并测定坍落度，验证是否满足设计要求。若不满足，则根据坍落度与砂率的关系，微调砂率，再计算配合比后试拌，直至到达要求为止。

在满足工作性基础上，进行强度验证，验证是否满足设计要求。若不满足，则根据坍落度与砂率的关系，微调砂率，在满足工作性条件下，再进行强度验证，直至满足要求为止。

(6)混凝土其他性能验证

根据实际工程要求，进行耐久性等相关性能验证。

(7)施工配合比计算

根据施工现场材料，对试验室配合比进行调整。

4.4 嵌锁密实水泥混凝土试验路

4.4.1 嵌锁密实水泥混凝土试验路概况

为了获得满足工作性、强度、耐久性等要求，且经济性好的水泥混凝土，在国道210线铜川市川口至三道桥路段应用了嵌锁密实水泥混凝土路面。G210陕西省铜川市川口至三道桥路段水泥混凝土路面工程试验路位于K0＋500～K0＋600，全长100m，二级公路，设计路面厚度24cm，路面宽度6m，于2008年8月开始施工。

施工过程中直接采用了嵌锁密实水泥混凝土室内试验研究确定的配合比，现场制样两组试件，抗弯拉强度试验结果分别为7.4MPa和8.3MPa，满足设计要求。目前试验路使用状况良好，尚未出现任何破损。

4.4.2 嵌锁密实水泥混凝土试验路经济效益分析

利用G210陕西省铜川市川口至三道桥路段生产路段与试验路段混凝土施工配合比与成本，对比分析嵌锁密实水泥混凝土的经济效益。

试验路段混凝土粗集料级配组成见表4-6。施工配合比为：$W/C=0.51$，$\beta_s=0.33$，$m_C=313\text{kg}$，$m_W=160\text{kg}$，$m_G=1\ 291\text{kg}$，$m_S=636\text{kg}$。

粗集料级配组成 表4-6

粒径(mm)	通过率(%)			
	规范中值	嵌锁骨架级配	规范上限	规范下限
31.5	100	100	100	100
26.5	97.5	97.6	100	95
19.0	67.5	45.4	75	60
16.0	40	25.1	50	30
9.5	20	4.8	30	10
4.75	5	1.3	10	0
2.36	2.5	0	5	0

生产路段混凝土粗集料级配组成选取规范推荐中值。施工配合比按照现行规范传统配合比设计方法计算-试配确定，施工配合比为：$W/C=0.52$，$\beta_s=0.35$，$m_C=356\text{kg}$，$m_W=185\text{kg}$，$m_G=1\ 229\text{kg}$，$m_S=665\text{kg}$。

由混凝土配合比可见，与传统配合比设计方法确定的混凝土相比，嵌锁密实水泥混凝土的水泥用量节约 12.1%，砂率减小 4.4%，粗集料用量增加 5.0%；与定额中给出的混凝土相比，节约水泥用量 24.4%，砂率减小 13.4%，节约粗集料用量 8.2%。

利用预算定额进行混凝土成本与施工费用计算。结果表明，嵌锁密实水泥混凝土在保证混凝土性能的基础上，与传统配合比设计方法确定的混凝土相比，每立方米混凝土减少费用 21.1 元，节约费用 5.7%，试验路 2.1km 共 1 008m^3 混凝土，节约费用 2.12 万元；与定额给定混凝土相比，每方混凝土减少费用58.3 元，节约费用 14.3%，试验路与应用工程 2.1km 共节约费用 5.87 万元，经济效益显著。

第5章 露石水泥混凝土路面

在面层水泥混凝土混合料铺筑完成后，喷洒露石剂并覆盖塑料膜养生，期间通过露石剂作用对水泥混凝土表面层进行化学处理，延缓表面一定厚度水泥砂浆的凝结，但不影响主体混凝土的正常凝结硬化。当主体混凝土达到一定强度后，刷洗其表面进行表面除浆，露出均匀分布的粗集料，这样形成的水泥混凝土路面称为露石水泥混凝土路面（Exposed-Aggregate Cement Concrete Pavement，简称 EACCP）。

露石水泥混凝土路面除保持普通水泥路面强度高、使用寿命长、养护费用低等特点外，由于其优良的宏观构造与微观构造，具有一些优异的使用性能。首先，路面抗滑性能得到极大的提高，特别是在雨天的抗滑能力显著增加，而且路面抗滑能力保持时间长，不易被磨损；其次，由于集料外露而减小了泵吸噪声，使交通噪声水平显著降低；另外，露石水泥混凝土路面对强烈的阳光形成漫反射，可消除或减缓耀眼光线对驾驶员、行人的干扰，排除反光眩目现象，提高路面的安全性能。因此，露石水泥混凝土路面具有优良的使用性能和广阔的应用前景。

2000 年开始，长安大学与铜川公路管理局合作进行露石水泥混凝土路面研究，铺筑了 100 多米试验路；2001 年和 2003 年分别在水泥路面维修和隧道内水泥路面维修工程中铺筑了 1.95km 露石水泥混凝土路面，应用效果良好。

5.1 露石水泥混凝土配合比设计

5.1.1 配合比设计原则

露石水泥混凝土配合比设计内容主要包括选择原材料和确定满足技术性能要求的各组成材料用量。配合比设计时，既要考虑普通混凝土满足强度、耐久性、工作性和经济性要求的设计原则，又要考虑露石混凝土路面的特殊技术要求。

(1)水泥砂浆与粗集料的黏结

露石水泥混凝土不仅要满足承受交通荷载作用的较高强度要求，且其表面所露出的粗集料与主体混凝土之间应有很好的黏结，以使在交通荷载作用下，表面露出的集料不会剥落。为防止表层露出集料的剥落，原则上水泥砂浆-集料界面间的黏结强度越高越好。提高露石水泥混凝土石料与水泥砂浆界面黏结强度的主要措施是提高水泥标号、减小水灰比、增大水泥用量，同时选择表面粗糙、颗粒有棱角、近似立方体的粗集料。

（2）露石混凝土路面的耐磨性

露石混凝土路面的耐磨性主要依赖于集料的耐磨性，应选择磨光值高、冲击值小的粗集料。另外，露石混凝土表面仍有一部分水泥砂浆，故水泥砂浆的耐磨性不能忽视，而这部分的耐磨性影响因素与普通混凝土相同。

（3）露石混凝土路面的结构形式

露石混凝土路面可以应用于不同等级公路，混凝土配合比设计时应根据公路等级选择相应的设计强度指标。混凝土粗集料最大粒径和级配不同，则铺筑的露石混凝土路面的表面外观差异较大。根据强度要求选择的粗集料与外观要求选择的粗集料会有所差异，此时可以分两个层次铺筑路面，表面层 4～5cm 混凝土采用所期望露石效果的集料，下层混凝土则采用按强度要求所选择的集料。

另外，由于露石混凝土路面对粗集料的要求高，如果本地粗集料不能满足使用要求而必须采用外运时，外运材料成本较高，为降低工程造价，也有必要采取上述两个层次铺筑混凝土。

这种两层铺筑的路面结构形式也是在露石混凝土配合比设计时应考虑的因素。两层混凝土应分别进行设计，且应保证按一定工艺铺筑形成整体后的强度满足要求。

本项目研究中，考虑了图 5-1 所示三种典型露石混凝土路面结构形式。

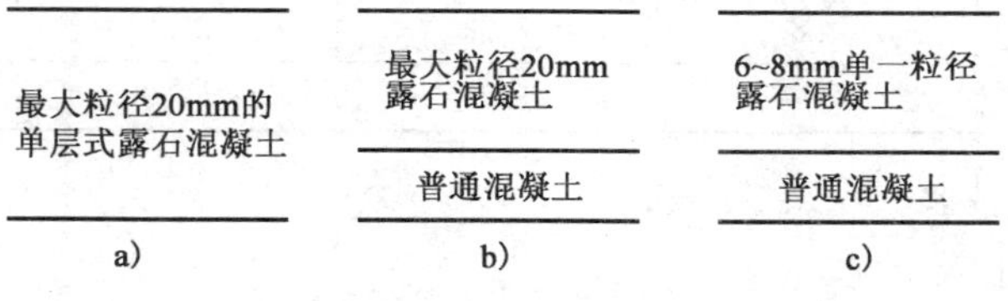

图 5-1　典型露石混凝土路面结构

5.1.2　露石混凝土原材料

露石混凝土是一种新型道路水泥混凝土，但其本质仍然是水泥混凝土，普通水泥混凝土的原材料选择的基本原则也适用于露石水泥混凝土，同时还要考虑露石混凝土的特性，对其原材料提出一些特殊要求。

1)水泥及水泥标号的选择

露石混凝土并没有对水泥的品种提出特殊的要求，用于普通水泥混凝土中的硅酸盐水泥、普通硅酸盐水泥、道路硅酸盐水泥等都能适用于露石混凝土。但在考虑现代路用性能要求时，应选用道路硅酸盐水泥。因为道路硅酸盐水泥与同标号普通硅酸盐水泥相比，其耐磨性好、磨损量降低20%～40%，而且水泥混凝土的抗折强度也有所提高，从而延长道路混凝土的使用寿命，提高行车安全。

在选择露石混凝土用水泥标号时，由于混凝土表面要露出集料，且露出的集料要受到交通荷载的强烈力学作用，因此，水泥砂浆与集料在有限接触面上的黏结力大小成为决定水泥标号的重要条件。在其他相同的条件下，水泥标号越高，黏结力会越大。但根据试验室试验、实体试验路的观察总结，满足道路混凝土对水泥最低标号要求的水泥(表5-1)，基本上能满足露石混凝土的要求。当考虑砂率、水灰比、石料表面特性等综合影响时，则应进行黏结力校核。

本项目研究中采用两种水泥：陕西秦川水泥有限公司生产的矿山牌普通硅酸盐C42.5水泥和秦岭牌普通硅酸盐C52.5水泥，试验结果见表5-1和表5-2。

水泥常规技术指标 表5-1

水泥强度等级	水泥净浆标准稠度(%)	初凝时间(min)	终凝时间(min)	安定性
C42.5	24.6	195	270	良好、无裂缝、无弯曲
C52.5	26.1	195	265	良好，无裂缝、无弯曲

水泥胶砂强度 表5-2

水泥强度等级	抗折强度(MPa)		抗压强度(MPa)	
	3d	28d	3d	28d
C42.5	4.8	7.72	23.4	44.6
C52.5	6.77	8.28	32.9	59.4

2)集料的选择

(1)粗集料

露石水泥混凝土是一种新型、特殊的混凝土，它使粗集料露出形成优良的宏观结构及微观结构。粗集料在露石混凝土中发挥着不同寻常的独特作用，所以粗集料的选择是露石混凝土材料选择中最重要的环节之一。粗集料不仅要满足普通道路水泥混凝土的要求，还要针对露石混凝土的特殊性，对粗集料的力学性质、粒径大小、颗粒表面特性、几何尺寸等提出特殊要求。

①对于普通水泥混凝土而言，粗集料强度一般大于水泥石强度，其对混凝土

强度的影响不需考虑。但露石水泥混凝土的粗集料直接承受行车的磨耗，对石料的耐磨性要求很高，要求石料要有足够的综合力学强度以抵抗车轮荷载冲击、剪切、磨耗等综合作用。一般在道路水泥混凝土中，粗集料强度用压碎值表征，露石混凝土的粗集料选择参照表 5-3 要求。

粗集料的压碎指标值　　表 5-3

岩石品种	混凝土等级	碎石的压碎指标值(%)
水成岩	C60～C40	≤10
	C35～C10	≤16
变质岩	C60～C40	≤12
深成的火成岩	C35～C10	≤20
	C60～C40	≤13
喷出的火成岩	C35～C10	≤30

②粗集料颗粒形状、表面特征对露石混凝土的黏结力和抗滑力影响很大。从抗滑方面看，路面表面应具备微观构造和宏观构造。一般来说，采用天然砂都能满足抗磨光的要求，使路面保持一定的微观构造，所以水泥混凝土路面提高并保持抗滑能力的关键在于形成和保持良好的宏观结构。为了保证露石混凝土路面在使用年限的使用品质，露石混凝土必须有良好的耐磨性，水泥砂浆与粗集料应有较高的黏结强度，保证粗集料在行车荷载作用下不易被磨平、在外力作用下不脱落。

带有棱角、近似立方体的粗集料颗粒不易脱落并有利于形成摩阻力很大的宏观构造。而扁平、针状的粗集料颗粒，不仅会影响新拌混凝土的工作性，而且会增加混凝土中的薄弱环节使混凝土强度降低，也易引起表面露出颗粒的脱落。因此，需控制粗集料中针、片状颗粒的含量。

表面粗糙的粗集料有利于构成路表面丰富的微观构造，提高抗滑力，也有助于提高水泥浆与集料界面的黏结力，不仅能提高混凝土的强度，而且对防止露石混凝土表层露出的集料的剥落也至关重要。

③露石混凝土路面中，粗集料直接承受行车荷载的冲击、剪切、磨耗、磨光等综合作用，以及各种环境条件变化的作用。因此，粗集料的抗磨光性、耐磨耗性、坚固性对路面抗滑力的大小及其持久性起决定作用。露石水泥混凝土路面表面形式与沥青抗滑表层有相似性，故借鉴我国沥青混凝土设计规范中对抗滑表层粗集料的规定(表 5-4)。其中磨光值指标最为关键，应优先选用磨光值高、坚硬的粗集料。

抗滑表层用粗集料技术要求 表 5-4

指　　标	高速、一级	其　　他
石料磨光值(PSV),不小于	42	35
磨耗值(道瑞法)(AAV),不大于	14	16
冲击值(LSV),不大于	28	30

④集料的粒径大小对露石水泥混凝土的路用性能有明显影响。粒径过大的集料,露出要求高度时与水泥石的黏结力强而不易剥落,但会增加行车噪声,也会增加行车的不舒适性,并导致路面表层的匀质性下降,加速轮胎磨耗;粒径过小的集料则容易剥落,影响混凝土路面的耐久性。

级配良好的碎石配制的混凝土较为密实,具有优良的工作性,不易产生离析,且对混凝土的强度有利,但碎石粒径大小不一致,所铺筑的露石混凝土表面外观不如单一粒径整齐、规则和美观。

不同集料粒径和不同集料级配类型各有利弊,具体选择与诸多因素相关,应结合工程实际确定。例如对于城市道路和郊区道路来说,偏重于环保和美观考虑,小粒径单一碎石是最佳选择;对于陡坡、急转弯等比较危险的路段,大粒径碎石是合适的选择。

⑤作为一种新型混凝土,露石混凝土粗集料选择时还应考虑集料颜色。颜色各异的碎石形成的路面效果不同。在其他条件允许的情况下,优先选用能形成路表光线柔和、路面颜色赏心悦目的碎石。

粗集料选择时,除考虑以上因素外,还应考虑经济因素,在可供应的集料来源中选择一种既符合工程技术要求又经济的集料。

本项目研究中选择了三种粗集料:石灰岩、辉绿岩和花岗岩。粗集料的级配组成和技术指标见表 5-5 和表 5-6。

粗集料的级配组成 表 5-5

石料类型	粒径(mm)	筛孔尺寸(圆孔)(mm)					
		30	20	15	10	5	2.5
		通过百分率(%)					
辉绿岩	5～20	—	93.6	—	36.99	7.02	4.3
石灰岩	10～30	96.4	30.5	0.5	0	—	—
花岗岩	5～20	—	100	80	5.5	0	—

粗集料的各项技术指标　　表 5-6

项　目	辉绿岩			石灰岩			花岗岩
	5～10	10～20	5～20	5～20	5～10	10～20	10～20
表观密度(g/cm^3)	2.721	2.678	2.717	2.717	2.713	2.676	2.688
饱和面干密度(g/cm^3)	2.684			2.702			2.690
石料等级	≥3 级			≥3 级			≥3 级
压碎值指标(%)	14.4			16.4			12.3
洛杉矶磨耗值(%)	12.9			14.5			10.8
道瑞磨耗值	2.5			6.50			1.8
冲击值	8.60			10.2			7.8
磨光值(PSV)	51			40			55
针片状含量(%)	11.8			8			3
含泥量(%)	0.75			0.3			0.5

由试验结果可以看出，辉绿岩和花岗岩满足对抗滑表层粗集料的技术要求，可以作为露石混凝土用的粗集料；而石灰岩的磨光值较低，不宜作露石混凝土的粗集料。另外，就颜色而言，辉绿岩呈暗绿色，花岗岩呈青白色，石灰岩呈白色，辉绿岩和花岗岩修筑路面的视觉效果更好。花岗岩的许多性能指标均优于前两种，但由于铜川没有此类石料，故只能在室内进行对比试验。综合考虑各种因素，采用辉绿岩作为本项目露石混凝土路面的主要粗集料，并作为试验路所采用的石料。

(2)细集料

细集料应质地坚硬、耐久、洁净，符合规定级配，泥土、云母、硫化物和硫酸盐以及有机物的含量应满足现行水泥混凝土路面设计规范对细集料的技术要求，见表 5-7。

细集料技术要求　　表 5-7

项　目	技 术 要 求
含泥量(冲洗法)(%)	<3
硫化物和硫酸盐含量(折算为 SO_3)(%)	<0.5
有机物含量(比色法)	颜色不深于标准溶液的颜色

在一定范围内，细集料级配对混凝土和易性的影响比粗集料级配更大。具有良好颗粒级配的细集料不仅能保证新拌混凝土的工作性，而且在保证混凝土

质量的前提下可以节省水泥用量。天然河砂和海砂的质量一般可以满足要求，当河砂与海砂不易得到时也可采用人工砂，但必须满足各项技术指标要求。

本研究采用陕西铜川河砂，级配组成见表 5-8，属于 II 区中砂，表观密度为 2.69g/cm³，水洗法测得含泥量为 1.88%。

砂的级配组成 表 5-8

类别	筛孔尺寸(mm)					
	圆孔		方孔			
	5.0	2.5	1.25	0.63	0.315	0.16
累计筛余百分率(%)	4.8	94	20.6	41.6	88.4	86.8
通过百分率(%)	95.2	90.6	79.4	58.4	11.6	3.2

3)外加剂

本项目外加剂选用天津外加剂厂生产的奈系 UNF-5 型高效减水剂。

5.1.3 配合比设计步骤

露石水泥混凝土配合比设计步骤与普通混凝土基本相同，根据前述方法选择原材料后，按照道路水泥混凝土配合比设计过程确定不同原材料的用量。

本研究试验路段位于陕西铜川市宜君县境内，富产石灰岩石料，辉绿岩石料可以从蓝田县外运，但运距较远，造价相对较高。为此，按照因地制宜、就地取材的原则，试验路采用两层铺筑方法，表层采用最大粒径为 20mm 的连续级配辉绿岩碎石混凝土，厚度为 5cm，下层 19cm 采用石灰岩碎石混凝土。

以最大粒径为 20mm 的连续级配碎石混凝土为例，介绍配合比设计步骤。

(1)计算初步配合比

①计算配制抗折强度

一般二级公路路面水泥混凝土的设计抗折强度为 4.5MPa，设计坍落度为 10～25mm。道路水泥混凝土配制强度可按下式计算。

$$f_c = \frac{f_r}{1-1.04c_v} + ts \tag{5-1}$$

式中：f_c——配置 28d 弯拉强度的均值(MPa)；

f_r——设计弯拉强度标准值(MPa)；

c_v——弯拉强度变异系数，应按统计数据在表 5-9 的规定范围取值，无统计数据时按设计取值；

t——保证率系数，应按表 5-10 确定；

s——弯拉强度试验样本的标准值(MPa)。

各等级公路混凝土路面弯拉强度变异系数　　表 5-9

公路等级	高速公路	一级公路		二级公路	三、四级公路	
弯拉强度变异水平	低	低	中	中	中	高
c_v 范围	0.05～0.10	0.05～0.10	0.10～0.15	0.10～0.15	0.10～0.15	0.15～0.20

保 证 率 系 数　　表 5-10

公 路 等 级	判别概率 p	样本数 n(组)				
		3	6	9	15	20
高速公路	0.05	1.36	0.79	0.61	0.45	0.39
一级公路	0.10	0.95	0.59	0.46	0.35	0.30
二级公路	0.15	0.72	0.46	0.37	0.28	0.24
三、四级公路	0.20	0.56	0.37	0.29	0.22	0.19

②确定水灰比 W/C

对于碎石混凝土：

$$f_{cf,o} = -1.0079 + 0.3485 f_{ce,f} + \frac{1.5684c}{w} \tag{5-2}$$

式中：$f_{ce,f}$——水泥胶砂标准试件在标准条件下养护 28d 的抗折强度(MPa)。

由式(5-2)得 $W/C=0.45$，参照由混凝土耐久性决定的最大水灰比和最小水泥用量(表 5-11)，水灰比满足耐久性要求。

由混凝土耐久性决定的最大水灰比和最小水泥用量　　表 5-11

道路混凝土所处环境条件	最大水灰比	最小水泥用量(kg/m^3)
公路、城市道路和厂矿道路	0.50	300
机场道路和高速公路	0.46	
冰冻地区冬季施工	0.45	

③确定用水量

混凝土拌和物每立方米用水量 m_{w0} 可按式(5-3)计算。

$$m_{w0} = 104.97 + 3.09H + \frac{11.27C}{W} + 0.65\beta_s \tag{5-3}$$

式中：H——新拌混凝土坍落度(mm)；

β_s——砂率(%)，一般可参照表 5-12 选用。

道路混凝土拌和物砂率范围(%) 表 5-12

水灰比	碎石最大粒径(mm)		卵石最大粒径(mm)	
	20	40	20	40
0.40	29～34	27～32	25～31	24～30
0.50	32～37	30～35	29～34	28～33

对于最大粒径 20mm 碎石，β_s 取 32%，代入式(5-3)：

$$m_{w0}=104.97+3.09\times 2+11.27\times 1/0.45+0.65\times 32=157(\text{kg/m}^3)$$

④确定水泥用量

$$m_{c0}=m_{w0}\times c/w=157\times 1/0.45=349(\text{kg/m}^3)$$

水泥用量为满足耐久性要求最小用量。

⑤计算砂石材料用量(采用绝对体积法)

$$\frac{m_{c0}}{\rho_c}+\frac{m_{s0}}{\rho_s'}+\frac{m_{G0}}{\rho_G'}+\frac{m_{w0}}{\rho_w}+10\alpha=1\,000 \tag{5-4}$$

$$\frac{m_{s0}}{m_{s0}+m_{G0}}=\beta_s \tag{5-5}$$

式中：m_{c0}、m_{s0}、m_{G0}、m_{w0}——分别为每立方拌和物中水泥、砂、石、水的用量(kg/m³)；

ρ_c、ρ_s'——水泥、水的密度(kg/m³)；

ρ_G'、ρ_w——砂石的表观密度(kg/m³)；

α——考虑拌和物中气体含量参数，一般取 1。

计算得出：

$$m_{c0}=625\text{kg/m}^3,m_{G0}=1\,328\text{kg/m}^3$$

最后得出初步配合比 $m_{c0}:m_{w0}:m_{s0}:m_{G0}=349:157:625:1\,328$。

(2)试拌调整

根据所得初步配合比拌制混凝土，检查新拌混凝土的工作性。经测定，坍落度不满足设计要求。为增大拌和物的流动性，并根据露石混凝土配合比设计要求，增加水泥浆数量，并把砂率调整到 30%，最后则得坍落度为 10～15mm，新拌混凝土的保水性、黏聚性也良好。

调整后拌和物的组成比例为水泥：水：砂：碎石＝378：170：563：1 313，计算密度 2 425kg/m³。新拌混凝土实测密度为 2 438kg/m³，修正系数 k＝2 438/2 425＝1.005，修正后各材料用量为：

水用量 $m_{wb}'=170\times 1.005=171\text{kg/m}^3$

水泥用量 $m_{cb}'=378\times 1.005=380\text{kg/m}^3$

砂用量　　　　　$m'_{sb}=563\times1.005=566kg/m^3$

石子用量　　　　$m'_{Gb}=1\ 313\times1.005=1\ 321kg/m^3$

(3)强度复核

保持用水量不变,同时配制工作性满足设计要求、计算配合比水灰比增大 0.03 与减小 0.03 共三组混凝土试件,经 28d 标准养护后测其抗折强度,选定满足设计要求的试验室配合比。

按照上述步骤进行了其他三个混凝土配合比设计。设计中水灰比小、不能满足工作性要求时添加减水剂调整其工作性。设计配合比如表 5-13 所示。

露石混凝土配合比设计　　　　表 5-13

道路等级	水泥种类	粒径 (mm)	水灰比	水泥用量 (kg/m³)	用水量 (kg/m³)	砂子用量 (kg/m³)	石子用量 (kg/m³)	砂率 (%)	减水剂 (%)	抗折强度 (MPa)	抗压强度 (MPa)
一般公路	C42.5	20mm 连续级配	0.48	356	171	573	1 338	30	—	4.75	36.00
			0.45	380		566	1 321	30	—	5.41	44.92
			0.42	407		588	1 302	30	0.2	5.95	47.03
		6～8mm 单一碎石	0.48	356	171	612	1 300	32	—	3.80	26.92
			0.45	380		604	1 284	32	—	5.20	34.10
			0.42	407		596	1 265	32	0.2	5.62	37.50
高等级公路	C52.5	20mm 连续级配	0.43	372	160	578	1 350	30	—	5.56	46.75
			0.40	400		570	1 330	30	0.2	5.80	49.30
			0.38	—		564	1 315	30	0.5	6.21	52.92
		6～8mm 单一碎石	0.43	390	168	605	1 238	32	0.2	5.28	46.45
			0.40	420		595	1 265	32	0.4	5.93	49.70
			0.38	422		588	1 256	32	0.5	5.96	50.04

无论是对大粒径连续级配碎石还是单一粒径碎石,一般公路水灰比为 0.45 和 0.42 的配合比混凝土均满足强度要求,水灰比为 0.42 时的混凝土强度最高,但从施工和易性、经济性等方面考虑,推荐水灰比 0.45 的配合比。对于高等级公路,水灰比要减小一些,考虑交通状况、路面使用品质要求等因素,推荐选用水灰比为 0.40 的配合比。

对于最大粒径 20mm 的连续级配碎石,既可用于铺筑单层混凝土,又可用于双层混凝土的表面层。对于 6～8mm 单一粒径碎石,由于粒径较小,混凝土的强度较低,所以只能做双层铺筑的混凝土表面层,一般在城市道路路面中考虑。

5.2 露石混凝土路面抗滑与降噪性能

5.2.1 抗滑性能

行车安全性同多方面因素相关，路面表面的抗滑能力是其中一个重要方面。路面抗滑能力是指路面和轮胎之间的阻抗能力，影响因素主要有路面表面构造特性、路面潮湿程度、行车速度、轮胎特性、外在环境因素等。就路表特性而言，影响水泥路面抗滑能力的因素主要是路表的排水性能、微观构造和宏观构造。干燥状况时混凝土路面通常具有较好的抗滑能力，但当路表积水并形成水膜时，高速行驶车辆的轮胎有可能与路表细构造失去接触，而出现漂滑并引发交通事故。因此，路表面构造的设计不仅应提供足够的摩阻系数，还应与路面纵、横坡度相配合，确保雨水迅速排出路表。

露石混凝土路面的构造深度约为 0.8～1.8mm，但其表面是由露出的集料及其黏结砂浆构成，形成的表面纹理分布均匀，与轮胎的作用纹理丰富，表面抗滑能力有明显优势。而露石混凝土路面表面露出的集料直接承受行车荷载的反复磨耗作用，抗滑持久性显得尤为重要。为此，本研究通过模拟试验，对磨耗后的试件测试构造深度、摩擦系数、纹理、外观等变化状况，与普通混凝土进行对比，分析不同表面特性的露石混凝土路面抗滑性能和耐磨耗性能的衰减情况。

试验采用经改造的圆盘磨耗试验机（图 5-2），流沙装置可保证以 700～900g/min 的流沙速度将石英砂连续不断地以一定的宽度均匀撒布在转盘上；以粒径 0.3～0.6mm 的标准石英砂作为磨料，磨耗结束后将砂重新过筛，摒弃小于 0.3mm 的过细部分。试件采用 300mm×300mm×50mm 水泥混凝土板切割

图 5-2 改进的道瑞磨耗试验装置

而成，试件尺寸为 90mm×140mm×25mm。试验过程中及时添加石英砂，同时观察流沙速度，保证试件摩擦面与转盘之间有石英砂。转盘停止转动后将试件取出用毛刷轻轻刷掉试件表面的残留砂子，其后进行不同项目测试，测试顺序为：纹理深度测量、构造深度（铺砂法）测量、外观比较、摆式摩擦值测定。

(1)构造深度衰减

采用圆盘磨耗试验方法对试件进行不同转数的磨耗，测定相应转数下试件的表面构造深度。试验采用 3 种矿质集料（石灰岩、花岗岩、辉绿岩）和 2 种表面形态（露石混凝土与刻槽混凝土），共有 6 种试件，试验结果见表 5-14。

试件表面构造深度(mm)衰减试验结果　　表 5-14

磨耗圈数＼类型	石灰岩露石混凝土	花岗岩露石混凝土	辉绿岩露石混凝土	石灰岩刻槽混凝土	花岗岩刻槽混凝土	辉绿岩刻槽混凝土
0	1.52	1.47	1.84	0.63	0.51	0.48
100	0.84	1.21	1.21	0.59	0.47	0.44
200	0.67	1.12	1.02	0.53	0.48	0.41
300	0.53	0.95	0.83	0.55	0.47	0.46
400	0.43	0.83	0.74	0.50	0.42	0.41
500	0.33	0.72	0.56	0.46	0.41	0.42
700	0.21	0.59	0.39	0.41	0.36	0.35
900	0.17	0.44	0.25	0.36	0.33	0.29
1 100	0.10	0.27	0.19	0.32	0.26	0.26
1 300	0.08	0.21	0.13	0.28	0.21	0.21
1 500	0.07	0.19	0.08	0.24	0.21	0.20
1 700	—	0.22	—	0.22	0.19	0.19

由试验结果可见，在相同磨耗次数下，石灰岩露石混凝土的构造深度衰减最快，辉绿岩露石混凝土次之，花岗岩露石混凝土最慢。露石混凝土表面构造深度在磨耗 100 圈之前减小很快，这可能在于初期磨耗试件表面集料与磨耗转盘间的摩擦力大。随着磨耗次数的增加，构造深度的变化逐渐减缓。

对于刻槽混凝土，在试验磨耗圈数内，三种矿质集料刻槽混凝土表面的构造深度变化有所不同，但差异不大。表面观察可知，在磨耗圈数范围内，抵抗磨耗作用的混凝土表面由水泥砂浆和矿质集料两部分组成，开始时表面水泥砂浆所占比例较大，随着磨耗圈数的增加，矿质集料面积在整个受磨面所占的比例逐渐增大，但由于刻槽在整个表面内所占比例较小，因而其构造深度总体变化较小。

从试验数据看，露石混凝土的初期构造深度明显大于刻槽混凝土，表明露石混凝土有利于车辆高速行驶时的抗滑性能保证和安全性。但露石混凝土表面磨耗后的衰减总体快于刻槽混凝土，这主要与模拟试验方法有关。路面实际使用中，轮胎与露石混凝土表面的接触范围不同于本试验中磨盘与集料的接触范围，而轮胎与刻槽混凝土表面的接触范围则和模拟试验类似。因此，露石混凝土路面表面构造深度的实际衰减速度要远小于模拟试验结果。

(2)耐磨损性

试件经过不同转数磨耗后的磨损累积质量损失见表5-15和图5-3、图5-4。

试件磨损累积质量损失试验结果(g) 表5-15

类型 / 磨耗圈数	石灰岩露石混凝土	花岗岩露石混凝土	辉绿岩露石混凝土	石灰岩刻槽混凝土	花岗岩刻槽混凝土	辉绿岩刻槽混凝土
0	662.35	585.17	654.12	689.35	679.02	661.53
100	4.1	0.88	3.84	3.88	3.6	3.36
200	7.94	1.69	6.2	6.76	6.2	5.72
300	10.87	3.09	8.62	9.71	8.88	8.2
400	13.49	4.06	10.89	12.23	11.31	10.76
500	16.69	5.18	13.26	15.29	14.44	13.15
700	22.38	6.97	17.04	19.59	17.54	17.35
900	27.84	9.12	21.2	24.39	19.81	21.03
1 100	33.71	11.19	26.18	29.21	22.74	25.12
1 300	39.39	12.98	30.7	33.29	25.39	29.21
1 500	44.6	14.93	34.94	38.87	27.8	32.92
1 700	49.27	16.87	38.86	43.1	29.73	37.48

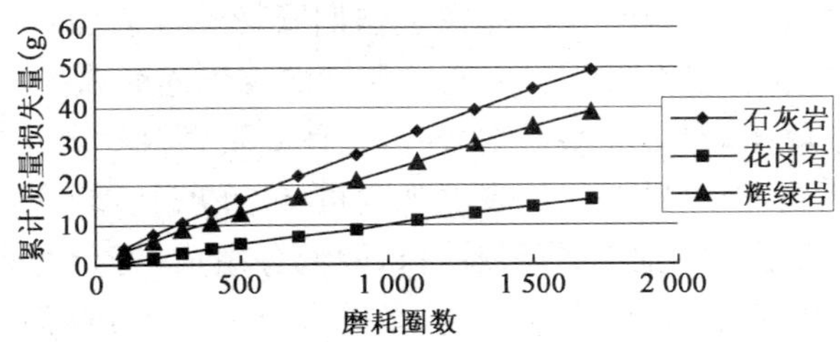

图5-3　3种石料露石混凝土累计质量损失变化

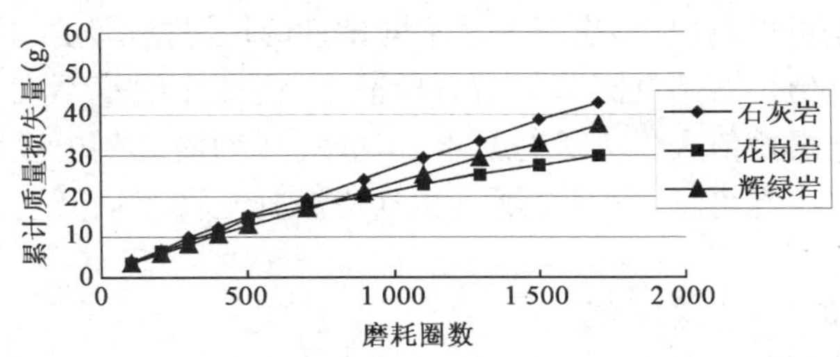

图 5-4　3 种石料刻槽混凝土累计质量损失变化

由试验结果可见，在露石水泥混凝土表面中，花岗岩露石混凝土试件的质量损失最小，辉绿岩露石混凝土试件次之，石灰岩露石混凝土试件最大。3 种不同集料刻槽混凝土试件的质量损失差别不是很大，但是仍然呈现和露石混凝土表面相近的规律，依然是花岗岩的损失最小，辉绿岩的次之，石灰岩的损失最大。比较相同集料的露石混凝土表面和刻槽混凝土表面可以看出，石灰岩的露石表面损失大于刻槽表面，花岗岩的露石表面损失小于刻槽表面，辉绿岩的露石表面损失大于刻槽表面。由此可见，在本试验的磨耗方式下，花岗岩露石混凝土的耐磨性要优于本试验所采用的水泥硬化后水泥石的耐磨性，石灰岩和辉绿岩露石混凝土的耐磨性略不及水泥石的耐磨性。

(3)摩擦系数衰减

试件经过不同转数磨耗后的摆式摩擦系数测试结果见表 5-16。

试件的摩擦系数(BPN)试验结果　　表 5-16

类型 磨耗圈数	石灰岩露石混凝土	花岗岩露石混凝土	辉绿岩露石混凝土	石灰岩刻槽混凝土	花岗岩刻槽混凝土	辉绿岩刻槽混凝土
0	58	60	55	46	51	48
100	55	59	62	65	73	65
200	60	63	59	68	75	68
300	60	59	60	70	71	69
400	60	59	60	69	67	70
500	60	58	61	65	65	71
700	60	63	58	64	66	65
900	57	60	60	65	65	64
1 100	56	55	56	61	60	61
1 300	53	58	55	60	58	60
1 500	50	54	54	59	57	59
1 700	49	53	52	57	58	56

由试验数据可以看出，多次磨耗后不同试件的抗滑摆值均变化不大，不同石料试件的抗滑摆值均在700圈磨耗后有所减小，但减小幅度不大。露石混凝土表面磨耗前的抗滑摆值大于刻槽混凝土，但磨耗后刻槽混凝土表面的抗滑摆值起伏变化较大。由此可见，露石混凝土和刻槽混凝土在车辆低速行驶时的抗滑性能差异不大。

(4)露石高度(刻槽深度)变化

经过不同次数磨耗后，露石混凝土露石高度和刻槽混凝土表面刻槽深度测试结果见表5-17。

试件高度(深度)变化(mm)试验结果 表5-17

类型 / 磨耗圈数	石灰岩露石混凝土		花岗岩露石混凝土		辉绿岩露石混凝土		石灰岩刻槽混凝土		花岗岩刻槽混凝土		辉绿岩刻槽混凝土	
	1号	2号	1号	2号	1号	2号	1号	2号	1号	2号	1号	2号
0	2.70	2.45	3.25	3.05	3.03	3.11	3.80	2.70	2.55	2.40	2.20	3.18
100	1.65	1.40	2.75	2.50	1.90	2.45	3.70	2.58	2.50	2.25	2.04	3.06
200	1.35	0.85	2.50	2.30	1.70	1.60	3.50	2.53	2.46	2.19	2.02	2.96
300	1.10	0.75	1.80	2.05	1.45	1.40	3.30	2.50	2.42	2.15	1.88	2.63
400	1.00	0.74	1.61	1.74	1.43	1.38	3.16	2.47	2.37	2.10	1.81	2.60
500	0.63	0.43	1.45	1.60	0.95	1.25	3.10	2.45	2.34	2.04	1.69	2.51
900	0.28	0.22	1.03	1.02	0.64	1.09	2.70	2.25	1.90	1.90	1.34	2.13
1 100	0.26	0.20	0.98	0.94	0.58	0.88	2.66	1.94	1.87	1.85	1.03	2.03
1 300	0.10	0.14	0.91	0.73	0.47	0.59	2.13	1.92	1.83	1.77	0.88	2.00
1 500	0.07	0.13	0.86	0.67	0.33	0.44	1.88	1.68	1.73	1.60	0.68	1.78
1 700	0	0	0.81	0.66	0	0	1.72	1.56	1.65	1.55	0.67	1.47

注：露石混凝土表中值为露石高度，刻槽混凝土为刻槽深度。

从测试结果可以看到，露石混凝土表面露石高度在磨耗300圈之前减小较快，即露出集料磨损较大，进一步磨耗后露石高度的变化逐渐减缓。集料耐磨性越弱，这种变化越明显，花岗岩露石混凝土表面的耐磨性能最好。后续试验发现，花岗岩露石混凝土表面的露石高度在4 200圈接近于0，而石灰岩露石混凝土为1 100圈，辉绿岩露石混凝土为1 700圈。由此可见，为了保证露石混凝土路面的抗磨耗能力，应采用耐磨性好的集料。

就刻槽混凝土表面而言，随着磨耗次数的增加，刻槽深度逐渐减小，但变化幅度小于露石混凝土，且不同石料种类之间的差异不大。

5.2.2　降噪性能

道路交通噪声是环境噪声的主要来源，随着交通量的增长，越来越严重的交通噪声对人们的工作、生活以及生理和心理健康的不利影响，成为公众日益关注的问题。交通噪声由两部分组成，一是来源于以车辆发动机为主的动力系统、排气系统及车架等车辆自身，二是来源于轮胎与路面之间的滚动接触作用。因此，应从汽车、轮胎和路面三方面着手研究降低交通噪声的方法和措施。

由轮胎与路面滚动接触作用产生的噪声称为滚动噪声，也可称为路面噪声。对现代交通，在车辆时速 50km/h 以上时，车辆自身所产生的噪声在交通噪声中所占的比例开始下降，路面噪声则成为交通噪声的主要组成部分。

(1)路面噪声产生机理

轮胎与路面表面滚动接触过程中产生的路面噪声，是轮胎与路面相互作用的结果，主要是由轮胎驶过时空气泵吸作用和轮胎振动作用产生，泵吸作用会发出长长的嘶嘶声，振动作用则是轮胎胎面花纹与不规则路面表面之间相互撞击所产生的。

振动作用引起的噪声是轮胎在路面上滚动时胎面和胎侧振动引起的噪声，主要包括冲击振动噪声、滑移振动噪声、复原振动噪声及路面振动噪声。冲击振动噪声是指由于胎面和路面接触时的冲击，使胎面和胎侧发生弹性振动而产生的噪声；滑移振动噪声是指接地面的橡胶花纹块和路面发生相对滑移时，由橡胶花纹块局部振动所产生的噪声；复原振动噪声是指轮胎滚离地面时，由胎面变形复原所产生的振动噪声。以上这些振动噪声与轮胎花纹关系密切，在现代车辆优化轮胎花纹的情况下，这些噪声在振动作用所引起的总噪声中所占比例很小。而路面振动噪声主要是指凹凸不平的路面纹理激励轮胎所产生的振动噪声；如果路面的纹理大，对轮胎的振动作用则大，因而所产生的振动噪声大，对路面噪声的贡献就大；如果路面纹理合适，所产生的振动噪声在路面噪声中所占比例就小，即成为路面噪声组成中的次要部分。

(2)路面噪声室内测试分析

本研究采用轮胎落下法(图 5-5)测试评价路面噪声。试验采用普通小汽车轮胎(185/70 813)，轮胎的气压为 0. 2N/mm^2；测试试件为 40cm×40cm×5cm 的不同表面混凝土或沥青混凝土路面板。主要试验步骤为：让小汽车轮胎从 65cm 的高台上自由下落，轮胎与路面板试件撞击接触发出声音，用积分型普通噪声计测定得到轮胎冲击接触试件时所发声音的声压水平。试件制作混合料包括水泥混凝土、露石混凝土和沥青混凝土，其中混凝土试件通过调整粒经、级配、成型工艺，获得不同的构造深度和表面特性。采用轮胎下落法对每一块试件进行噪声室内测试，同时对每一块试件进行露石深度、构造深度和露石度的测定。

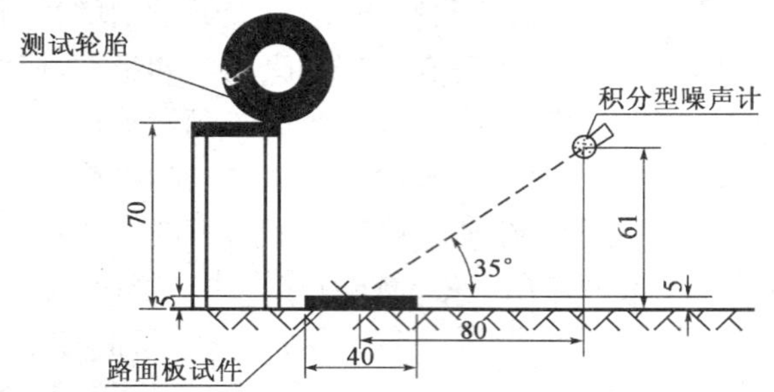

图 5-5　轮胎落下法试验装置(尺寸单位:cm)

不同构造深度试件的声压水平与构造深度关系如图 5-6 所示。

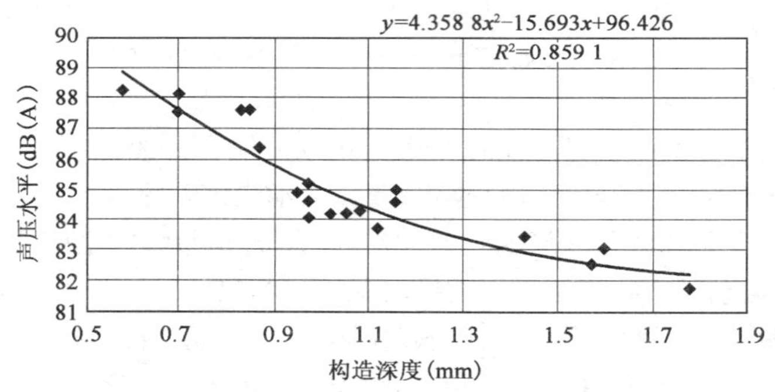

图 5-6　声压水平和构造深度关系

由图可见，轮胎以一定速度作用于试件表面，声压水平随着构造深度的增加而减小，呈良好的二次函数关系。声压水平与构造深度的这种相关关系，正是反映了轮胎以一定速度作用于路面所产生空气泵吸现象的严重程度随着路面构造深度大小而变化的规律。在车辆轮胎快速与路面作用时，作用面内一方面会在狭细的缝隙中迅速挤出部分空气，另一方面会封闭一定体积的压缩空气，在车辆轮胎快速离开时，压缩空气被迅速释放，这种空气的挤出与压缩空气的释放即是空气的泵吸过程，而此过程是在瞬间完成，因而产生噪声(即轮胎—路面间噪声)可称此为泵吸噪声。随着构造深度的增加，路面的露石深度增大，界面间带有花纹的轮胎与露石水泥混凝土路面作用时，空气的排出渠道逐渐变得较为畅通，形成较多封闭空间而导致压缩空气的可能性就会逐渐减小，也就是说轮胎与路面界面间仍然是自由的空气流，从而使泵吸噪声大大减小，因此路面噪声在一定程度上也就被降低了。

在本研究中将露石度定义为：露石混凝土板在 10cm×10cm 表面范围内露出粗集料颗粒（粒径在 5mm 以上）的个数，用以表征露石混凝土表面的纹理构造状况。露石度可采用专用露石度格网装置测定。

不同试件测得的声压水平与露石度的关系见图 5-7。

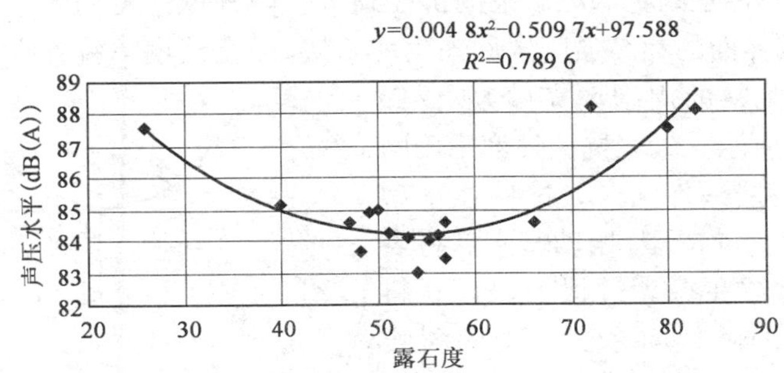

图 5-7 声压水平与露石度关系

试验得出，露石度与声压水平的关系呈反向抛物线趋势变化，即随着露石度的增大，声压水平存在最小值，也就是说，路面纹理以声压水平为优化目标时，存在着最佳露石度。最佳露石范围为露石混凝土的露石效果和降噪效果的控制提供了依据，露石度在 45～55 范围内时，路面的轮胎落下噪声较小。

随着露石混凝土使用的集料粒径变小，露石度增大，路面的构造深度一般变小，而露石度越小，所用石料粒径越大，构造深度越大。构造深度较大的大粒径露石表面，石料间距较大，石料间的砂浆表面耐磨性较差；同时，由于石料间距较大，轮胎有可能与砂浆表面接触，会形成较多的封闭空腔，从而使轮胎与路面间的空气泵吸噪声变大，而且这种表面会增大汽车的振动噪声。随着露石度的增大，表面细集料增多，构造深度相应减小，轮胎与路面接触微小空间内空气的逃逸速度较慢，压缩空气在释放过程中，也会产生较大的泵吸噪声。

所以，随着露石度的增大，声压水平先降低，在到达最低值后会随着露石度的进一步增大而增大。

5.2.3 耐久性

（1）集料与水泥砂浆的黏结

露出集料与水泥砂浆的黏结强度大小对防止露石混凝土露出集料的剥落，以及露石混凝土路面的耐久性至关重要。黏结强度的大小受材料本身、配合比、养护条件、龄期等多方面因素的影响。

本项目采用 C42.5 和 C52.5 两种水泥，水灰比分别为 0.45、0.42、0.40、0.38，水泥与砂的比例为 1∶1.5，石灰岩、辉绿岩、花岗岩三种石料，通过抗拉试验分析了不同因素对黏结强度的影响。

抗拉试验制备了两种形状试件，一种是用来测定集料－水泥砂浆界面黏结抗拉强度，另一种是测定水泥砂浆的抗拉强度。两种试件均用 8 字型试件。集料－水泥砂浆界面的黏结强度试件采用埋石法，即在试模一端置入待试验的集料，另一端将集料的周围填充砂浆，试件形状如图 5-8 所示。砂浆抗拉强度采用同样尺寸的 8 字型试件测定。试件在小型手摇振动台上振动成型，振动密实后将表面抹平。要注意在振动过程中保证石料不移位，石料的破裂面在试模中间狭腰处。成型好的试件第二天拆模，放入养生室在标准条件下养护，在试验机上测其 28d 的抗拉强度，试验结果见表 5-18 和表 5-19。

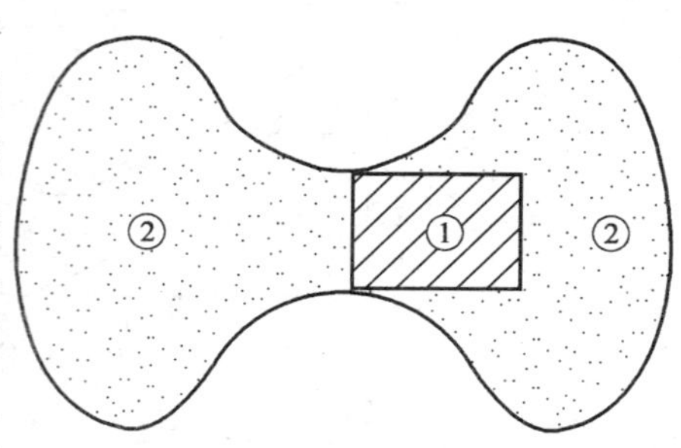

图 5-8 试件示意图

不同水灰比与水泥品种下石料与水泥砂浆的黏结强度 表 5-18

水泥品种	水灰比	石料与水泥砂浆界面抗拉强度(MPa)	水泥砂浆抗拉强度(MPa)
C42.5	0.45	0.89	2.12
	0.42	1.11	2.30
	0.40	1.61	2.75
	0.38	1.70	4.24
C52.5	0.42	1.56	4.05

不同种类石料与水泥砂浆的黏结强度 表 5-19

集 料 种 类	水 灰 比	石料与水泥砂浆界面抗拉强度(MPa)
石灰岩	0.42	1.11
辉绿岩	0.42	1.58
花岗岩	0.42	1.77

由表 5-18 知，当石料品种一定时，水泥砂浆与石料的黏结强度随着水灰比的减小而增大。水灰比较大时，黏结强度增长明显；当水灰比减小到一定程度后，对黏结强度的影响较小。水泥标号越大，黏结强度越高。

由表 5-19 可见，不同种类石料与水泥砂浆的界面黏结强度不同，花岗岩与水泥砂浆的黏结强度最高，石灰岩最小。三种石料之间的差异主要体现在表面特性上，花岗岩破裂面粗糙、凹凸不平明显，石灰岩破裂面光滑、平整，辉绿岩介于两者之间。

由试验结果还可以看出，石料—砂浆界面黏结抗拉强度均低于水泥砂浆本身的抗拉强度，表明石料－砂浆界面为混凝土最薄弱的部位。对于同一种石料，界面黏结强度随着水泥砂浆抗拉强度的提高而提高。

由此可得，为了提高露石混凝土路面露出集料与水泥砂浆的黏结强度，可以采用提高水泥标号、减小水灰比、增大水泥用量等措施，同时选择表面粗糙、颗粒有棱角、近似立方体的粗集料。

(2)抗冻性

寒冷地区路面直接暴露在自然环境中，使用中将经受冻融循环作用，同时，冬季路面还要承受除冰雪盐的侵蚀作用，使水泥混凝土路面出现剥落破损，尤其是露石混凝土路面容易导致露出集料的剥落，影响路面耐久性。

本研究通过冻融循环试验，观察露石混凝土表面粗集料剥落情况，并结合试件质量损失及试件表面外观变化，评价露石混凝土的抗冻性。冻融循环试验采用类似于混凝土抗冻性试验的慢冻法，冻融循环温度控制在－30～20℃，一次冻融循环 8h(冻 6h，融 2h)。试件尺寸 30cm×10cm×5cm，由 30cm×30cm×5cm 的水泥混凝土板切割而成。试验前，试件在水中浸泡 24h。冻融试验饱水介质分别采用自来水和 NaCl 溶液。试件包括石灰岩、辉绿岩、花岗岩露石混凝土和刻槽水泥混凝土。为了模拟实际路面承受车辆荷载的作用，露石混凝土试件冻融一定次数后，使用橡胶轮胎在试件表面来回碾压 20 次，其中橡胶轮胎与试件表面的接触压力为 0.7MPa，然后观测表面粗集料的总颗粒数，检查是否有粗集料剥落。不同循环次数后试件累计质量损失见表 5-20。

从表中质量损失可以看出，随着冻融循环次数的增加，试件的质量损失率不断增大，刻槽混凝土试件的质量损失率明显大于露石混凝土试件，且损失率增大明显，表明冻融作用对刻槽混凝土的影响大于露石混凝土。

就不同集料种类而言，不同介质中冻融作用的影响有所不同，但不同集料混凝土试件的质量损失率差异不大。在自来水中经过相同次数冻融循环后，花岗岩混凝土试件和辉绿岩混凝土试件的质量损失率基本相同，石灰岩混凝土试件最小；而在盐溶液中，石灰岩混凝土试件的质量损失率最大，花岗岩混凝土试件次之，辉绿岩混凝土试件最小。这可能由于岩石性质不同，盐溶液腐蚀程度不同。从质量损失率看，粗集料种类对露石混凝土抗冻性的影响不大。

不同冻融次数下的试件累计质量损失率 表 5-20

介 质	类 型	质量损失率(%)			
		循环 15 次	循环 20 次	循环 30 次	循环 40 次
自来水	辉绿岩露石混凝土	0.029	0.045	0.054	0.074
	刻槽混凝土	0.170	0.480	1.460	2.030
	石灰岩露石混凝土	0.018	0.028	0.043	0.056
	花岗岩露石混凝土	0.031	0.039	0.049	0.077
NaCl 溶液	辉绿岩露石混凝土	0.041	0.090	—	—
	刻槽混凝土	1.100	2.370	—	—
	石灰岩露石混凝土	0.064	0.156	—	—
	花岗岩露石混凝土	0.054	0.113	—	—

在相同冻融循环次数下，NaCl 溶液中的试件质量损失率大于水中试件，可见 NaCl 溶液会加剧水泥路面的冻融破坏。

从试件外观变化看，NaCl 溶液和水溶液中的刻槽混凝土试件表面砂浆层剥落，部分粗集料颗粒露出，破损比较严重；而露石混凝土试件表面没有明显变化。当试件经过 20 次冻融循环后观察发现，NaCl 溶液中的刻槽混凝土试件的表面砂浆已经严重剥落，粗集料露出，而露石混凝土试件表面损失很小，没有任何石料颗粒剥落。

经过冻融和橡胶轮胎碾压作用后，NaCl 溶液中的石灰岩露石混凝土试件表面掉落一颗粗集料，辉绿岩露石混凝土试件表面掉落两颗集料，掉落的集料均为片状，其他试件没有粗集料剥落现象。经过 40 次水冻融循环后，刻槽混凝土试件的表面砂浆层严重剥落，粗集料完全暴露；而露石混凝土试件表面仍没有出现破损现象，经过橡胶轮胎的碾压作用后粗集料也没有剥落。由此可见，露石混凝土具有良好的抗冻性，且明显优于刻槽混凝土，这可能与刻槽混凝土表面较厚的砂浆层有关。同时，对于露石混凝土而言，施工中应尽量控制粗集料的片状含量，因为片状集料很容易因为与砂浆的黏结力不足而剥落。

(3)耐磨损性

对于路面水泥混凝土而言，使用过程中要受到车辆反复荷载的磨耗作用，会出现疲劳磨损和磨粒磨损。耐磨损性能是路面水泥混凝土耐久性的重要方面之一。

本研究采用圆盘磨耗试验方法，露石混凝土板标准养护 28d 后，切割成 9.15cm×5.35cm×2.5cm 试件，在一定荷载作用下，在磨盘上不断撒铺石英砂进行旋转磨耗，测定在旋转 500 转后单位面积上的质量磨耗损失(g/m^2)。

耐磨指标为：

$$Q=\frac{m_1-m_2}{A} \tag{5-6}$$

式中：Q——单位面积的磨耗量(g/m^2)；

m_1——试件原始质量(g)；

m_2——试件磨损后的质量(g)；

A——试件磨耗面积(m^2)，$A=0.091\,5\times0.053\,5m^2$。

由图 5-9 可知，辉绿岩和花岗岩露石混凝土的耐磨性明显优于其他混凝土，石灰岩露石混凝土的耐磨性明显比其他两种石料差。由此可见，粗集料性质对露石混凝土耐磨性有明显影响，在配合比设计中应予以重视。

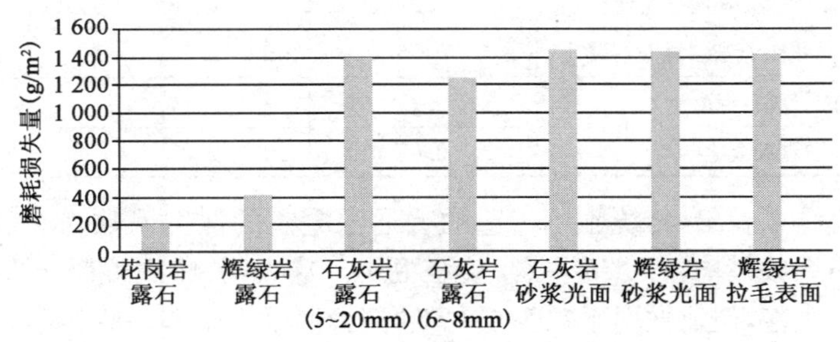

图 5-9　不同试件表面的磨耗损失率

5.2.4　防眩特性

视野里的极高亮度物体或强烈亮度对比物使观察者产生烦恼，并产生不舒适或视觉机能及视距降低的现象，称为眩光。水泥路面通常称为“白色路面”，当光线照射后会发生强烈的反射现象。驾驶员在水泥路面上长时间行车，眼睛会感到不舒适，尤其是夏季阳光强烈的时候，容易产生视力疲劳，导致交通事故的发生。

路表构造对路面的反光性能有较大影响。沥青混凝土路面作为黑色路面，在反光、防眩方面要优于水泥混凝土路面。露石混凝土路面的露出集料有一定颜色，会吸收一些光线，减轻路面反射的强度；同时，露出的集料形成优良的微、宏观构造，能对强烈的光形成漫反射。露石混凝土路面的独特构造，使其反光性能比传统水泥路面有很大改善，具有一定的防眩功能。

本研究采用光学试验测量试板的散射系数，并与光学试验室标准镁板的散射系数进行比较，分析不同路面的反光性能。测量中分为三种方式：①$r_1=31\text{cm}$，$R_1=110.5\text{cm}$，$\varphi_1=0$，$\theta_1=35°$，$r_1'=30\text{cm}$（沥青板）；②$r_2=r_1$，$R_2=113\text{cm}$，$\varphi_2=21°$，$\theta_1=\theta_2$；③$r_3=r_1$，$R_3=99\text{cm}$，$\varphi_3=\varphi_2$，$\theta_3=45°$。其中对照板镁板的散射系数为$K=0.85$，试验数据如表5-21所示。

路面散射系数测量结果 表5-21

路面类型	方式①	方式②	方式③
光滑水泥混凝土	0.34	0.35	0.35
辉绿岩露石混凝土（干）	0.17	0.13	0.13
辉绿岩露石混凝土（湿）	0.09	0.07	0.07
6～8mm石灰岩露石混凝土	0.29	0.27	0.27
20mm单粒径石灰岩露石混凝土	0.27	0.28	0.28
5～20mm连续级配石灰岩露石混凝土	0.25	0.26	0.25
花岗岩露石混凝土	0.25	0.24	0.25
沥青混凝土	0.07	0.07	0.07

从试验结果看出，传统施工工艺的普通混凝土的散射系数为0.35，而露石混凝土散射系数平均在0.26左右，甚至更小。这表明，露石混凝土在反光性能上有了很大改善，但比散射系数为0.07的沥青混凝土要差一些。不同集料类型的露石混凝土的反光性能有所差异，暗绿色的辉绿岩比白颜色的石灰岩更能吸收光线，使反射光的强度减弱。集料粒径大小对露石混凝土的反光性能没有影响。

5.3 露石混凝土路面施工工艺

5.3.1 施工准备工作

施工准备工作是路面施工质量保证体系的重要环节，是保证路面施工顺利进行、按期完成任务的关键。露石水泥混凝土路面的施工准备工作与一般水泥混凝土路面基本相同，但需要注意以下方面。

(1)技术交底

露石水泥混凝土路面施工目前尚无规范,施工单位和技术人员缺少施工经验,因此在施工准备阶段应认真做好技术交底工作。技术交底应召集科研、设计、监理、施工单位进行。设计部门应明确设计意图、施工工艺、技术要求等内容;监理部门应明确合同要求、质量标准;施工单位在技术交底后应掌握以上内容,并向施工技术人员和关键操作人员明确质量标准与工艺流程等内容。

(2)施工场地布置

露石水泥混凝土路面施工时分两层铺筑,除下面层混凝土路面所需的石灰岩碎石外,还有上面层混凝土路面所需耐磨性好的辉绿岩碎石,故材料堆放时应布置好场地,分类堆放,以防两种集料混合后造成路面冲洗后的效果不良。场地应利于排水,防止碎石沾泥。

(3)材料采购

路面施工所需水泥、碎石、砂等原材料在采购前应进行质量检验或试验,满足原材料各项技术指标要求后进行采购备料。

(4)机械设备及试验器具

露石水泥混凝土路面施工应按工程规模和计划工期配备必要的机械设备,如水泥混凝土拌和、运输、浇筑机械及喷洒、冲洗设备。对于保证工程质量的主要试验项目,水泥混凝土的材料检验、强度试验应重点检查,并应配备必要的试验器具。对于施工中易损坏的工具,如振动器、喷枪,应在配备时略有富余,便于及时调换以保证正常工作。

(5)标准试验

开工前应认真完成各项标准试验,水泥混凝土应进行配合比设计试验,钢筋应进行抗拉试验,其结果须符合要求。

(6)路面基层检查验收

同其他水泥混凝土路面一样,露石混凝土路面施工前应对基层进行检验评定,符合规定要求后方准许施工。同时,外观上应保证基层表面平整密实、无坑洼,施工接茬平整。混凝土摊铺施工前,应清理基层表面,并充分洒水润湿,以防混凝土底部水分被基层吸收,影响成型质量。

(7)施工定线

根据施工文件,精确测定平面和高程控制桩,确定路面中心、路面宽度和纵槽高程桩等,并予以固定,测量精度应符合施工规范的要求。

(8)施工组织

根据施工内容确定人员分工,明确工作职责,提出质量标准和规章制度,组织好各工序的衔接，以保证施工各项工作的顺利执行。

5.3.2 露石剂制备

露石剂是在水泥混凝土拌和物铺筑完成后，在混凝土表面喷洒使在某一时间内一定厚度的水泥砂浆延缓凝结，但不影响主体混凝土正常凝结硬化的施工辅助材料。在喷洒露石剂并覆盖塑料膜养生一定时间后，当主体混凝土达到一定强度，刷洗掉经露石剂作用而表面未凝结的水泥砂浆，露出均匀分布的粗集料表面，这样即可形成露石混凝土路面。

露石剂有粉末状和液态两种，目前国内市场没有成品露石剂产品，本研究进行自行研制。

露石剂的用量影响其刻蚀深度、喷洒的均匀程度和喷洒所需时间。经过大量试验，综合考虑各种因素，确定最佳用量为 200～250g/m^2，一般为 225g/m^2。对于控制和雾化良好的机械喷洒设备，露石剂的用量可选低值，即 200g/m^2。

露石剂制备应该按工程量计算出所需露石剂总量，并稍有富余，以避免各种意外造成的露石剂损失。配制后的露石剂在使用前应进行试验，并在施工中进行抽检。试验和抽检数据指标应符合露石剂的固体含量、细度、黏度等性能指标规定，以保证露石剂的功效。

露石剂在运输和存储过程应避免污染，必须密封保存，宜存放在仓库（棚）里，露天放置时应加以遮蔽。

5.3.3 露石混凝土路面施工工艺

在完成前期准备工作后，即可进行露石混凝土路面施工。露石混凝土施工工艺大部分与普通混凝土路面相同，但其中几项工艺不同于普通混凝土路面，具体施工工艺流程如图 5-10 所示。

（1）模板安装

混凝土摊铺之前，应先安装两侧模板，模板采用木制或钢模，模板高度应与混凝土厚度相同。模板必须有足够的强度和刚度，立模时应有足够的支撑，以保证混凝土振动时保持稳定、不松动、不变形。

（2）混凝土拌和

混凝土采用中心工厂集中拌和。拌制混凝土时，要准确掌握配合比，必须保证混凝土配量的精确性。拌和机械为强制式搅拌，按照混凝土的拌和程序加入砂-水泥-小碎石-大碎石，待全部材料倒入料斗内，边拌边加水。拌和时间以混凝土拌和均匀、颜色深浅一致为度。采用两层铺筑时，先拌和两车下层料，再拌和一车上层料。

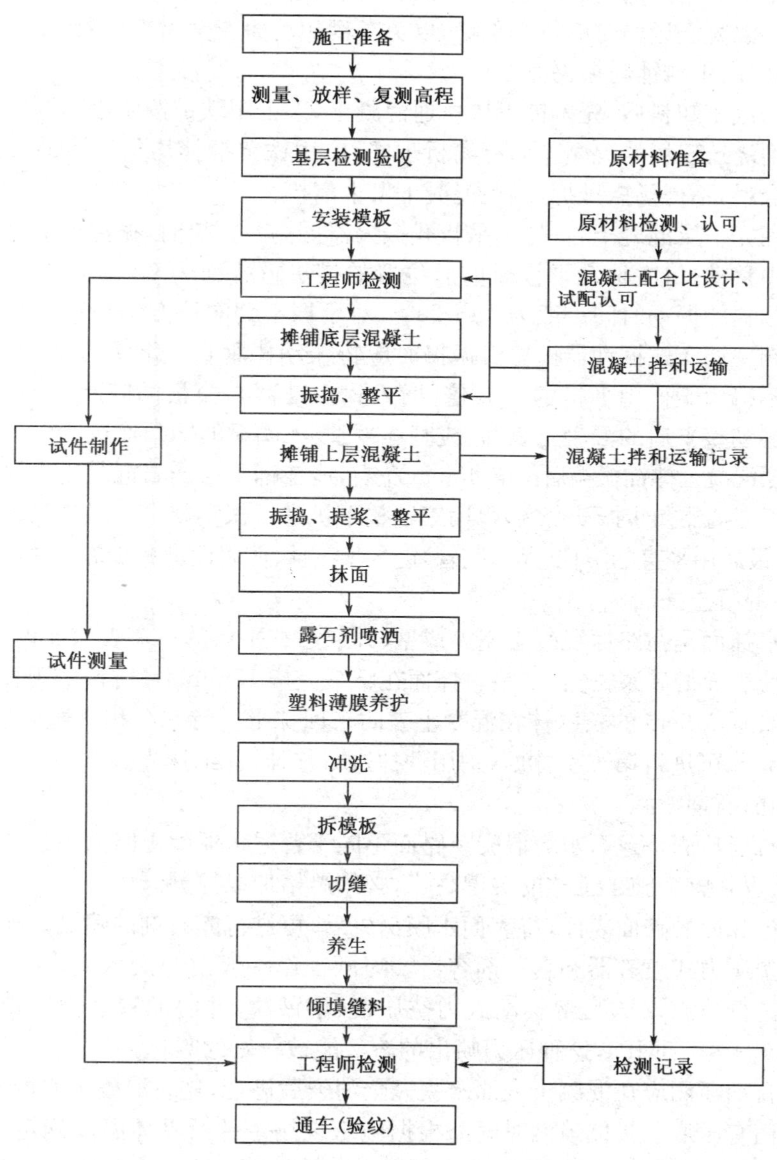

图 5-10　露石水泥混凝土路面施工工艺流程

(3)混凝土运输

拌制好的混凝土采用自卸汽车运输。拌和场距离施工地点宜为5～6km，混凝土有足够的摊铺、振实、整平和抹面时间，炎热、干燥、大风或雨天运输应加以覆盖。混凝土运输时应行车平稳，以免车辆颠动而产生离析现象。

(4)混凝土摊铺与振捣

自卸汽车卸料后，先摊铺下层普通混凝土，人工用铁铲按照松铺厚度进行摊铺。运到浇筑现场的混凝土如有离析现象，应用铁铲翻拌均匀。摊铺时用铁铲摊铺混合料，不得扬撒抛掷，以免混凝土发生离析。

摊铺完下层混凝土后，先用平板式振捣器振捣。振捣时，振捣器沿纵向由路边向路中移动，每次移动平板时前后位置的搭头重叠面为20cm左右。振动器在每一位置的振动时间一般为15～25s。对于振不到的地方，如模板边缘附近，改用高频率插入式振动器振捣。振捣时应将振动棒垂直上下缓慢抽动，每次移动间距不得大于作用半径的1.5倍，插入式振动器与模板的间距一般为10cm左右。振动整平后的混凝土表面，应基本平整，无明显的凹凸痕迹。

下层混凝土摊铺振捣后间隔40min左右，应摊铺上层露石混凝土。摊铺完后先用平板振捣器初步振动密实，再用三轴整平机进行振实整平。经过三轴整平机整平后，最后用平直的滚杠(无缝钢管)进一步滚揉，使表面进一步提浆并均匀。

(5)混凝土抹面

收水抹面是在路面混凝土浇捣成型、并经过整平后的一道表面处理工艺，其目的是使表面的砂浆密实、平整。抹面在整平完毕15min后进行，采用长45cm、宽20cm、厚2.5cm的长木抹在混凝土表面来回抹平。待水分稍微蒸发后，约过10～15min，可进行第二次抹面，采用铁抹进行拖抹，仔细抹光。

(6)露石剂喷洒

露石剂喷洒是露石水泥混凝土路面不同于普通水泥混凝土路面施工的主要内容之一，也是整个施工工艺的关键之一，必须严格加以控制。

经过抹面的路面表面，待表面水膜消失后，可进行露石剂的喷洒。喷洒工具包括小型压力式喷雾器和露石剂容器。喷洒工作一般由3人承担，其中1人掌握喷枪进行喷洒，2人负责移动人力空压机、溶液罐，并协助移动输液管。空气压力为0.4～0.5MPa，这种压力喷出的溶液能被较好的雾化。

露石剂喷洒应在混凝土表面水膜完全消失后进行，这时混凝土表面尚潮湿，手指压稍有压痕。具体喷洒时间需根据施工现场条件及具体温度确定，一般有阳光、气温在25℃以下时，需等待40～60min；气温在25～35℃时，需等待10～40min；35℃以上只需10min即可。

露石剂喷洒方法为:喷洒人员应站在横跨混凝土路面板的跳板上,喷枪头距混凝土表面约 100cm,喷洒顺序自横向从一板边喷至另一板边,一行一行向前移动。板边喷量应多一些,弥补周边覆盖不严引起的露石剂损失。

露石剂的喷洒量必须严格控制。每次喷洒前,要严格称量露石剂的重量,并测量好喷洒的面积。避免喷量过多或过少,导致冲洗时路面的构造深度太深或太浅,不能达到要求的构造深度,影响路面的抗滑性、黏结强度及耐久性等。

露石剂必须喷洒均匀,喷洒后面层表面的露石剂颜色一致(呈淡蓝色),且要避免发生流淌现象。

(7)露石混凝土第一次养护

露石剂喷洒后约 10min 左右,覆盖塑料薄膜。如温度较高,可立即覆盖。塑料膜必须把混凝土表面封严,边缘用重物压实,以防止露石剂在天气和水化热作用下蒸发损失。

(8)露石混凝土刷洗

露石混凝土养护到适宜刷洗时间后,揭去塑料薄膜,对混凝土表面进行刷洗,除去表面砂浆以露出集料。在进行大面积刷洗之前,先要进行小面积试刷洗,一般使刷洗深度处在 2mm 左右,最佳露石高度为 1.5mm,且刷洗表面的砂浆后,下面的砂浆是硬化的,用手指甲不易划起。刷洗方式包括人工刷洗法和机械刷洗法。人工刷洗法主要采用高压水枪辅以毛刷方式进行。实际施工中,当气温较高、混凝土板白天表面温度达到 40℃时,上午成型的混凝土经过 6～8h 就可以刷洗,而下午成型的混凝土刷洗时间为 12h 左右。

(9)混凝土切缝

为控制温度收缩应力和翘曲应力,以减少伸缩变形和挠曲变形,露石混凝土路面也需要进行切缝,把面层分为较小尺寸的板,板尺寸为 5m×4.5m,切缝采用小型切缝机。

(10)养生(第二次养护)

切缝完毕后,应进行保温保湿养生,以保证水泥水化过程的顺利进行,避免蒸发可能在板中产生的过大湿度和温度变化,避免出现收缩裂缝,并使混凝土在开放交通时有足够的强度。

5.3.4　露石混凝土路面施工质量控制

露石水泥混凝土路面施工质量控制主要包括原材料质量控制和施工工艺控制两个方面。

(1)原材料检验与控制

露石水泥混凝土路面施工原材料主要包括水泥、粗集料、细集料、露石剂、外掺剂等。

原材料性质应该满足前述5.1.2节中的相关要求。

(2)施工放样及模板安装

放样主要根据设计检查各桩位的高程和路拱横坡。

模板安装的要求按几何尺寸准确、施工中不变形和稳定性三个方面进行检测验收。首先检查模板顶面的高程和平整度，再检查模板安装的牢固性，保证振动时模板不变形、不移位、不下沉。

(3)混凝土配合比控制与拌和

混凝土拌和过程中必须按施工配合比准确计量各种原材料，每班开工前应实测砂、石料的含水率，并以设计配合比为基础调整确定施工配合比。

采用两种粒径、不同颜色的粗集料分别拌和上下层混凝土，当下层混凝土拌完并开始拌和上层混凝土前，必须清洗搅拌机，清理混凝土运输车，以防止下层料混入上层料中，影响路面的使用效果及美观。

混凝土装运时不得漏浆，并防止离析。出料和铺筑时的卸料高度不应超过1.5m。

(4)混凝土浇筑

露石混凝土对集料的要求十分严格，集料必须有较好的综合技术性能。出于经济与技术上的考虑，须分为两层铺筑，即上层混凝土使用技术性能优良、价格较高的集料，而下层混凝土使用当地价格较低的集料，这样既可保证良好表面功能的持久性，又不会使路面成本增加过高。另外，如考虑表面外观效果，表层采用较小粒径集料或装饰性集料的混凝土，也须分为两层铺筑。所谓“湿接湿”铺筑，是在摊铺的下层混凝土还未凝结硬化时，即铺筑表层混凝土。简言之，“湿接湿”双层铺筑混凝土的目的在于，一是提高露石混凝土路面的表面功能及其持久性，二是要降低由于材料原因而提高的路面造价。

在铺筑时，表层露石混凝土厚度4～5cm，下层普通混凝土厚度为路面设计厚度减去表层露石混凝土厚度。两层混凝土之间采用“湿接”。施工步骤是：先铺筑下层混凝土，按照普通混凝土正常的振捣工艺进行，振捣后混凝土表面基本平整，无明显的凹凸；间隔20～40min左右，进行上层混凝土铺筑，振捣用平板振捣器、振捣梁或者三滚轴等振动工艺，随后整平、饰面、喷洒露石剂、覆盖塑料膜进行第一次养生，之后进行刷洗、第二次养生等。

两层铺筑的混凝土总体强度是否能达到所要求的强度值，即双层铺筑工艺对混凝土路面板强度是否有影响，在试验室对“湿接湿”两层铺筑的水泥混凝土进行抗折、抗压试验。试验表明，双层铺筑的混凝土弯拉强度均大于所设计水泥路面要求的试配强度。因此“湿接湿”的两层铺筑，由于铺筑间隔时间较短，不会产生明显的层间分离，在养生过程中，水泥黏结硬化所形成的各种凝胶生成物、结晶体生成物的互相渗透、缠结，会使工艺上的两层形成整体。

振捣时应辅以人工找平，并随时检查模板，如有下沉，变形或松动，应及时纠正。整平时必须保证模板顶面的整洁，并应保证接缝处板面平整。收面前应做好清边整修，清除泥浆，修补掉边、缺角，严禁在面板上洒水或洒水泥粉。

路面双层铺筑施工时，上层振捣过程中需注意控制混凝土的提浆厚度约为1～2mm，防止提浆太厚太多。同时，整平过程中应严格控制上层的平整度，这是保证露石效果的关键。

(5)露石剂喷洒

混凝土收水抹面后，应结合施工现场实际情况和研究成果，准备把握露石剂喷洒时间。喷洒时力求均匀，喷洒用量计量准确。喷洒后混凝土表面颜色均匀，无遗漏和多喷少喷现象。对于模板边缘处用量可以稍微加大，以避免覆盖不严造成的露石剂损失。喷洒后约 10min 及时覆盖塑料薄膜进行养护。

(6)露石混凝土刷洗

露石混凝土刷洗应严格控制刷洗时间。混凝土刷洗时间是从混凝土浇捣饰面到表面开始进行刷洗操作所经历的时间，混凝土刷洗时间控制的是否适宜，是露石混凝土施工工艺的关键。刷洗太早，会造成表面集料剥落，形成坑槽，使路表面平整度下降，导致路面施工质量和使用品质大幅降低；冲洗太晚，混凝土水泥浆凝结硬化会增加刷洗难度，或露不出集料，不能形成良好的表面纹理。

为了解决露石工艺的这一关键问题，本研究对影响刷洗时间的各种因素进行了试验研究，通过“刷洗标志”试验和“成熟度”试验来确定刷洗时间。

经过大量试验分析确定的可刷洗状态的标志是：在喷洒露石剂、覆盖塑料膜进行养生后，当主体混凝土已达到一定的强度，而混凝土表面 2.0～3.0mm 厚度内的砂浆未硬化，用“合适刷洗标志试验方法”判定可刷洗标志，同时混凝土表面在刷洗时，石料不脱落，集料外露高度不大于 2.5mm。如果超过了露石水泥混凝土的可刷洗标志，即喷洒露石剂后超过一定的时间，则露石剂作用消失，混凝土表面凝结硬化，露石工艺不可能完成。

在露石剂一定时，影响刷洗时间的各种可能因素可归结为材料和环境两大方面。材料因素主要是水泥的品种、标号、水灰比；环境因素主要是气温、湿度、风力等自然或环境因素。另外，刷洗方式的力度也是对刷洗时间有影响的条件因素。水泥标号对刷洗时间有一定影响，一般高标号水泥的刷洗时间早于低标号水泥，这种影响随温度升高呈下降趋势。水灰比小，刷洗时间短，这种差异在低温时表现比较明显，在高温时不明显。在其他条件相同时，温度的影响比较显著，尤其是在较低温度阶段；随着温度升高，这种影响呈降低趋势。碎石粒径对刷洗时间有一定影响，同等质量条件下 6～8mm 单一粒径的刷洗时间相对 5～25mm 级配碎石要稍短，但相对于其他因素，这种影响很小。碎石的种类对刷洗时间基本没有影响，可以不予考虑。

当水泥标号、碎石和水灰比一定时，影响露石混凝土路面刷洗时间的因素只有温度。把合适刷洗时刻的成熟度 M 定义为温度 T 与适宜刷洗时间 t 之乘积，即：$M=T\cdot t$(℃·hrs)。

由图 5-11 看出，对同一标号水泥，温度越高，适宜刷洗时所需的成熟度值越大，当温度超过一定值(30℃)后，成熟度－温度曲线变得平缓，即成熟度随温度变化小。在相同的温度下，标号高的水泥达到适宜刷洗时间的成熟度小，而标号低的水泥则成熟度大。因此在相同温度下，标号高的水泥其混凝土合适刷洗状态所需时间较短，其成熟度亦较短。对试验用的水泥，在一般混凝土施工气温，成熟度在 300～450(℃·hrs)范围之内。

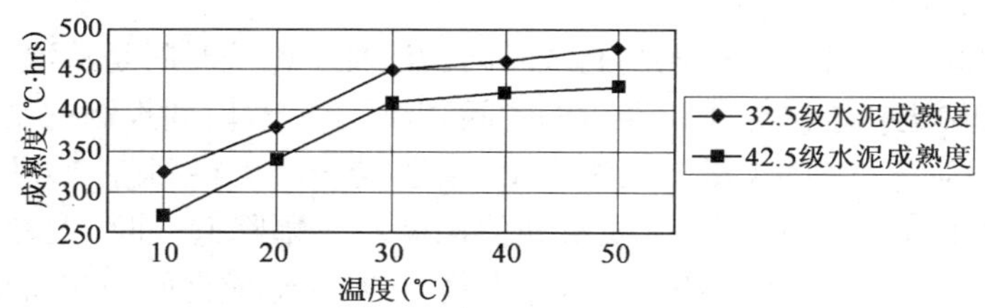

图 5-11　温度与成熟度关系曲线

冲洗前先进行小面积的试冲，而且要根据现场实测温度，检验此时混凝土的成熟度是否在所推荐的适宜冲洗范围之内。同时对现场采用的高压水枪要调整到合适的冲洗力度。

冲洗过程中需注意的是一定要把露出的石料表面冲洗干净，且在路面干燥之前禁止踩踏，以避免将浮浆黏到石料表面，影响路面的美观。

5.4　露石混凝土试验路

5.4.1　露石混凝土试验路概况

2000 年 8 月项目组在国道 210 线宜君偏桥处 K167＋400～K167＋518 段

修筑了露石混凝土路面试验路，全长 118m。试验路处于上坡路段，原路面水泥混凝土板因基层原因出现断板、唧泥等严重病害。作为路面中修工程，挖除该路段全部混凝土板，清除板底不稳定基层材料，保留原石灰土底基层，并在其上铺筑约 15cm 低标号水泥混凝土兼作基层与整平层，再铺 24cm 水泥混凝土作为面层，该面层就是露石水泥混凝土路面的试验层。路面结构详见图 5-12。

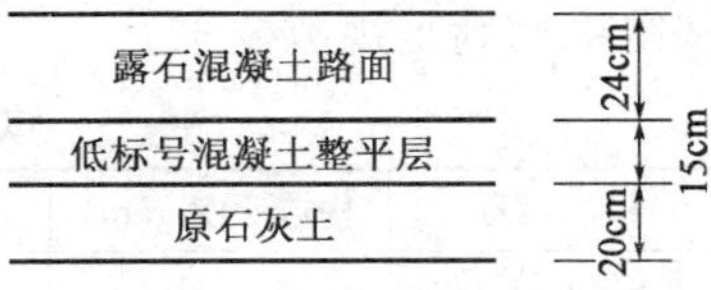

图 5-12　试验段路面结构

该路段路基宽 12m，路面宽 9m，路肩宽 2×1.5m。路面面层的露石混凝土施工采用两层铺筑(19cm+5cm)，以“湿对湿”衔接，下层混凝土采用本地石灰岩碎石水泥混凝土，顶面 5cm 采用辉绿岩露石水泥混凝土。石灰岩水泥混凝土的最大粒径 31.5mm，顶面辉绿岩露石水泥混凝土最大粒径 20mm。路肩为混凝土硬路肩。

试验路所用材料的主要技术性能指标见表 5-22。

2000 年露石水泥混凝土路面试验路信息　　表 5-22

内容名称			数据	
试验路桩号			G210K167+400～K167+518	
施工时间与气温			2000.8.9～2000.8.11,30～35℃	
水泥品种			C42.5 普通硅酸盐水泥	
砂的性质		细度模数及级配区	2.33	
		视密度(g/cm^3)	2.69,II 区	
		含泥量(%)	1.88	
石灰岩集料性质		粒径(mm)	10～20	20～31.5
		集料配合比(%)	55	45
		视密度(g/cm^3)	2.68	2.68
辉绿岩集料性质		粒径(mm)	5～10	10～20
		集料配合比(%)	33	67
		视密度(g/cm^3)	2.72	2.69
		磨光值 PSV	51	
外加剂及其掺量			高效减水剂，掺量为 $e\times0.2\%$	
混凝土的配合比		上层(5cm)	$W:C:S:G=171:380:506:1368$	
		下层(19cm)	$W:C:S:G=165:367:547:1347$	
混凝土强度	上层	28d 抗压强度(MPa)	44.98	
		28d 抗折强度(MPa)	5.45	
	下层	28d 抗压强度(MPa)	40.43	
		28d 抗折强度(MPa)	5.25	
冲洗成熟度 M(℃·hrs)			325	

试验路段采用前述施工及时进行施工，施工后从外观上看，表面美观，集料黏结牢固，构造深度均匀。路面抗滑构造深度和平整度测试结果见表5-23，测试结果均满足规范要求。

试验段构造深度与平整度　　表5-23

桩　号	构造深度(mm)	最大间隙(mm)	备　注
K167+510右	0.9	3,4,5,4,8,3,3,4,3,7,平均3.7	K167+445～K167+510为露石混凝土路面试验段，K137+790～K137+836为G210混凝土路面中修工程，构造深度规定值为0.6mm，最大间隙规定值为5mm
K167+495右	0.9		
K167+445右	0.8		
K167+460右	0.6		
K137+790左	1.0	3,3,7,5,2,2,6,7,4,4,平均4.4	
K137+836左	0.7		

5.4.2 露石混凝土路面大修工程

2001年4月至5月，铜川公路管理局宜君公路段在国道210线K162+189～K163+346段大修工程中应用了露石混凝土路面，全长1 157m。该路段原路面为沥青路面，坑槽、麻面、龟裂严重，路面强度低，确定实施路面大修工程。该路段根据原沥青路面的平整度情况，分别采取三种不同的措施进行基层补强或不补强，再铺筑24cm厚露石水泥混凝土路面。不同路面补强结构见图5-13。

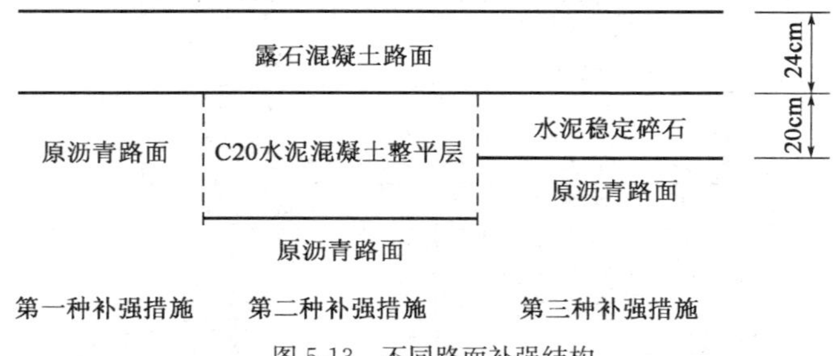

图5-13　不同路面补强结构

该路段路基宽10m，铺筑全幅宽露石水泥混凝土面层。露石水泥混凝土面层采取了几种铺筑方法：500m长的路段采用和2000年试验路完全相同的工艺和材料；630m长的路段也采取“湿对湿”的两层铺筑工艺，但5cm表层为石灰岩露石混凝土，最大粒径为20mm；20m长的路段工艺为预先用水泥净浆裹附辉绿岩集料，然后按一个粒径厚度撒铺在振平的水泥混凝土表面，再用三滚筒把集料压入，其他后续工艺与前述露石工艺相同。

施工所采用的各种材料与 2000 年试验路相似，但施工气温在 20℃左右。

5.4.3　隧道内露石混凝土路面应用

2003 年，项目组根据露石混凝土路面的低噪声抗滑特点，在国道 210 线铜川一宜君段南山峁隧道内路面维修中应用了露石混凝土路面。南山峁隧道属单洞双车道隧道，全长 347m，宽 7.5m。维修前统计调查得出，隧道内原有水泥混凝土路面断板率已达 30％。

考虑到现有隧道净空限制，隧道内路面采用薄层水泥混凝土罩面（12cm）。由于结构层薄、易破坏，罩面材料在隧道长度内一半采用外掺丁苯乳胶聚合物的露石水泥混凝土，另一半采用外掺聚丙烯纤维的露石水泥混凝土，以提高水泥混凝土的抗折强度以及水泥混凝土与原路面的黏结力。丁苯乳胶使用上海巴斯夫公司的丁苯乳胶 SD622S，试验得出掺量宜为水泥用量的 10％～15％；聚丙烯纤维掺量为 0.9kg/m^3。从隧道路面的视觉、耐磨性角度考虑，粗集料选用优质的浅、亮色花岗岩。砂选用优质河砂，细度模数在 2.3～3.6 中粗砂范围内。施工水泥混凝土配合比见表 5-24。

施工水泥混凝土配合比　　表 5-24

指　标	石料用量（kg/m^3）	水泥用量（kg/m^3）	水灰比	砂率（％）	砂用量（kg/m^3）	乳胶/纤维掺量（kg/m^3）
丁苯乳胶混凝土	1 321	380	0.34	30	566	38
聚丙烯纤维网混凝土	1 321	380	0.44	30	566	0.9

采用德国生产的 SLA-301 噪声水平分析仪，在距离隧道西洞口 133m 隧道内北侧人行道边上分别测试了隧道内路面铺筑前后的噪声水平。测试过程中，组织车辆保持匀速驶入隧道，驶入隧道后汽车不再加油门，以排除汽车发动机对轮胎一路面噪声的干扰。车辆分别以不同的速度（50km/h、60km/h、70km/h、80km/h）驶入隧道，噪声水平分析仪记录相应的噪声水平。铺装前测试结果见表 5-25。

由表可以看出，随着测试车速的逐渐增加，三种车辆组合的隧道内部噪声水平都有不同程度的增加，一辆小轿车随速度的增加路面噪声水平较其他两种车辆组合增加较快；但是，与其他交通组成相比，在同一个测试车速下，一辆小轿车的路面噪声水平是最小的，如速度在 50km/h 的情况下一辆小轿车、两辆小轿车紧跟（30m）和一辆大卡车相应的隧道内部噪声水平分别为 75.0dB(A)、83.8dB

(A)、84.3dB(A)。

铺筑前不同车速时不同车辆组成的噪声水平[dB(A)] 表 5-25

车辆组成 测试速度(km/h)	一辆小轿车	两辆小轿车紧跟	一辆大卡车
50	75.0	83.8	84.3
60	78.1	84.9	89.9
70	82.9	87.2	91.2
80	87.6	88.4	92.1

路面铺筑后测试结果见表 5-26。

铺筑后不同车速时不同车辆组成的噪声水平[dB(A)] 表 5-26

速度(km/h)	原 路 面	露石水泥混凝土路面	噪 声 差 值
50(一辆小轿车)	75.0	74.7	0.3
60(一辆小轿车)	78.1	77.6	0.5
70(一辆小轿车)	82.9	80.1	2.8
80(一辆小轿车)	87.6	84.5	3.1
50(两辆小轿车)	83.8	82.2	1.6
60(两辆小轿车)	84.9	82.9	2.0
70(两辆小轿车)	87.2	83.2	4.0
80(两辆小轿车)	88.4	84.2	4.2

对比分析可以得出：相同环境下，随着行车速度的增加，路面的噪声越来越大；随着行车速度的增加，露石水泥混凝土路面降噪效果越来越明显；双车情况下的降噪效果明显好于单车情况。由此可见，隧道内露石水泥混凝土路面具有良好降噪效果，且行车速度越大，降噪效果越明显。

隧道内露石水泥混凝土路面表面构造深度测试结果见表 5-27。

隧道内路面铺砂法构造深度测试结果 表 5-27

测点序号	直径 1(cm)	直径 2(cm)	直径 3(cm)	直径 4(cm)	平均直径(cm)	构造深度(mm)
1	17.5	16.5	17	17	17	1.10
2	15	14	15	13.5	14.38	1.54
3	21	20	21	21	20.75	0.74
4	15	16.7	16.5	17.5	16.43	1.18
5	20	20	21	20	20.25	0.78

续上表

测点序号	直径 1(cm)	直径 2(cm)	直径 3(cm)	直径 4(cm)	平均直径(cm)	构造深度(mm)
6	18.5	20	19	19	19.13	0.87
7	20	21	20	20	20.25	0.78
8	16.5	16	16.5	15.5	16.13	1.22
9	17	18	18.5	18	17.88	1.00
10	16	15	15.5	15.5	15.50	1.32
11	17.5	17.5	18	17.5	17.63	1.025
12	15	15	14.5	14.6	14.78	1.46
13	17.5	17.5	18	17.5	17.63	1.02
14	17	17	17.5	17	17.13	1.09
15	15	15.5	15.5	15.5	15.38	1.35
平均构造深度(mm)					1.09	

由测试结果可见，路面构造深度为 0.7～1.8mm，平均构造深度为1.09mm，说明隧道内露石混凝土路面有着丰富的表面纹理，当车辆轮胎作用在路面上的时候能够形成水流、气流通路，对于提高路面抗滑能力和削弱空气的泵吸效应都是有利的。

5.4.4　露石混凝土路面试验路效益分析

由实际行车效果看，车辆在露石混凝土路面上以不同速度行驶时，路面的噪声并未显出较黑色路面有所增加，这也说明露石混凝土路面噪声比传统的水泥混凝土路面噪声降低了很多。而且由于露出集料本身的颜色使路面成暗绿色，减少了光的反射强度，且给人一种赏心悦目的感觉。尤其在下雨天，露石混凝土较好的排水性能明显的突出。

通过室内外试验以及试验路的实际行车效果观察，可证明所提出的材料与施工工艺在技术上是可行的，路用性能亦是很好，尤其是山区陡坡防滑、高速公路防滑的一项重要措施。

总之，从抗滑、减噪、反光、防眩、排水等功能来说，试验路成功的反映了露石混凝土的特点，解决了传统水泥混凝土路面行车安全性与舒适性难题。应用路段效果良好，其抗滑性能与降噪性能依然优良。达到了我们预期的目的，因此露石混凝土是一个很有前景的路面，有推广应用的价值。

第 6 章　旧沥青路面上水泥混凝土面层设计方法研究

旧沥青路面上加铺水泥混凝土面层技术，是指在对旧沥青路面的病害进行挖补维修处理后，在其上直接加铺常用普通混凝土或纤维增强混凝土的路面结构，前者称为普通混凝土路面加铺，后者称为超薄水泥混凝土路面加铺。

加铺水泥混凝土面层具有使用寿命长、受水损害程度相对较低、抗剪切能力强、对旧路承载能力要求低、旧路原有病害反射率低等优点。水泥混凝土加铺层比沥青加铺层更坚固耐久，消除了沥青加铺层的车辙、壅包和反射裂缝等病害，改善了路表面的排水性能和使用安全性，为原有路面提供一个低投资、低养护费用的刚性面层，具有明显的优势和广阔的应用前景。

加铺水泥混凝土面层作为一种新型、有效、快速、经济且简便的旧沥青路面维修技术，虽在美国已进行了大量试验路研究，但在路面力学分析方面及路面结构设计方面尚不成熟。本项目在对旧沥青路面状况调查和分析的基础上，提出旧沥青路面上加铺水泥混凝土路面的设计方法及加铺超薄水泥混凝土路面的设计方法。

6.1　旧沥青路面的评定与利用

为了了解原路面结构状况和强度水平，需对旧沥青路面结构状况调查和评定，以判断路面是否需要加强，分析路面破坏的原因和提出合适的水泥路面加铺方案。

6.1.1　旧沥青路面状况调查与分析

(1)交通量以及交通组成和交通量增长率

对当地的交通量和车型组成进行实地调查和统计分析。通过调查分析预估交通量增长趋势，确定年平均增长率，作为计算设计强度的重要依据。

(2)路面损坏状况调查

此项调查应结合公路养护质量检查逐公里现场调查，病害类型主要有三类：

①裂缝类病害:包括龟裂和网裂,也包括有病害迹象的单缝,如滑移裂缝等(滑移在路基病害中统计)。此类病害以面积单位统计。

②变形类病害:此类病害多由路面(底)基层强度不足所致,如车辙、波浪、搓板、沉陷即属此类病害。

③耗损类病害:此类病害包括泛油、松散和坑槽之类。

对不同类型病害分别统计后,计算其破损率,作为改造工程的决策依据之一。

(3)强度测试与评定

这是路面状况调查的一项重要内容。该项测定应以原路面构造类型、地质水文状况、路面破损程度为据,确定测试频度,将测定数据列表汇总。必要时,可以以桩号为横坐标,强度数据为纵坐标,绘制强度曲线图。

在旧沥青路面上铺筑水泥混凝土路面,应通过承载板试验确定原有沥青路面顶面的当量回弹模量 。一般情况下,采用承载板试验虽准确性高,但操作繁杂,测试进度慢,因此,在实践中多采用弯沉测定,以计算回弹弯沉值,按公式确定基层顶面的当量回弹模量。

根据承载板测定或弯沉测定计算原路面顶层的当量回弹模量,与现行交通量计算得出的水泥混凝土路面基层所需当量回弹模量比较,确定旧路面属于何种路面设计类型。

(4)路面与路肩的结构设计调查

原路面的构造状况调查,除查阅原设计(竣工)文件外,必须进行现场挖探测定,分段描述结构状况。

(5)几何设计状况调查

由于水泥混凝路面设计使用年限长,故此项调查也相当重要。对个别小半径,尤其是接近极限半径曲线、纵坡超限及路基宽度不足地段,应在设计时予以改造提高。此项调查,以查阅原设计(竣工)文件和现场察看、核对的方法进行。在设计中,根据公路使用状况,个别指标较有关规范可适当提高。

(6)排水状况调查

此项调查除应查清桥、涵、水沟等地表排水设施外,对地质、水文不良地段,还应特别重视地下水的排泄工程措施,如盲沟等工程。

(7)地质、水文状况与气象调查

气候调查可查阅当地气象资料。地质、水文调查要逐段详细进行。对以往由于地质、水文状况不良而致路面产生病害地段,更应认真调查。必要时,还应请有关部门钻探调查。

(8)公路修建及养护史调查

此调查可以查阅公路历史资料进行。

6.1.2 路段合理划分与当量回弹模量确定

为了有效地进行旧沥青路面上水泥混凝土路面结构组合设计与厚度计算，综合考虑原有路基路面结构、路面强度、路面损坏状况、交通量及最小施工长度等因素，合理划分路段。

(1)路段划分

通常有两种方法可用于路段的划分：按历史记载和目测调查进行分段；根据使用性能测定结果，应用统计分析或累计差方法分段。

本研究采用统计分析方法分段。首先根据实测弯沉值和点绘的强度曲线图，依据经验判断进行初步分段；再按统计方法进行显著性检验，判别相邻路段是否有显著差别，以确定分或合。

设相邻两路段为 i 与 $i+1$；$\overline{l_i}$、$\overline{l_{i+1}}$ 为相应路段的实测弯沉均值；n_i、n_{i+1} 为测点数；l_i、l_{i+1} 为实测弯沉值，则有：

$$\overline{l_i}=\frac{\sum l_i}{n_i} \tag{6-1}$$

$$\overline{l}_{i+1}=\frac{\sum l_{i+1}}{n_{i+1}} \tag{6-2}$$

构造一个统计量：

$$t=\frac{\overline{l_i}-\overline{l}_{i+1}}{S(\overline{l_i}-\overline{l_{i+1}})} \tag{6-3}$$

其服从自由度为 $n_i+n_{i+1}-2$ 的 t 分布。

$$S(\overline{l_i}-\overline{l}_{\overline{i+1}})=\sqrt{\frac{(n_i-1)S_1^2+(n_{i+1}-1)S_2^2}{n_i+n_{i+1}-2}}\cdot\sqrt{\frac{1}{n_i}+\frac{1}{n_{i+1}}} \tag{6-4}$$

式中：

$$\left.\begin{aligned}S_1^2&=\frac{1}{n_i-1}\sum_{j=1}^{n_i}(\overline{l_i}-l_i)^2\\S_2^2&=\frac{1}{n_{i+1}-1}\sum_{j=1}^{n_{i+1}}(\overline{l}_{i+1}-l_{i+1})^2\end{aligned}\right\} \tag{6-5}$$

从分布表中查出一定概率水平下的 t_0 值。当 $|t|>t_0$，则两段显著不均匀，应按两段进行设计；否则，两段合并。

按弯沉进行分段仅仅基于强度问题，具体实施中还应考虑其他因素。

(2)确定

旧沥青路面的当量回弹模量 E_t 可采用承载板法测定或实测弯沉值反算。承载板法测定精度较高，但测定速度慢，加之交通量较大，常常危及人身安全。因此，本研究采用黄河车作为标准车(后轴重 100kN，$P=0.7$MPa)测定弯沉值，由此确定 E_t 值。

$$E_t = \frac{13\,739}{L_0^{1.04}} \tag{6-6}$$

式中：L_0——后轴重 100kN 的车辆测得的计算回弹弯沉值(1/100mm)。

6.1.3 旧沥青路面的利用

在旧沥青路面上加铺水泥混凝土路面前，应在旧沥青路面状况调查和评定的基础上，对旧沥青路面进行利用。

当旧沥青路面的当量回弹模量 E_t 大于等于表 6-1 规定值时，旧沥青路面可以直接作为水泥混凝土路面板的基础。但对于旧沥青路面出现沉陷变形，平整度较差或需要调整路拱横坡时，应设置整平层处治。整平层的厚度依材料类型而定，如采用低等级混凝土找平时，其厚度为 8～10cm，并与面板一起施工，以保证结构的整体性。不管是否设置整平层，均应对旧沥青路面的坑槽、壅包等病害进行处治。

当量回弹模量 E_t(MPa)要求 表 6-1

交通等级	特重	重	中等	轻
E_t	120	100	80	60

当旧沥青路面的当量回弹模量 E_t 小于表 6-1 规定值时，对于旧路面破损严重的路段，应考虑挖除处治，按新路面进行设计；对于裂缝类破损为主的路段，可以不挖除，仅进行补强设计。

6.2 普通水泥混凝土路面加铺层设计

旧沥青路面上水泥混凝土路面结构设计的主要内容包括：结构组合设计，板厚度设计，板的平面尺寸和接缝设计等。设计中，应根据公路交通量及其使用性质、任务，并结合当地气候、水文、土质、材料、实践经验以及施工养护条件等进行。

6.2.1 路面结构组合设计

水泥混凝土路面各结构层应有合理的厚度组合，并满足强度与稳定性的要求。路基要求密实、稳定和均质。影响路基强度和稳定性的地面水和地下水必须采取措施拦截或排出路基以外。

水泥混凝土板厚由公路等级、交通便利、轴载作用和自然因素等通过计算确定。

旧沥青路面上水泥混凝土路面基层处理一般分三种形式：新铺基层、调平层、补强层。

(1)新铺基层

新铺基层用于改线、降坡（因桥涵、原水泥路面、交叉路口等公路设施、构造物高程控制而需两端降坡）路段，新铺基层宜采用石灰或水泥稳定类半刚性基层。

旧沥青路面上基层施工一般采用边通车边施工、半幅轮换通车的施工方法，设专人指挥交通。考虑到利用原路路面强度，一般仅对局部路段进行改线或降坡，基层施工宜采用中心站集中拌和（厂拌）法施工，以减少行车的干扰。

新铺基层应严格按照公路路面基层施工技术规范进行施工。施工结束后，应在规范规定的时限内及时进行乳化沥青或沥青封层施工，其作用为：使基层依靠自身水分进行养护，降低养护费用；减小行车对基层的破坏；起到与混凝土面板隔离作用，减少混凝土面板的失水，保证水泥路面的成型。

(2)调平层

调平层一般有两种结构形式，一种为低标号贫混凝土调平层，另一种为石灰稳定粒料类或水泥稳定粒科类调平层。

当旧沥青路面顶面与水泥混凝土面板板底高程之差（即调平层厚度）在 5cm 以内时，可与水泥混凝土面板一次铺筑成型，但应使厚度均匀，无突变点。

当调平层厚度在 5～10cm（10cm 为石灰或水泥稳定粒料类最小压实厚度）时，调平层采用低标号贫混凝土，并应先于面板铺筑，在终凝后再浇筑面板混凝土。在浇筑面板之前必须铺塑料膜或油毛毡进行层次隔离。

当调平层厚度大于 10cm，且路段连续长度超过 100m 时，从降低工程成本考虑，宜用石灰或水泥稳定粒料进行调平，之后施工乳化沥青或沥青封层。当调平层厚度大于 10cm，但路段连续长度不足 100m 时，可适当放宽混凝土调平层的厚度，与面板分层施工并加隔离层。

对于厚度大于等于 5cm 的调平层，施工时应严格进行分层施工，并采取隔离措施，防止板厚不均，形成应力集中而产生病害。

非贫混凝土调平层施工时，应将旧沥青路面表面凿毛，或如图6-1所示挖成“斑马线”，以防止推移。

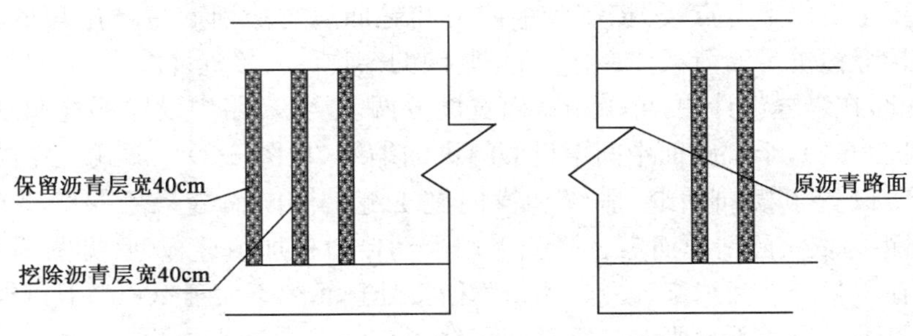

图6-1　沥青路面补强设计示意图

(3)补强层

补强层适用于旧沥青路面弯沉测定后强度不足的路段，在水泥混凝土路面浇筑前需进行补强。

补强层一般选用石灰或水泥稳定类材料。经过计算确定补强层厚度，但应大于最小压实厚度。若旧沥青路面结构密实、平整，为防止补强层推移和沥青层顶面聚水，采用挖“斑马线”的方式处理。

在水温状况不良路段的路基与基层之间宜设置垫层，垫层应具有一定的强度和较好的水稳性，在冰冻地区尚需具有较好的抗冻性。垫层材料以就地取材为原则，一般采用砂、砂砾、炉渣等颗粒材料。当采用砂和砂砾时，通过0.075mm筛孔的颗粒含量不应大于5%。当采用炉渣时，小于2mm的颗粒含量不宜大于20%，垫层的最小厚度为15cm。在季节性冰冻地区，路面结构总厚度小于规范规定最小厚度时，应由垫层补足。

鉴于我国常用灌缝材料耐久性不良，使路表水沿缩缝下渗至基层，行车作用下产生唧泥脱空，进而出现错台、断板，为此在板与基层之间设置了0.5cm厚乳化沥青封层，以增强排水功能。

6.2.2　水泥混凝土路面厚度的计算

水泥混凝土路面结构分析采用弹性地基板理论。水泥混凝土路面厚度计算以行车荷载和温度梯度综合作用产生的疲劳断裂作为设计的极限状态。水泥混凝土路面产生最大综合疲劳损坏的临界荷位为板的纵缝边缘中部。

6.2.3 接缝设计

为减少伸缩变形和翘曲变形受到约束产生的内应力对路面的破坏，接缝设计时主要考虑以下三点：①控制收缩应力和翘曲应力所引起裂缝出现的位置；②通过接缝提供足够荷载传递；③防止坚硬的杂物落入接缝缝隙内。

因此，在纵缝设计中，可采用路面宽度分两次浇筑，路中设置平缝型纵向施工缝（见图 6-2），半幅路面中间增设假缝纵向缩缝（见图 6-3）等形式。在横缝设计中主要设置了横向缩缝、胀缝和横向施工缝。横向缩缝采用假缝型（见图 6-4），间距为依实际情况而定。胀缝采用滑动传力杆加填缝板型（见图 6-5），主要设置在小半径平曲线起、终点、构造物衔接处且间距不大于 400m，但可根据施工温度夏季少设或不设胀缝。每日施工终了或浇筑混凝土过程中，因故中断浇筑时，设置横向施工缝要求尽量少设，且应设置在胀缝和缩缝处。

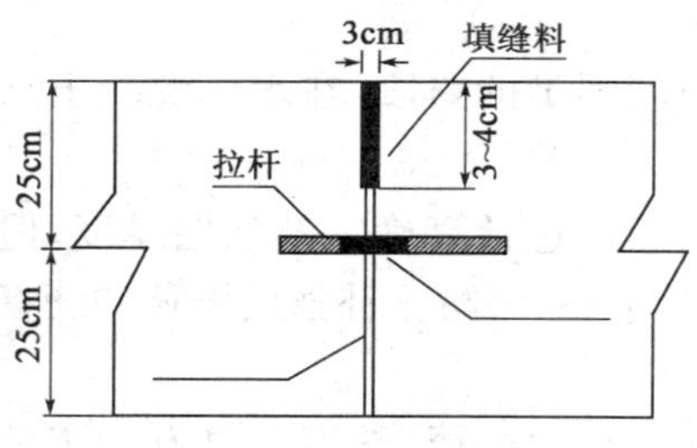

图 6-2 平缝型纵向施工缝图

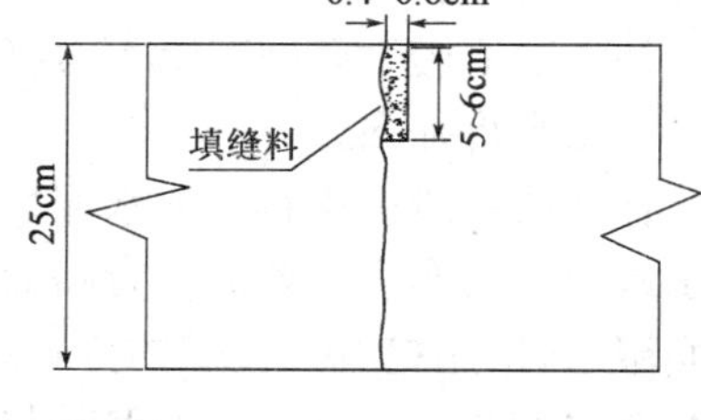

图 6-3 假缝型纵向缩缝

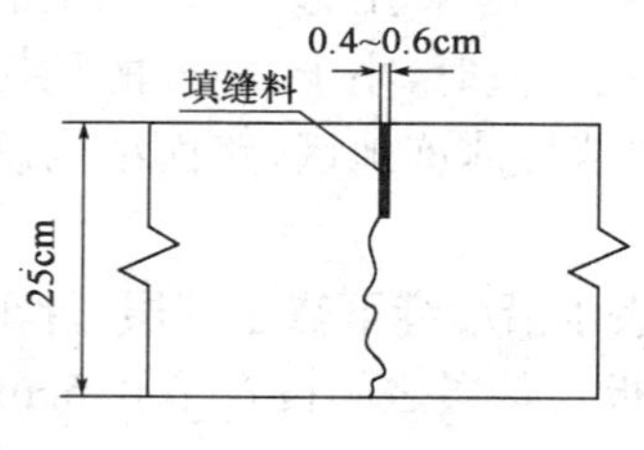

图 6-4 假缝型横向缩缝图

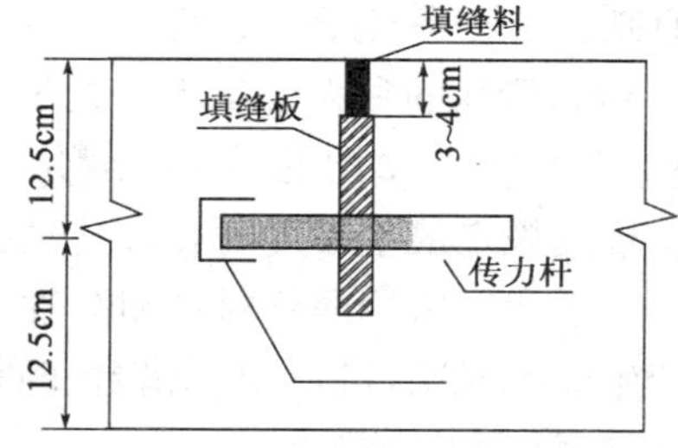

图 6-5 滑动传力杆型胀缝排水设计

6.2.4 排水设计

排水主要包括路面排水和路基排水。路面排水设计时应根据公路等级、地形、地质、气候、年降雨量、地下水等条件，结合路基排水进行，使之形成良好的排水系统，确保排水畅通，路基、路面稳定和行车安全。

路面排水由路面横坡、路肩横坡和边沟排出。为防止混凝土板同路肩的交界面处路表水浸入板边缘下部基层，造成板边缘底部的脱空、断裂等病害，设计中采用片石混凝土加固路肩，使路面水能迅速排出路基以外。

由于旧沥青路面具有隔水作用，新基层也采用了乳化沥青封层，路表渗水对路面基层的影响很小。因此这里主要考虑路基以外渗水的影响。根据铜川实际情况，主要进行了如下设计：①采用大断面水沟，这样不但有利于地表排水，而且可以对水沟以外浅层渗水侵蚀路面起到很好的阻挡作用；②对地下水和渗水丰富的地段，采用纵、横向结合形式的土工织物盲沟，即在布置的平面位置上开槽，填充砾石以土工织物包裹，做成渗水盲沟。这样，既避免了泥砂之类进入砾石，阻隔水路，又达到了截留和导出山坡渗流地下水的目的，而且也使路基中的地下水渗流其中。

6.3　超薄水泥混凝土路面加铺设计方法

超薄水泥混凝土路面（Ultra-Thin Whitetopping，简称 UTW）是指厚度为 50～100mm、接缝间距较小（0.6～1.8m）的水泥混凝土罩面层黏结于旧沥青路面上形成的路面结构。

6.3.1　荷载应力分析

1）计算模型与方法

（1）计算模型

超薄水泥混凝土路面自诞生以来，作为一种新型的路面结构，尚未发现国内外对其结构力学计算方法的研究文献。与其相似的路面结构主要是对旧路面进行厚度为 10～45cm 水泥混凝土罩面形成的路面结构，通常简称“白色罩面”（Whitetopping）。国内外对白色罩面的结构力学计算均按普通水泥混凝土路面或复合式路面的基本模型进行，大多数国家或地区采用弹性地基上的薄板理论进行荷载应力分析。

我国现行公路水泥混凝土路面设计中，其应力计算诺模图便是以弹性地基上有限尺寸薄板的有限单元解为依据而绘制形成的。本项目研究中，为使超薄水泥混凝土路面设计理论与方法同现行规范接轨，仍采用弹性半空间地基板理论为基础进行应力分析。但由于超薄水泥混凝土路面板厚度薄、接缝间距小，与普通水泥混凝土路面和复合式路面存在较大差异，且施工工艺、实际使用状况等也存在差别，在模型建立时应区别对待，尽可能模拟超薄水泥混凝土路面的实际工作状况。

普通水泥混凝土的平面尺寸一般为4m×5m，而超薄水泥混凝土路面板由于板厚薄（5～10cm），通常平面尺寸较小。根据美国试验路的研究结果，适宜接缝间距为0.6～1.8m。在行车荷载作用下，板底受到地基的约束大大减小，从而使摩阻力减小，也影响层间接触状况的变化。

因此，在超薄水泥混凝土路面结构力学计算中，采用弹性半空间地基上有限尺寸四边自由板，假定旧沥青路面各结构层之间为连续接触，且板与地基之间为任意接触状况，同时考虑到实际可操作性，重点对完全连续和滑动两种极端状况进行应力计算与分析。

（2）分析方法

关于水泥混凝土路面板荷载应力计算的理论，根据地基假设的不同，有弹性半空间体地基板和温克勒地基板两类。通常弹性半空间体地基板理论由于符合地基的实际工作情况而被较多采用，但现有的采用半空间体地基假设导出的荷载应力计算公式，主要适用于荷载作用于无限大板板中的情况，虽然也有荷载作用于板边和板角隅的应力计算公式，但它们实质上是由以温克勒假设为基础的威士特卡德公式转换与修正变换而来的。而水泥混凝土路面板是有限尺寸的矩形板，且荷载作用位置多变，显然不能采用无限大板的公式进行计算分析。

随着有限元法的出现与发展以及计算机技术的飞速发展，国内外普遍采用有限元法解算板的荷载应力，我国现行规范中混凝土路面板的设计即为利用有限元法求解板的荷载应力，并绘制计算用图。

因此，为了揭示超薄水泥混凝土路面结构在荷载作用下的应力变化，本研究采用三维八结点等参元有限元方法对超薄水泥混凝土路面结构进行离散与求解。为了模拟层间不同的结合状况，在超薄水泥混凝土路面板与综合地基之间引入了横贯各向同性层间接触单元，重点对连续和滑动两种接触状况进行分析。

（3）临界荷位

临界荷位是指超薄水泥混凝土路面板在行车荷载作用下产生最大弯拉应力或最有可能破损时的荷载作用位置。由于超薄水泥混凝土路面板平面尺寸较小，通常为0.6～1.8m，因此作用在板上的行车荷载作用主要是轮载作用。

为确定临界荷位，分别在板中部、纵缝边缘、横缝边缘选择了四个位置进行试算，分析不同荷位时板底应力变化情况。计算参数同前，计算结果见表6-2。

由计算结果可以得出：当轮载沿板纵边中心连线由板纵缝边缘中部向板中部移动时，板底最大弯拉应力呈减小趋势；轮载作用于横缝边缘时，板底最大弯拉应力明显小于轮载作用于板纵边中心连线时的应力，在轮载作用于板角隅时的应力比作用于板纵缝边缘中部时的应力约小 8%；当轮载从板角沿纵缝边缘向中部移动时，板底最大弯拉应力呈增大趋势，在纵缝边缘中部时达到最大；在不同轮载作用位置中，当作用于板纵缝边缘中部时，板底最大弯拉应力达到最大值，且最大弯拉应力点为板底面纵边中部。

临界荷位确定　　表 6-2

编号	1	2	3	4
荷载位置	板中部			
	$x=0$	$x=10$	$x=20$	$x=34$
弯拉应力(MPa)	2.035	1.999	1.941	1.908
编号	5	6	7	8
荷载位置	横缝边缘			
	$x=0$	$x=10$	$x=20$	$x=34$
弯拉应力(MPa)	0.396 2	0.312 6	0.316 7	0.317
编号	9	10	11	12
荷载位置	板中部			
	$y=0$	$y=20$	$y=35$	$y=51$
弯拉应力(MPa)	0.396 2	1.944	1.931	2.035

综上所述，当轮载作用于板纵缝边缘中部时，板底产生最大弯拉应力，是超薄水泥混凝土路面结构荷载应力的临界荷位。

2)超薄水泥混凝土路面板与地基完全连续接触时的荷载应力

(1)路面板平面尺寸影响分析

超薄水泥混凝土路面板平面尺寸通常为 0.6～1.8m，为研究板平面尺寸变化对荷载应力的影响，取板平面尺寸分别为：0.6m×0.6m、0.8m×0.8m、1.0m×1.0m、1.2m×1.2m、1.4m×1.4m、1.6m×1.6m、1.8m×1.8m。计算中：板厚 $h_c=5\sim10$cm、每 1cm 一级，泊松比 $\mu_c=0.15$，$E_c/E_s=300$，地基泊松比 $\mu_s=0.30$，地基计算尺寸取 4m×4m×6m，荷载作用位置取临界荷位。

不同平面尺寸和厚度下的路面板荷载应力计算结果见图 6-6。

由图 6-6 可以看出：当板平面尺寸大于 1.0m×1.0m 后，对板底最大弯拉应力 σ_{ymax} 影响很小；当平面尺寸小于 1.0m×1.0m 时，板底最大弯拉应力变化曲线明显存在反弯现象，且当板厚 $h_c\leqslant7$cm 时，σ_{ymax} 随平面尺寸的增大呈减小趋势，

而 h_c>7cm 后恰恰相反基本呈增大趋势。总体而言，随着 h_c 的增大，σ_{ymax} 变化曲线的反弯基本趋势为由减小方向反弯向增大方向反弯过渡；当 h_c>7cm 时的应力变化与国外超薄水泥混凝土路面试验路研究结果（佛州 DOT）中建议尽量采用小接缝间距的结论相一致。

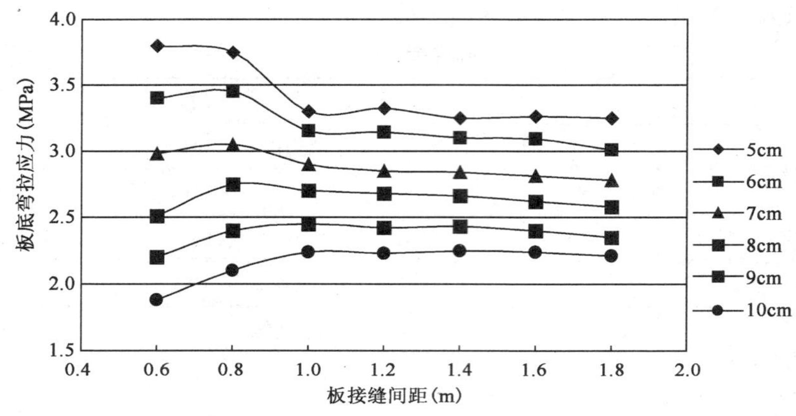

图 6-6　板平面尺寸对荷载应力影响

利用此图可以在路面板厚度确定时考虑不同平面尺寸对其荷载应力的影响程度；当平面尺寸大于 1.0m×1.0m 时，可以不考虑平面尺寸对荷载应力的影响，而平面尺寸小于 1.0m×1.0m 后，必须对荷载应力进行适当修正。另外，在确定板平面尺寸时，对于层间完全连续接触状况下，如板厚度≥8cm，平面尺寸越小越有利于减小荷载应力；而板厚<8cm 后，则板平面尺寸宜大于 1.0m×1.0m。

（2）路面板厚度影响分析

为了分析板厚对荷载应力的影响，对 h_c 和 E_c/E_s 取不同值时，分别计算不同组合下的板底最大弯拉应力。计算参数为：板厚 h_c=5～10cm、每 1cm 为一级，板弹性模量 E_c=28 000～38 000MPa，泊松比 μ_c=0.15，板平面尺寸为 1.2m×1.2m，地基弹性模量 E_s=60～400MPa，E_c/E_s=80、100、140、180、220、280、300、320、340、360、380、400、500、600，泊松比 μ_s=0.30，地基尺寸为 4m×4m×6m，荷载作用位置为临界荷位。

由图 6-7 所示超薄水泥混凝土路面板厚度与荷载应力关系可得，随着板厚 h_c 的增大，板底最大弯拉应力明显呈线性减小趋势；随着 E_c/E_s 的减小，σ_{ymax} 随 h_c 线性变化的斜率逐渐减小，也表明 E_c/E_s 越大，板厚对荷载应力影响越大，增大板厚对减小荷载应力作用更明显；随着板厚 h_c 的增大，E_c/E_s 对荷载应力的影响程度减小。

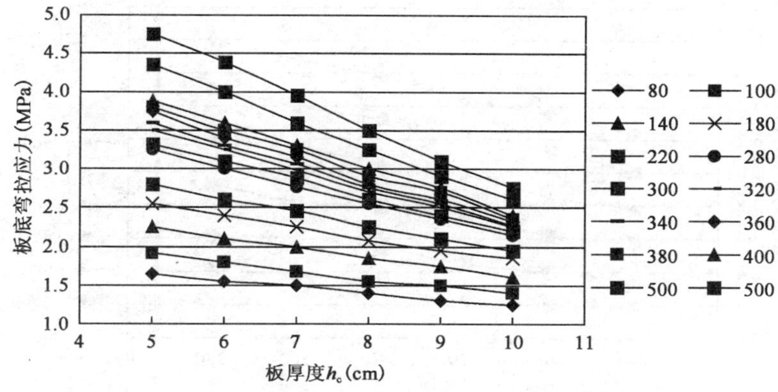

图 6-7　板厚度与荷载应力关系

(3)E_c/E_s 影响分析

为了分析 E_c/E_s 对荷载应力的影响，分别用固定 E_c 变化 E_s 和固定 E_s 变化 E_c 两种方式进行计算对比分析。为分析综合地基承载能力对超薄水泥混凝土路面结构荷载应力的影响，固定 E_c 变化 E_s 进行计算，结果见图 6-8。再固定 E_s 变化 E_c，分析板弹性模量对荷载应力的影响程度，计算结果见图 6-9。

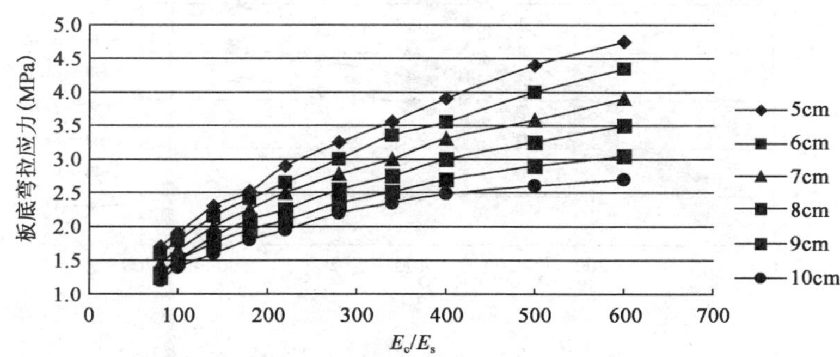

图 6-8　E_s 与荷载应力关系

由计算结果可知，随着 E_c/E_s 的增大，板底最大弯拉应力呈曲线增长趋势，且板厚 h_c 越大，曲线增长越平缓；当 $E_c/E_s \leqslant 220$ 时，不同板厚下应力变化曲线斜率接近，即板厚度 h_c 对荷载应力影响较小，E_c/E_s 超过 220 进一步增大时，板厚对应力的影响越明显；当地基模量 E_s 不变时，随着板弹性模量 E_c 的增大，板底最大弯拉应力 σ_{ymax} 明显呈线性增大，且不同板厚下线性变化的斜率在 0.002 5～0.005 5 之间变化，板厚越小，斜率越大。当板弹性模量每增大 2 000MPa，荷载应力约增大 2%～3.5%，且板越薄增大越多。

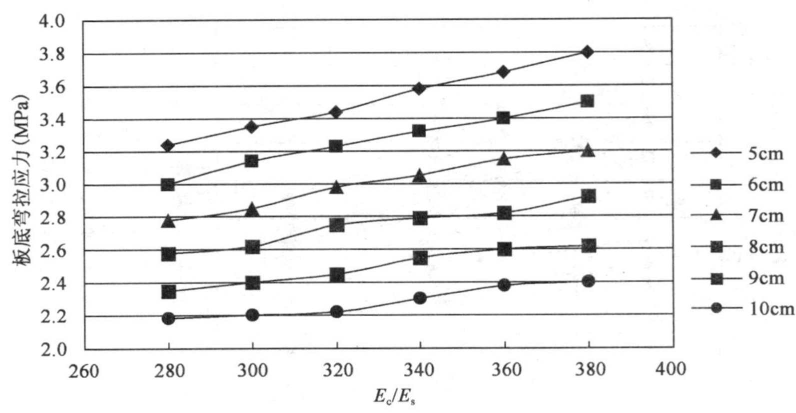

图 6-9　E_c 与荷载应力关系

将 E_c 变化与 E_s 变化时的计算结果综合分析，见图 6-10。

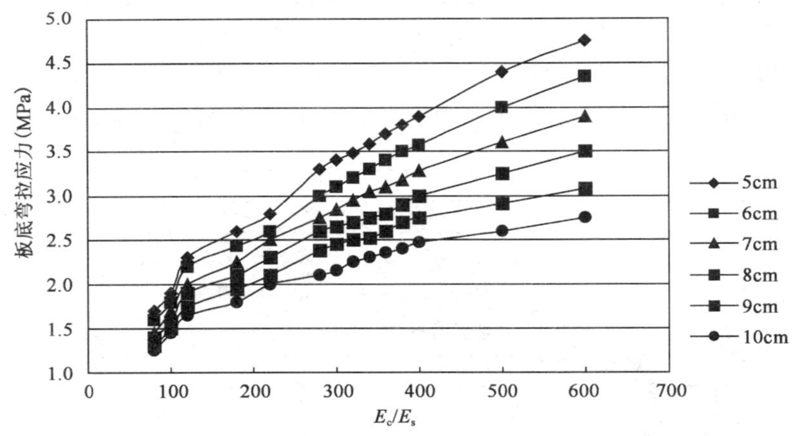

图 6-10　E_c/E_s、h_c 与荷载应力关系图

由图可见，当 E_c、E_s 分别变化时并不影响荷载应力随 E_c/E_s 和 h_c 而变化的趋势，可用 E_c/E_s 直接反映双层结构模量对荷载应力的影响程度，在路面结构设计中只以 E_c/E_s 作为设计参数来表征其影响。

3)超薄水泥混凝土路面板与地基滑动接触时的荷载应力

超薄水泥混凝土路面在使用过程中，随着行车荷载和自然因素的重复作用，路面板与旧沥青路面之间的啮合作用将逐渐衰减，使层间接触状况逐渐由完全连续向滑动过渡，但由于铣刨后外露粗集料的存在，除非粗集料发生剪切破坏，否则不会达到滑动接触状况，仅在理论分析中，对这种极端状况进行计算分析，为实际路面结构设计提供一个极限状态控制。

本研究中引入“横观各向同性层间接触模型”来实现超薄水泥混凝土路面板与地基之间的滑动接触。通过试算可知，层间滑动接触时弹性模量比 E_c/E_s 对荷载应力的影响较小，可以忽略不计，故重点分析板平面尺寸和厚度对荷载应力的影响。

通过计算得出，在滑动接触状况下，板平面尺寸和厚度对荷载应力的影响与完全连续接触状态基本相同，仅荷载应力大小有所不同。以层间接触状况不同引起的板底最大弯拉应力变化率为指标，对比分析层间接触状况的影响。K 的定义式为：

$$K = \frac{\sigma_{光} - \sigma_{连}}{\sigma_{连}} \times 100\% \tag{6-7}$$

板平面尺寸和厚度对 K 的影响见图 6-11 和图 6-12。

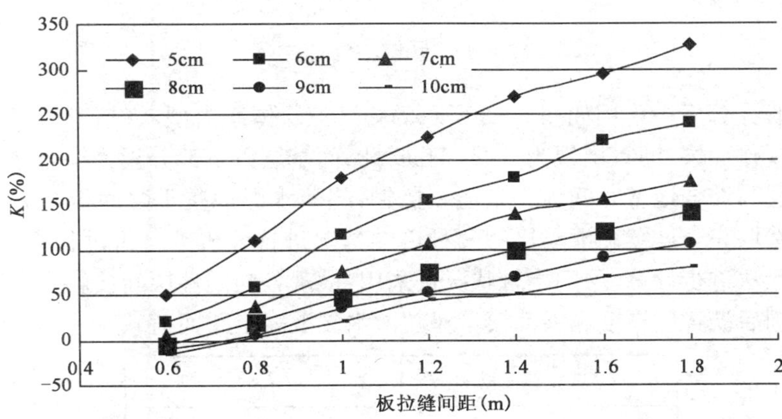

图 6-11　板平面尺寸与 K 的关系

由以上结果可以得出，只有当板厚≥8cm，且板平面尺寸为 0.6m×0.6m 时，滑动接触时的荷载应力值小于连续接触时的荷载应力值，其余条件下均为滑动接触时的应力值大于连续接触时的应力值；变化的基本趋势为随板厚的增大而减小，随平面尺寸的增大而增大。因此，板厚较薄时，选用较小的平面尺寸有利于超薄水泥混凝土路面的使用性能。

4）沥青层对荷载应力影响分析

美国大量超薄水泥混凝土路面试验路研究结果表明，旧沥青路面铣刨后剩余沥青层的厚度和品质对超薄水泥混凝土路面的使用性能具有明显影响。因此，在超薄水泥混凝土路面结构设计中应考虑剩余沥青层对荷载应力的影响。

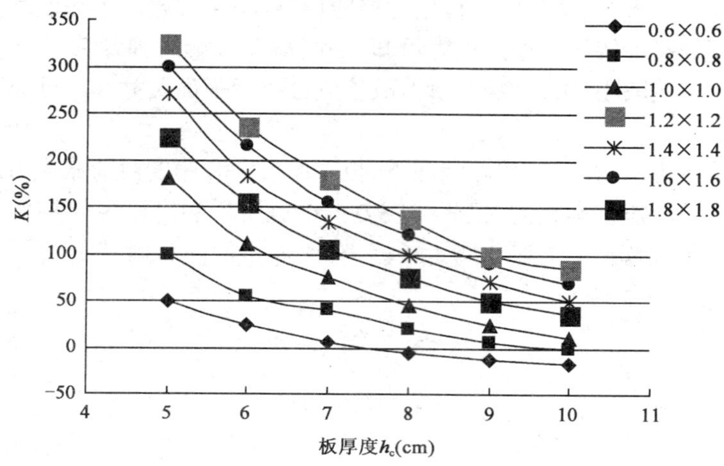

图 6-12　板厚与 K 的关系

本研究分析中采用如图 6-13 所示的弹性三层体系模型，将超薄水泥混凝土路面板视作面层，沥青层视为基层，旧沥青路面基层以下部分视为综合地基。假定沥青层与综合地基之间为完全连续接触，超薄水泥混凝土路面板与沥青层之间分别选取完全连续和滑动接触两种极端情况进行分析。分析过程中，采用三维等参元法进行计算，层间接触状况仍采用“横观各向同性层间接触模型”模拟，分析铣刨后沥青层厚度和弹性模量对超薄水泥混凝土路面荷载应力的影响。

UTW 路面板	μ_c, h_c, E_c
沥青层(AC)	μ_a, h_a, E_a
综合地基	μ_s, E_s

图 6-13　分析模型

(1)沥青层厚度的影响

计算中取：$E_c=3.4\times10^4$MPa、$E_a=400$MPa、$E_s=121$MPa，$h_c=5\sim10$cm、每 1cm 一级，$h_a=2\sim10$cm、每 2cm 一级 $\mu_c=0.15$，$\mu_a=0.25$，$\mu_s=0.30$，地基计算尺寸为 4m×4m×6m，荷载作用位置取临界荷位。

有限元计算结果见表 6-3。

沥青层厚度对荷载应力影响分析计算结果　　表 6-3

E_s(MPa)	h_c(cm)	h_a(cm)				
		2	4	6	8	10
242	5	2.346	2.384	2.418	2.449	2.475
	6	2.185	2.218	2.249	2.276	2.300
	7	2.031	2.058	2.084	2.107	2.126
	8	1.883	1.904	1.924	1.943	1.967
	9	1.744	1.757	1.773	1.786	1.797
	10	1.616	1.622	1.632	1.641	1.649
189	5	2.633	2.640	2.651	2.658	2.669
	6	2.449	2.457	2.471	2.483	2.493
	7	2.272	2.278	2.287	2.294	2.298
	8	2.096	2.102	2.104	2.112	2.119
	9	1.936	1.933	1.932	1.931	1.928
	10	1.785	1.777	1.772	1.769	1.767
155	5	2.884	2.869	2.862	2.857	2.850
	6	2.682	2.668	2.661	2.656	2.650
	7	2.483	2.471	2.459	2.449	2.446
	8	2.291	2.277	2.257	2.245	2.239
	9	2.102	2.081	2.068	2.053	2.041
	10	1.927	1.906	1.889	1.873	1.861
121	5	3.243	3.185	3.142	3.112	3.093
	6	3.009	2.961	2.916	2.901	2.879
	7	2.775	2.731	2.689	2.660	2.639
	8	2.543	2.500	2.461	2.426	2.400
	9	2.319	2.276	2.239	2.206	2.175
	10	2.110	2.068	2.032	2.001	1.973
100	5	3.557	3.462	3.391	3.344	3.294
	6	3.292	3.219	3.150	3.103	3.057
	7	3.023	2.956	2.886	2.840	2.798
	8	2.754	2.690	2.632	2.576	2.534
	9	2.494	2.436	2.385	2.337	2.295
	10	2.256	2.194	2.148	2.107	2.066

分析计算结果可得，路面板底弯拉应力随沥青层厚度基本呈线性变化，且斜率与 E_s 有关。对于相同的 E_s，随路面板厚度的增大，荷载应力随 h_a 线性变化的斜率逐渐减小。表明路面板越薄，沥青层厚度时板底弯拉应力的影响越明显，保证足够厚的有效沥青下卧层对超薄水泥混凝土路面的使用性能更加重要。当路面板厚较薄时，控制沥青层厚度大于 6cm，有利于超薄水泥混凝土路面的使用。

随着 E_s 的减小，沥青层厚度对板底弯拉应力的减小作用越明显。同时，当沥青层厚度大于 6cm 后，沥青层厚度对应力的影响减小，且 E_s 越小表现得越明显。

(2)沥青层弹性模量的影响

计算中取：E_a＝100、200、295、400、680MPa，E_s＝121MPa，其余参数同前。图 6-14、图 6-15 为 h_a＝2cm 和 6cm 时的应力变化，其余 h_a 值时与此类似。

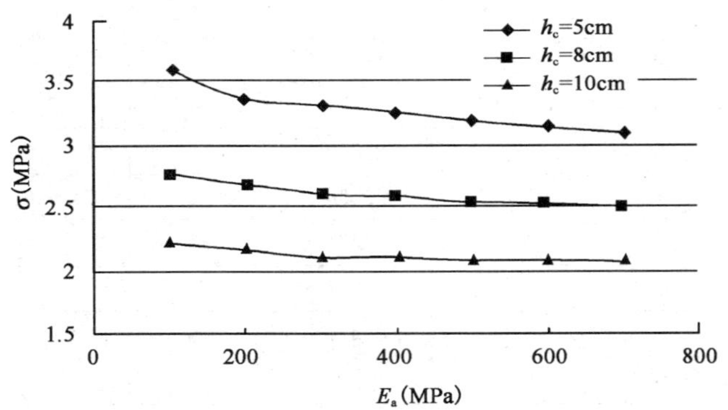

图 6-14　E_a 与荷载应力关系（2cm）

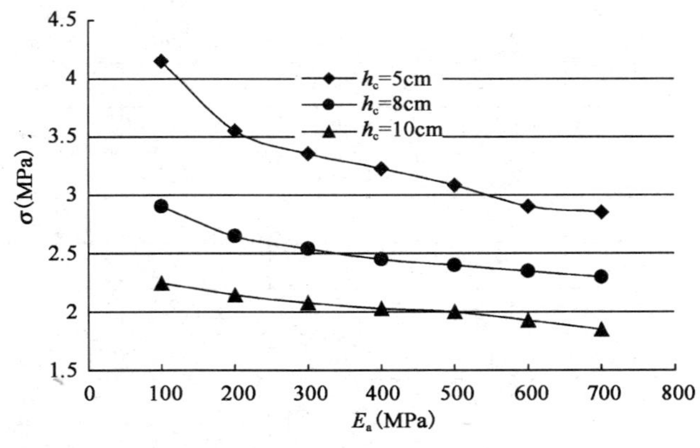

图 6-15　E_a 与荷载应力关系（6cm）

由图可见，随着沥青层弹性模量 E_a 的增大，板底弯拉应力呈曲线减小，h_c 越大曲线越平缓。同时，路面板厚度 h_c 越小，对板底弯拉应力的影响越大。

由图 6-16 所示不同沥青层弹性模量和沥青层厚度下的荷载应力变化可知，随着 h_c 的减小，沥青层厚度对板底弯拉应力产生负效应。表明当沥青层品质较差时，相当于在路面板与地基之间存在一层软弱夹层，不利于超薄水泥混凝土路面的使用，在修筑时应采取措施进行处治。当沥青层模量大于一定值后，可以明显减小板底弯拉应力。

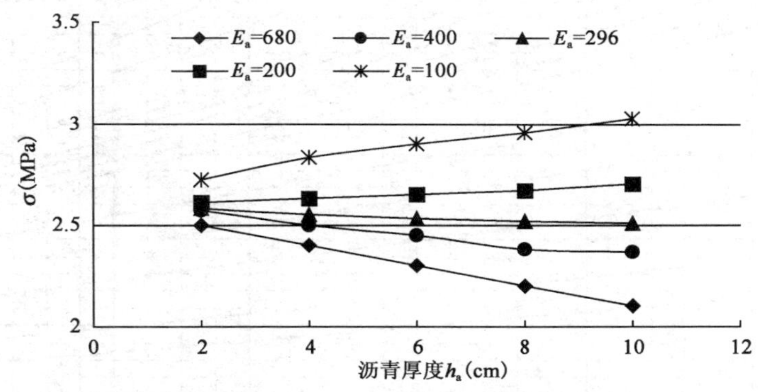

图 6-16　E_a、h_a 与应力关系图（E_s=121MPa）

5）荷载应力计算方法

超薄水泥混凝土路面设计中，板底荷载应力计算是关键环节。为了方便实际生产设计，根据前述理论计算与分析，寻找简化的荷载应力计算方法。诺模图法是一种行之有效的实用计算方法。因此，本研究在对超薄水泥混凝土路面利用三维等参元和层间接触模型进行计算分析的基础上，确定影响超薄水泥混凝土路面的主要设计因素及其影响程度，绘制诺模图。由于超薄水泥混凝土路面实际使用中路面板与旧沥青层的层间接触状况处于完全连续和滑动之间的过渡状况，仅分析了两种极端状况，分别绘制了完全连续接触状况板底弯拉应力计算诺模图和层间滑动接触影响系数诺模图。

（1）层间完全连续接触荷载应力计算

利用前述双层体系下完全连续接触状况的有限元计算结果，可以求得完全连续接触时板底弯拉应力值 σ_{p0}。

①根据双层体系完全连续层间接触时不同 E_c/E_s、h_c 下板底弯拉应力计算结果，绘制诺模图 6-17。

利用测试得到的 E_c/E_s 和初拟的板厚 h_c，查诺模图即可求得板平面尺寸为 1.2m×1.2m、层间完全连续接触时的板底弯拉应力 σ_p。

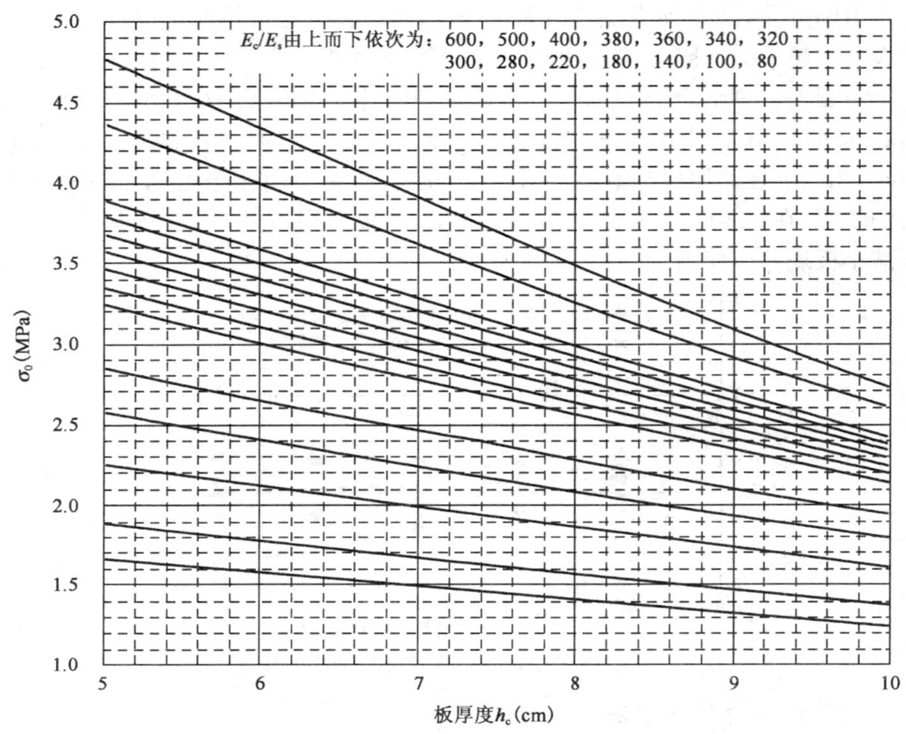

图 6-17　完全连续层间接触时板底弯拉应力诺模图

②考虑平面尺寸对荷载应力的影响，用相对于平面尺寸 1.2m×1.2m 的平面尺寸修正系数 K_p 进行修正。

由完全连续接触时荷载应力分析可知，当平面尺寸大于 1.0m×1.0m 后，平面尺寸对荷载应力影响很小，K_p（其他平面尺寸与平面尺寸 1.2m×1.2m 时的应力比）通常为 0.99～1.01，故可以忽略。而平面尺寸小于 1.0m×1.0m 时应进行修正。

根据有限元计算结果，推荐修正系数如表 6-4 所示。

平面尺寸修正系数 K_p 推荐值　　表 6-4

平面尺寸(m×m)	板厚度(cm)					
	5	6	7	8	9	10
0.6×0.6	1.14	1.09	1.03	0.96	0.90	0.85
0.8×0.8	1.13	1.11	1.08	1.03	0.99	0.95
1.0×1.0	0.99	1.01	1.02	1.02	1.01	1.00

利用推荐值,可以求得经平面尺寸修正后的板底弯拉应力:

$$\sigma_{p0} = \sigma_P \cdot K_p \tag{6-8}$$

(2)层间滑动接触荷载应力计算

通过前述不同平面尺寸、板厚下两种极端接触状况下的有限元计算结果对比分析,可以求得滑动接触时的影响系数 $K_h = \frac{\sigma_{滑}}{\sigma_{连}}$,绘制诺模图 6-18。

利用图 6-18,可以求得初拟板厚在滑动接触状况下不同平面尺寸时的板底弯拉应力 $\sigma_{p1} = \sigma_p \cdot K_h$,实际工作应力则在 σ_{p0} 与 σ_{p1} 之间。

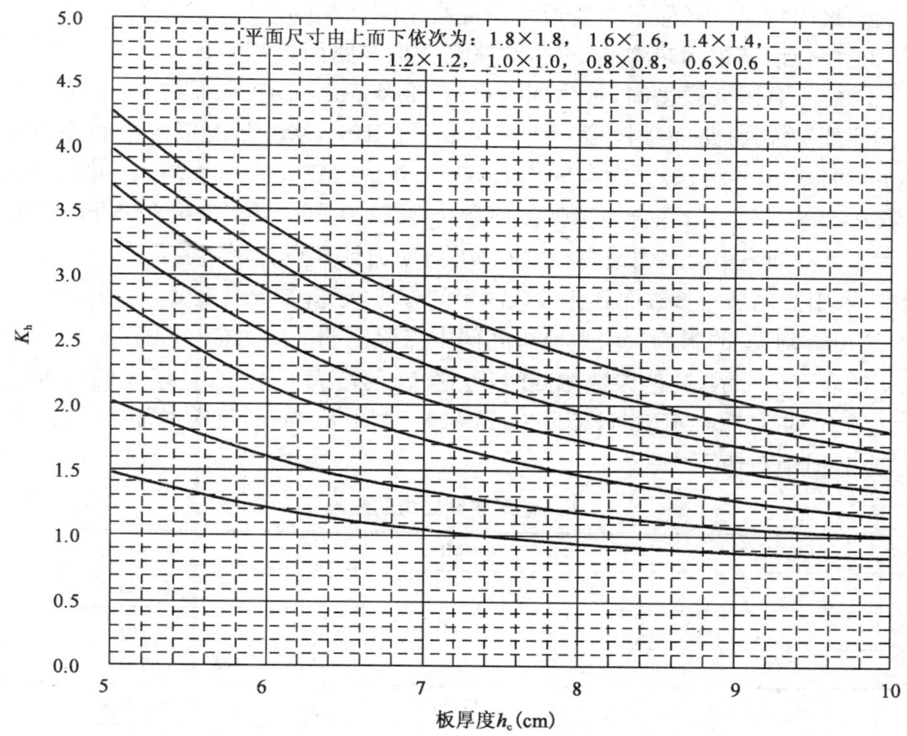

图 6-18　层间滑动接触时荷载应力影响系数诺模图

6.3.2　温度应力分析

由于超薄水泥混凝土路面板厚度薄、平面尺寸小,根据国内外关于水泥混凝土路面温度场和温度应力研究结果可以得出,超薄水泥混凝土路面温度应力通常很小,与荷载应力相比可以忽略不计。但这仅是定性分析,为了进一步定量分析，本研究利用三维等参元法对超薄水泥混凝土路面板温度应力进行计算与分析，初步分析路面板厚度、平面尺寸、弹性模量、综合地基弹性模量等因素对温度应力的影响。

分析过程中，为简化计算作了以下假定：

①由于路面板厚度薄，温度沿板厚分布按线性考虑；

②计算中仅考虑温度翘曲应力，不考虑伸缩变形应力；

③计算中只考虑正温度梯度（板顶温度高于板底），不计自重及板脱空问题；

④假定超薄水泥混凝土路面板与综合地基之间为完全连续接触；

⑤路面板温度场假设与普通水泥混凝土路面相同；

⑥综合地基视为热弹性材料，线胀系数取与路面板相同；

⑦建立有限元模型时，板为四边自由，地基底面固定、水平约束。

计算参数为：路面板厚度 =5～10cm，每 1cm 一级；路面板接缝间距 0.6～1.8m，每 0.2m 一级；板弹性模量 =28 000～38 000MPa，每 2 000MPa 一级；板线胀系数 $\alpha=1\times10^{-5}$/℃；综合地基弹性模量 =80、100、160、200、240、300MPa；温度梯度 =1.0℃/cm；路面表面最高温度取 40℃；应力计算点为板边底部中点。计算过程中，采用变化某一参数而其他参数固定的方法，分析参数对温度应力的影响。

(1)h_c 对 σ_x 的影响（σ_x 为板边底部中点温度翘曲应力值，下同）

如表 6-5 所示，其他参数相同时，σ_x 随 h_c 的增大而增大，且增大幅度逐渐减缓。如 E_c 取 34 000MPa 时，板厚 h_c 从 5cm 增加到 10cm，每次增加 1cm，应力虽有增加，但绝对值不大。

E_c、h_c 对温度应力的影响 表 6-5

h_c(cm)	E_c(MPa)	σ_x(MPa)
5	34 000	0.004 9
6		0.081 7
7		0.134 4
8	28 000	0.124 4
	30 000	0.140 1
	32 000	0.155 4
	34 000	0.170 3
	36 000	0.184 9
	38 000	0.199 0
9	34 000	0.190 3
10		0.201 1

(2)E_c 对 σ_x 的影响

σ_x 随 E_c 的增大而增大，且呈线性关系，E_c 每增大 200MPa，温度应力增大约 0.015MPa，提高 10%左右。

(3)板接缝间距对 σ_x 的影响

由图 6-19 可以得出，温度翘曲应力随路面板接缝间距的增大呈曲线增大，增长幅度逐渐减小，但接缝间距大于 1.4m 后，应力提高率明显减小。

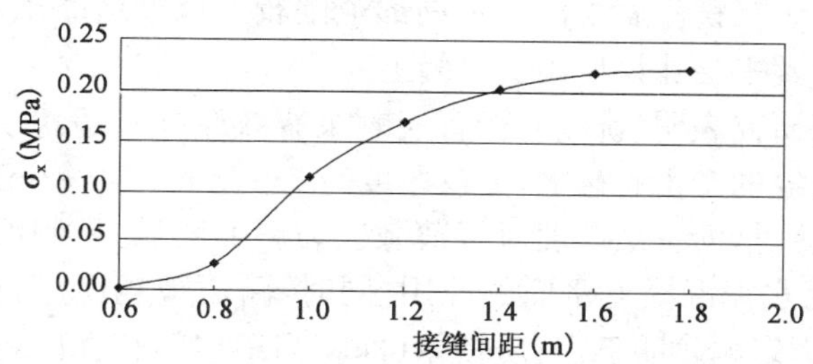

图 6-19　板接缝间距对温度应力影响

(4)E_s 对 σ_x 的影响

由图 6-20 可知，温度应力随综合地基弹性模量的增大呈凸曲线形式变化，当综合地基弹性模量大于 160MPa 后，温度应力明显减小，而且减小幅度很大。

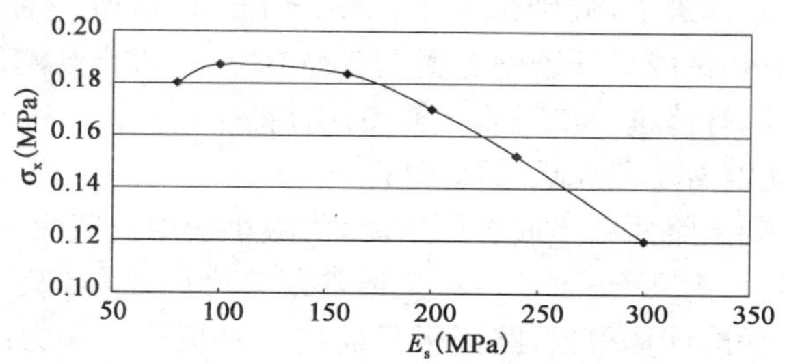

图 6-20　综合地基弹性模量对温度应力影响

通过以上分析首先可以定量表明：超薄水泥混凝土路面板在使用过程中的温度翘曲应力远小于荷载应力，在设计中可暂不考虑；其次，影响温度应力的主要因素是路面板厚度、接缝间距和综合地基弹性模量。

6.3.3　超薄水泥混凝土路面结构及组合

(1)结构层厚度

超薄水泥混凝土路面结构层厚度主要包括路面板厚度、铣刨后沥青层剩余有效厚度、补强层或整平层厚度。路面各结构层具有合理的厚度组合，有利于超薄水泥混凝土路面的长期使用性能。

旧沥青路面以下结构层整体视为综合地基，满足水泥混凝土路面对基层的相关要求，应具有足够的承载能力，而且稳定密实、断面正确、表面平整、排水性能良好。

当旧沥青路面的承载能力不符合控制标准值要求时，设置补强层。补强层厚度根据承载能力要求和结构层最小厚度要求综合确定，材料可使用水泥稳定碎石或贫混凝土。当铣刨后表面存在局部范围较大坑槽或路拱不符合要求时，应设置整平层。整平层建议使用贫混凝土。

美国试验路研究表明，铣刨后沥青层剩余有效厚度对超薄水泥混凝土路面的荷载应力和裂缝的产生有影响，建议厚度为5～7.5cm(2～3in)。本研究理论分析表明，板较薄时，沥青层厚度对板荷载应力影响明显，控制沥青层厚度大于6cm，有利于超薄水泥混凝土路面的使用；同时，路面板越薄，沥青层品质（弹性模量）对荷载应力影响越明显，品质较差（即相当于层间存在软弱夹层）时，必须进行处治。

路面板厚度通常为5～10cm，根据交通状况、轴载作用和自然因素等通过计算确定。路面板应具有足够强度，表面平整、耐磨、抗滑。混凝土建议使用高早强、低弹模、纤维增强混凝土。

本研究试验路修筑中，分别选取了5cm、8cm和10cm三种厚度，普通混凝土、钢纤维混凝土和聚丙烯纤维网混凝土三种混凝土，进行观测研究。短期使用后，尚未发现差异，有待进一步观测长期使用性能。

(2)超薄水泥混凝土路面板平面尺寸

超薄水泥混凝土路面由于面板厚度薄，为减小板内荷载应力，通常平面尺寸较小，适宜接缝间距为0.6～1.8m，板块通常划分为正方形或矩形。

本研究通过理论计算得出，路面板平面尺寸对板荷载应力的影响程度与板厚度、层间接触状况相关。当路面板与地基完全连续接触时，板平面尺寸大于1.0m×1.0m后，对荷载应力影响较小，可以忽略；而小于1.0m×1.0m时，则必须进行应力修正。层间滑动接触时，板厚7cm和平面尺寸1.2m×1.2m是弯拉应力变化曲线的分界点。对于≤7cm时，板平面尺寸宜控制在1.2m×1.2m以下，对减小弯拉应力作用明显，从而在理论上验证了在美国大量试验路研究中得出的结果。滑动接触时应力的提高率K随板厚h_c的增大而减小，随板平面尺寸的增大而增大，故对于板厚较薄时，选用较小的平面尺寸，有利于超薄水泥混凝土路面长期使用性能。

试验路修筑中，对不同板厚、不同混凝土分别选择了0.9m、1.1m和1.5m

三种接缝间距，在观测期内使用状况均良好。

因此，在路面板设计中，应将厚度和平面尺寸综合考虑，满足荷载疲劳应力要求；为减少施工工作量，平面尺寸不宜过小；同时，平面尺寸的确定应与施工路段路面宽度相结合，使全幅内板块尺寸尽量均匀。

根据我国实际情况，建议接缝间距为1.0～1.5m。

(3)超薄水泥混凝土路面与AC层间黏结

本研究理论计算分析表明，超薄水泥混凝土路面与AC层间接触状况对路面板荷载应力有明显影响。只有当板厚$h_c \geq 8$cm，且板平面尺寸为0.6m×0.6m时，滑动接触时的荷载应力值小于连续接触时的荷载应力值，分别减小5.98%、12.4%和16.68%；其余条件下均为滑动接触时的应力值大于连续接触时的应力值，最大的提高约325.49%，是板平面尺寸为1.8m×1.8m、板厚度为5cm时；最小提高率是平面尺寸为0.8m×0.8m板厚度为10cm时，仅约0.05%。K变化的基本趋势为荷载应力K随板厚h_c的增大而减小，随平面尺寸的增大而增大。

因此，采取一定措施，提高超薄水泥混凝土路面与AC层间黏结力，使层间接触状况趋于连续，对延长超薄水泥混凝土路面使用寿命、提高使用性能具有重要意义。通常主要的措施是对旧沥青路面表面进行铣刨、清洗处理，使表面具有足够粗糙度，粗集料外露，增强层间的“啮合作用”。

通过对试验路钻芯取样可以看出，经过铣刨处理后层间黏结紧密，接近完全连续状态。为进一步定量分析层间黏结性能，课题组利用LLM层间剪切系统，对具有不同粗糙度的沥青混凝土表面与水泥混凝土层之间的抗剪强度进行测试，定量反映旧沥青路面表面对超薄水泥混凝土路面板与AC层间黏结性能的影响。由试验结果可知，随着表面构造深度的增大，层间抗剪强度呈曲线增大趋势，而且构造深度越大，抗剪强度增长越快。

(4)接缝

超薄水泥混凝土路面接缝与普通混凝土相同，有胀缝、缩缝和施工缝等，但由于路面板厚度小，接缝间距、构造等设计内容有不同之处。

纵向缩缝采用不设拉杆的假缝，根据路面设计板块划分确定间距；在强度满足要求后，用锯缝机切缝，再用填缝料灌缝；缝宽3～8mm，缝深1～2cm。纵向施工缝位置尽量选在设计缩缝处，采用不设拉杆的平缝，要求与缩缝相同。

横向缩缝采用不设传力杆的假缝，间距根据路面结构设计确定。在邻近桥梁或其他固定构筑物处、与柔性路面相接处、板厚改变处、隧道口、小半径平曲线和凹型竖曲线纵坡变换处，均应设置胀缝。在邻近构造物处，应根据施工温度至少设两条。胀缝采用不设传力杆的边缘钢筋型或厚边型。当中断施工时，应设置横向施工缝，其位置宜设在胀缝和缩缝处，采用不设传力杆的平缝。

在交叉口位置，接缝布置应与交通流相适应，并易于排水，整齐美观，施工方便，相邻板接缝应对齐，划分板块不应出现锐角。

接缝材料主要采用填缝料，应选用与混凝土黏结力强、回弹性好、高温不溢出、低温不脆裂、耐久性好、不溶于水和不渗水的材料，应满足水泥混凝土路面设计规范中的技术要求。

6.3.4 设计方法和参数

(1)设计标准

美国试验路研究成果表明，板角开裂和路面板断裂是超薄水泥混凝土路面的主要破损形式。本研究通过对超薄水泥混凝土路面的理论计算与分析得出，路面板纵缝边缘中部底面的荷载弯拉应力最大，路面板在温度梯度作用下产生的温度应力较小，可忽略不计。因此，参照国内外有关水泥混凝土路面设计的研究成果，以路面板的疲劳断裂作为超薄水泥混凝土路面的主要破坏模式。以控制行车荷载反复作用在板内所产生的荷载疲劳应力，以不大于混凝土弯拉强度作为路面板厚度设计的标准。即：

$$\sigma_{pr} = (0.95 \sim 1.03) f_r \tag{6-9}$$

荷载疲劳应力作为当量应力，相当于标准轴载在临界荷位处所产生的应力在设计使用期内引起的累计疲劳损耗，可表示为：

$$\sigma_{pr} = k_f k_c k_j \sigma_{p0} \tag{6-10}$$

式中：σ_{p0}——标准轴载在临界荷位处产生的荷载应力(MPa)；

k_f——考虑设计使用期内轴载应力累计疲劳损耗作用的荷载应力疲劳系数；

k_c——考虑超载和动载等因素影响而对标准轴载进行修正的荷载安全系数；

k_j——考虑接缝传荷能力而对计算应力进行修正的应力折减系数。

设计方法选用板纵缝边缘中部作为临界荷位，利用推荐诺模图计算标准轴载作用下的最大荷载应力。

超薄水泥混凝土路面设计使用年限为10～12年。

(2)设计参数

①交通状况

采用重量为100kN的单轴轴载作为标准轴载。轴载换算及设计使用期内设计车道上的标准轴载累计作用次数计算，与普通水泥混凝土路面设计相同。

②旧沥青路面顶面当量回弹模量（综合地基弹性模量）

通过用后轴轴载为 100kN 的汽车进行回弹弯沉测定，由整理得到路段计算回弹弯沉值。

③混凝土设计弯拉强度和弯拉弹性模量

混凝土的设计强度以 28d 龄期的弯拉强度为标准。建议强度值为 ≥5.0MPa。

混凝土弯拉弹性模量通过试验确定。通过选择适宜纤维材料提高混凝土韧性，降低弹性模量，尽量控制在 3.0×10^4MPa 左右。

(3)荷载应力计算

①标准轴载产生的最大荷载应力

标准轴载(100kN)作用在临界荷位(板纵缝边缘中部)处产生的最大荷载应力，利用由有限元分析结果绘制的诺模图(图 6-18)得到。

②荷载应力疲劳系数

根据混凝土疲劳试验结果，得出双对数疲劳方程：

$$\lg S = \lg a - b\lg N_e \tag{6-11}$$

转换得到：

$$k_f = \frac{1}{a}N_e^b \tag{6-12}$$

式中：a、b——由疲劳试验得到的回归系数。对于普通混凝土 $a=1.13$，$b=0.0484$，对于聚丙烯纤维网混凝土 $a=1.230$，$b=0.0525$。

③荷载安全系数

考虑超载和动载等因素的影响而对标准轴载进行修正的荷载安全系数，由于超薄水泥混凝土路面主要用于一般道路，交通量较小，故取 1.20。

④应力折减系数 k_j

标准轴载作用于纵缝边缘时，考虑接缝传荷能力的应力折减系数随接缝类型而定，由于超薄水泥混凝土路面板纵缝处不设拉杆，故取 $k_j=1.0$。

(4)板厚计算

确定超薄水泥混凝土路面板厚度，可参照下述步骤进行：

①收集与分析交通资料

通过交通状况调查，收集初始日交通量、轴载组成和分布、年增长率等资料，利用换算公式，计算设计使用期内设计车道上的标准轴载累计作用次数 N_e。

②混凝土混合料组成设计

根据强度要求，选择适宜的增强纤维，进行混合料组成设计。利用试验测定

28d抗弯拉强度值和弯拉弹性模量；进行疲劳试验，确定疲劳方程。

③旧沥青路面承载能力评定

对旧沥青路面现有使用状况进行调查分析，测试表面回弹弯沉值，计算顶面当量回弹模量值 E_s，评定其承载能力。如不满足要求，进行补强层设计。

④初拟路面板厚度和平面尺寸

根据测定得出的旧沥青路面承载能力，结合设计路段宽度、交通量状况、所选混凝土性能等因素，初选厚度和平面尺寸组合。

⑤计算荷载疲劳应力

利用推荐诺模图和计算公式，依据确定的设计参数，按式(6-10)计算荷载疲劳应力 σ_{pr}。

⑥检验设计是否符合设计标准

当计算荷载疲劳应力满足式(6-9)要求时，认为初拟厚度和平面尺寸组合合理，可以使用。如不满足，则改变厚度或调整平面尺寸，重复计算，直至满足条件为止。

6.4 超薄水泥混凝土试验路

6.4.1 超薄水泥混凝土试验路概况

2001年项目组根据研究成果，修筑了我国第一条超薄水泥混凝土路面试验路段。试验路段位于国道210线陕西省铜川市境内K167＋518～K167＋818处，长300m，为一般二级公路，改建于1990年10月，路面宽度12m(1.5m＋4.5m×2＋1.5m)，旧路面结构为2cm沥青封面＋5cm沥青(渣油)碎石＋42cm10％石灰土基层，设计容许弯沉值0.58mm，设计使用年限15年，交通量增长率8％，处于公路自然区划Ⅲ$_2$区，1992年对局部段落进行了2cm沥青罩面中修。

通过现场路面破损调查可知，试验路段旧沥青路面破损主要是横裂和大面积龟裂，表面破损程度较重，已严重影响道路的正常使用。对调查结果进行汇总分析，路面综合破损率DR达22.92％，路面状况指数PCI为45.49，路面破损评价等级为次，路面平整度状况为良。该路段代表弯沉值为59.1(0.01mm)，计算得到旧路路基路面综合回弹模量值为198MPa。该路路面设计容许弯沉值为58(0.01mm)，可得路面强度系数SSI为0.98，可见试验路段承载能力状况为良，加铺超薄水泥混凝土路面时不需要再进行补强处理，即可满足要求。

为了对比分析不同影响因素对超薄水泥混凝土路面使用性能的影响，路面板平面尺寸分别选取0.9m×0.9m、1.1m×1.1m和1.5m×1.5m三种，路面板厚度分别取 5cm、8cm 和 10cm 三种，混凝土种类分别选取普通混凝土、钢纤维混凝土和 Good Road® 聚丙烯纤维网混凝土。

试验路段采用前述施工技术铺筑，养生 10d 后开放交通，对其使用初期基本性能进行了测定。平整度评价结果为优，路基路面综合回弹模量值为 306MPa，比铺筑前提高了约 55%。钻芯取样得出，路面板测定厚度均满足要求，且可以看出，路面板与沥青层之间的层间黏结状况良好。使用初期对超薄水泥混凝土路面的观测可得出，超薄水泥混凝土路面使用状况良好，对改善和提高旧沥青路面使用性能有显著作用。

试验路通车后，对路面板使用状况进行了定期观测，主要破损形式是裂缝。通车初期(20d)在 K167＋518 左幅有 3 块板(接缝间距 1.1m)出现了微细角隅裂缝。利用铁棒敲击板面表明，板有脱空现象产生，说明板与沥青层之间黏结力不足；由旧沥青路面调查资料可知，该 3 块板所处位置旧沥青路面破损严重，多次修补处理；铣刨后剩余沥青层厚度很薄，局部部位甚至没有沥青层剩余，基层外露。综合相关资料可以得出，层间没有充分黏结、混凝土收缩(板厚度小)、有效剩余沥青层过薄是该部位过早产生角隅裂缝的可能原因。

随着通车时间的延长，通过定期对路面裂缝发育、发展状况进行调查表明，初期 3 块板出现的角隅裂缝发展非常缓慢，逐渐扩展、连通形成网裂，并出现横裂缝，但裂缝宽度很小，不影响路面行车舒适性；周围板块随使用时间延长，也逐渐出现角隅裂缝，并进一步扩展，发育、发展也很缓慢；纵向、横向裂缝很少，基本出现于通车半年后。

通车一年后，试验路路面裂缝主要集中于 K167＋517～K167＋538 左右幅和 K167＋600～K167＋615 右幅，裂缝主要形式为角隅裂缝和交叉(或斜向)裂缝。K167＋517～K167＋538 左右幅路面板厚 5cm，平面尺寸为 1.1m×1.1m，混凝土采用普通混凝土和钢纤维增强混凝土。施工前旧沥青路面调查表明，该范围大面积修补，且有大面积严重不规则裂缝；铣刨后沥青层厚度很小，局部甚至没有；该部位最早出现角隅裂缝。相比而言，K167＋565 左幅也有大面积严重龟裂，铺筑了 8cm 厚超薄水泥混凝土路面板，目前使用状况良好；K167＋749～K167＋778 左右幅，铺筑前横裂、龟裂严重，铺筑 8cm 厚超薄水泥混凝土路面板后，使用状况良好；K167＋790～K167＋810 左右幅均有大面积严重龟裂，铺筑了 10cm 厚超薄水泥混凝土路面板，尚无裂缝产生，使用状况良好。通过对比分析可以看出，选择适宜厚度的超薄水泥混凝土路面板，对破损严重的旧沥青路面仍然可以保证良好的维修效果。

K167＋600～K167＋615 右幅超薄水泥混凝土路面板厚度为 8cm，路面板平面尺寸为1.5m×1.5m，混凝土为纤维网混凝土。旧沥青路面调查表明，存在横裂缝和大面积中度龟裂；同时由弯沉测试结果可见，该段落弯沉值明显大于其他路段，说明旧沥青路面承载能力较低或稳定性较差；本次全面调查中发现，该部位路基出现明显变形。综合分析可以得出，旧沥青路面承载能力较低或稳定性较差对超薄水泥混凝土路面使用性能有显著影响。

通过对试验路段裂缝状况的调查分析可以得出，角隅裂缝和交叉（或斜向）裂缝是超薄水泥混凝土路面的主要破损形式，角隅裂缝范围基本在30～50cm以内，裂缝很细且发展速度非常缓慢，对行车几乎没有影响；路面板厚度、层间黏结性能、剩余沥青层厚度、旧沥青路面承载能力和稳定性对超薄水泥混凝土路面裂缝的产生有显著影响，这与室内试验、理论分析结论相吻合，在设计过程中应加以考虑。

6.4.2 超薄水泥混凝土路面经济效益

超薄水泥混凝土路面作为一种新型的路面结构，在我国旧沥青路面维修中应用的可行性已通过试验路的修筑和使用得到肯定，具有合理利用资源、快速有效、施工简便的优点。但作为一种旧沥青路面维修技术，其建设费用是管理人员所关注的主要问题之一，尤其是在养护维修资金有限的条件下，是否具有大面积推广的可能性。为此，本研究通过与其他维修方案进行建设费用对比，仅从初期建设成本方面分析了超薄水泥混凝土路面的经济效益。

（1）对比方案

旧沥青路面维修通常采用水泥混凝土罩面和沥青混凝土罩面两种方法，本研究分别选择加铺22cm普通水泥混凝土和加铺5cm沥青混凝土两种方案作为维修建设费用对比分析方案。

根据旧沥青路面状况调查，按规范规定方法进行路面设计，得到对比维修方案路面结构组合设计见图6-21。

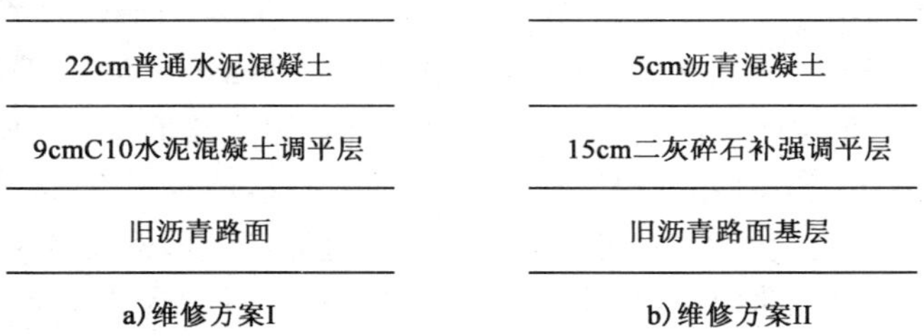

图6-21　对比维修方案路面结构

方案Ⅰ：由于旧沥青路面承载能力较高，但表面破损严重，对局部需进行挖除处理，故先设 10cm C10 水泥混凝土调平层，再加铺普通水泥混凝土。

方案Ⅱ：由于旧沥青路面表面破损严重，先完全挖除旧沥青路面沥青面层，铺设 15cm 二灰碎石补强找平层后，再加铺沥青混凝土面层。

(2)超薄水泥混凝土路面

超薄水泥混凝土路面维修方案为试验路使用方案，使用了普通水泥混凝土、纤维网增强混凝土和钢纤维增强混凝土三种材料，厚度采用 5cm、8cm 和 10cm 三种，具体路面结构见图 6-22。施工过程中，先对旧沥青路面进行铣刨处理，再铺筑超薄水泥混凝土路面板。

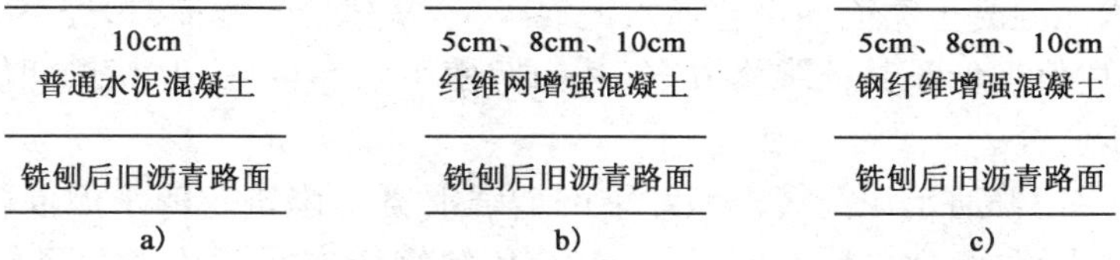

a)	b)	c)
10cm 普通水泥混凝土	5cm、8cm、10cm 纤维网增强混凝土	5cm、8cm、10cm 钢纤维增强混凝土
铣刨后旧沥青路面	铣刨后旧沥青路面	铣刨后旧沥青路面

图 6-22　超薄水泥混凝土路面维修结构

(3)经济效益对比分析

汇总不同维修方案建设费用单价计算结果见表 6-6。

超薄水泥混凝土路面与对比维修方案单位造价表(单位：元/m²)　　表 6-6

方案 \ 项目			面层	旧沥青路面铣刨	补强调平层	合计
超薄水泥混凝土路面	普通水泥混凝土	10cm	34.46	10.00	—	44.46
	纤维网增强混凝土	5cm	26.75	10.00	—	36.75
		8cm	41.45	10.00	—	51.45
		10cm	51.14	10.00	—	61.14
	钢纤维增强混凝土	5cm	41.29	10.00	—	51.29
		8cm	64.76	10.00	—	74.76
		10cm	80.40	10.00	—	90.40
对比维修方案Ⅰ			73.21	—	27.46	100.67
对比维修方案Ⅱ			35.16	1.76	23.68	60.60

对比不同维修方案单位造价可以得出：采用 22cm 水泥混凝土罩面的建设成本最高，其次为钢纤维增强混凝土超薄水泥混凝土路面，沥青混凝土罩面与纤维网增强混凝土超薄水泥混凝土路面基本持平。

钢纤维增强混凝土由于钢纤维价格较高，使其造价提高，厚度 10cm 时单价为 90.40 元/ m²，与方案Ⅰ相比节省约 10%，但远高于方案Ⅱ，厚度减薄到 8cm

以后，其造价基本与方案Ⅱ持平或略低；但另一方面，钢纤维在混凝土拌和中易结团、分散不均匀，使用过程中又对车轮胎损耗较大，不宜在超薄水泥混凝土路面中使用。

超薄水泥混凝土路面使用纤维网增强混凝土，10cm 厚度时造价与方案Ⅱ持平，厚度为 8cm 时比方案Ⅱ节省费用约 15%，则对路面宽度为 9m 的一般二级公路而言，每公里可节省建设费用约 8 万元；同时，采用方案Ⅱ维修时，挖除旧沥青路面面层，造成资源浪费，且增加沥青用量，会对环境造成更大污染（水资源），不利于可持续发展；而超薄水泥混凝土路面可充分利用当地水泥资源，促进区域经济发展，会产生更大的经济效益和社会效益。

超薄水泥混凝土路面使用普通水泥混凝土，从建设成本而言，经济效益非常明显，单位造价远低于其他维修方案，其初期使用效果良好，但其长期使用性能有待进一步研究。

因此，使用普通水泥混凝土和纤维网增强混凝土修筑超薄水泥混凝土路面来维修旧沥青路面，建设成本明显节省，与传统维修方案相比费用降低 15%以上，同时在资源利用、环境保护等方面能产生更大经济效益和社会效益，尤其是水泥资源丰富地区更加明显。

第7章 水泥混凝土路面养护维修技术

水泥混凝土路面在重复行车荷载和环境因素综合影响下，随着使用时间的延长，会产生接缝破损、裂缝、断板、错台等各种病害。国内外从病害成因、材料、设备、工艺等方面对水泥混凝土路面的养护维修技术开展了长期研究。但水泥混凝土路面病害的成因多种多样，且往往是多种因素综合作用的结果，与病害出现部位的实际状况密切相关。相同表现形式的病害，在不同工程中产生的原因或主要原因有所不同，采用相同养护维修措施处理后，取得的效果往往并不相同。随着我国水泥混凝土路面养护与维修技术的研究和发展，现行养护规范中虽提出了水泥混凝土路面的破损评价与养护维修技术措施，但养护维修方法在具体工程应用中，仅能起到一定指导作用，实际养护维修技术措施的选择仍依赖技术人员的实践经验，具有较大盲目性，容易导致“修了坏、坏了修”，造成巨大经济损失和不良的社会影响。本研究总结长期养护管理经验，在分析水泥混凝土路面破损与成因的基础上，开展初期发育破损的养护技术、典型严重破损的维修技术和加铺技术研究，不断提高水泥混凝土路面养护维修水平，以提高路面使用性能，延长路面使用寿命。

7.1 水泥混凝土路面破损及成因

7.1.1 路面破损状况

分阶段对陕西省铜川市境内的水泥混凝土路面破损状况进行了全面调查与分析。调查过程中，综合考虑水泥混凝土路面病害的成因、表现形态、对路面使用性能的影响，将水泥混凝土路面病害分为裂缝类、接缝类、变形类、表面破损类等4大类，其中裂缝类包括裂缝、破碎、断角、补块等类型，接缝类包括接缝剥落、纵向接缝张开、接缝填缝料损坏、脱空唧泥、错台、拱起等类型，变形类包括胀起、沉陷等类型，表面破损类包括露骨、表层裂缝、层状剥落、坑洞、路肩损坏、修补损坏等类型，共17种类型。每一种类型又分为1～3级，共计29种不同类型与等级病害。

调查采用普遍调查与重点调查相结合的方法。调查初期，对所有路段进行普查，记录破损严重的路段及具体位置；再对所纪录的典型破损路段进行重点调查，划分水泥混凝土路面病害类型及分级；最后，根据已划分的水泥混凝土路面病害类型及分级，对所有水泥混凝土路面进行普遍调查。

重点调查路段选择时主要考虑：所选路段内应较全面的包含水泥混凝土路面病害类型及等级；所选路段应包含不同年代修建的水泥混凝土路面；已进行了多次修复但仍屡修屡坏的路段；一些并不多见的特殊病害。分别选择了 20 世纪 80 年代建设的 2 个路段，20 世纪 90 年代建设的 15 个路段，2000 年以后建设的 2 个路段，旧水泥混凝土路面加铺沥青混凝土 1 个路段，进行了重点详细调查。

调查得出，不同年代水泥混凝土路面的设计与施工技术水平不同，路面结构组合不同，使用年限不同，使路面破损有所不同，但仍有共同点，有一些典型破损类型。横向裂缝、纵向裂缝、角隅裂缝、断板等裂缝类破损，沉陷变形破损，错台、纵向接缝张开、唧泥等接缝类损坏，以及剥落、修补损坏等表面类破损在陕西省铜川市境内的水泥混凝土路面中出现几率较高，分布面积较大，且严重程度较高，影响较大，属于典型破损类型。

水泥混凝土路面破损在时间上有一定规律，大致有三个相关过渡阶段：

(1)施工期为水泥混凝土路面破损的第一相关过渡阶段

水泥混凝土路面施工过程中，混凝土施工质量、施工工艺等均影响路面成型质量，是路面出现破损的初始诱因。在水泥混凝土面板浇筑和硬化过程中，由于物理、化学作用产生的拉应力是导致混凝土面板早期裂缝的内在因素。同时在浇筑和成型过程中受到的气温、施工机具、工艺流程及养生等诸多因素的影响，是形成水泥混凝土路面裂缝及断裂的外部因素。在第一相关过渡阶段，水泥混凝土路面出现裂缝的几率较大。因此，采取有效措施把早期裂缝和断板控制在最小范围内，是工程技术人员的首要任务。

(2)使用一年后为水泥混凝土路面破损的第二相关过渡阶段

经过一个四季循环周期，混凝土路面的接缝开始出现破坏，由于接缝料的损失、失效以及行车荷载的作用，出现接缝的破碎、张开。施工期地表水、地下水处理不妥，入冬前无法及时蒸发排除而滞留，出现冻胀隆起，形成错台，个别胀缝处理不好则会出现拱起。接缝的破坏以及错台的出现又加剧了断板裂缝损坏的发生，进一步导致麻面、露骨、起皮、剥落、蜂窝等破损。在第二相关过渡阶段，养护单位应重点对接缝进行养护维修。

(3)使用两年后为水泥混凝土路面破损的第三相关过渡阶段

水泥混凝土路面使用两年后，接缝破损及其诱发病害不断严重，尤其是反复冻融、不均匀冻胀、重复行车荷载作用，第二相关过渡阶段诱发的轻微破损迅速发展，新的病害不断发育。沉陷、裂缝、断板等破损在这一阶段表现得更为明显或严重。因此，这一阶段的养护维修显得尤为重要。

本研究调查路段都使用一年以上，所以在时间上的分布规律以第二、三阶段表现得明显一些。

7.1.2 路面破损成因

(1)裂缝类破损

调查结果得出，水泥混凝土路面的裂缝破损特点为：裂缝分布广泛，各种裂缝破损形式均存在，在水文地质不良地段尤为严重；裂缝宽度多为0.5～5mm，在破损严重路段也有宽度大于15mm的裂缝；裂缝深度不一，使用时间较长的路面板裂缝基本贯通；裂缝两侧的混凝土均有不同程度的破碎，破碎宽度与裂缝宽度、错台量密切相关；横向裂缝明显多于纵向裂缝，纵向裂缝主要伴随路面沉陷出现；水泥混凝土路面罩面后出现的裂缝，多为反射裂缝，且沥青加铺罩面中的反射裂缝更为严重。

水泥混凝土路面裂缝破损的原因从表现形式分析，原因如表7-1所示，主要涉及原材料、设计、施工、环境、重载等。

水泥混凝土路面面板破损及原因 表7-1

类型		原因	危害
表面裂缝		早期过快失水收缩、碳化收缩	耐磨性下降，引起砂石裸露，表面抗滑性、行车舒适性下降
贯穿裂缝	横向裂缝	失水干缩、温缩、切缝不及时、反射裂缝等	板裂缝处易受水浸泡，使水下渗，导致基层软化，引起唧泥、淘空等病害，使行车舒适性下降
	纵向裂缝	填料不均匀、湿度不均匀、膨胀土、冻胀、压实不足等引起不均匀支承	
	交叉裂缝	混凝土强度不足，路基或基层强度与水稳性差，水泥水化和碱集料反应引起	
板角断裂		施工时，板角密实度不够，强度较低，板角传荷能力差，板底唧泥脱空等	使板破碎、平整度下降、行车舒适性下降

(2)接缝类破损

接缝破损主要包括错台、缝宽增大等变形类破坏，破碎、拉裂等接缝类破坏，以及接缝材料破损等。

水泥混凝土路面接缝错台主要与接缝两侧路面板下基础的变形不均匀、水分的渗入、接缝失效等有关。水泥混凝土路面板下的基层、路基、地基等基础，在行车荷载和环境因素作用下，由于渗透水分、材料不合格、密实程度不均匀等原因，基础产生不均匀沉降，使相邻板块产生竖向差异沉降，在接缝两侧形成错台。对于目前使用的半刚性基层，抗冲刷能力较低时，基层冲刷导致的路面板接缝范围脱空，也会引起错台。当行车荷载在路面横向分布不均匀时，如上下行车道交通量差异较大，或重车比例差异较大，会导致纵向接缝两侧路面板的受力不均匀，产生不均匀变形，形成错台。

接缝类破坏的本质是接缝的传荷能力不足或传荷效果不佳。接缝未能完全密封或混凝土板的收缩，水分或石屑等杂物进入接缝，使接缝失效以致出现接缝破坏。路面板接缝出现拉裂而产生“双缝”，主要原因可能是路面板在使用过程中，不同板块下的基础承载能力并不完全相同，且与基础间的摩阻也不同，同时每个板块的混凝土品质并不一致，这些不均匀性使路面板并不一定在预设的接缝位置开裂，而往往在靠近接缝位置被拉裂。

目前使用的水泥混凝土路面接缝密封材料主要有常温型和加热型，从材料本身试验结果看，材料的性能均能满足延伸、弹性、柔性、耐久、与混凝土的黏结力等要求，但实际使用状况并不太理想。通过调查分析认为，接缝材料的破损主要与密封材料灌注施工有关，尤其是接缝密封前的清理环节影响更为明显。

(3)变形类破损

变形类破损主要表现为沉陷、拱起。沉陷变形的成因主要有：地基土沉陷或固结，特别是桥涵构造物处，由于压实不足而产生沉陷；软基处理不当，随着使用时间的延长，路基出现沉陷或滑移等变形，影响混凝土路面板的稳定；路基路面排水系统不完善，有路表水或地下水渗入路基，使路基软化。

水泥混凝土路面板拱起变形的根本原因是胀缝无法满足路面板受热膨胀而伸长的需要。导致胀缝不具备应有功能的主要原因有胀缝设置不合理、填缝材料与工艺不当、气候异常等。

7.2 水泥混凝土路面养护技术

水泥混凝土路面在行车荷载和环境因素综合作用下，其使用性能随着使用时间的延长而逐渐衰变，各种破损不断发育、发展，影响路面的正常使用。水泥混凝土路面养护主要是遵循“预防为主，防治结合”的原则，针对出现的性能初期劣化或严重程度较轻的初期发育破损，及时采取适当的工程技术措施，对路面进行日常保养，及时修复，防止路面使用性能明显降低，避免破损的快速发展或诱发更为严重的破损。由水泥混凝土路面的破损成因分析表明，不同类型的破损及其成因往往是相互促进，综合作用，一种破损一旦发育，若不及时修复，发展速度将明显加快，并诱发其他破损，路面使用性能明显降低。因此，水泥混凝土路面的养护技术，是保证路面处于良好运行状态的关键，对降低运营管理费用，延长路面使用寿命，具有重要意义。

7.2.1　接缝养护技术

水泥混凝土路面的接缝是容易导致路面出现各种病害的薄弱环节。接缝养护是水泥混凝土路面养护的主要内容，包括填缝材料养护、接缝功能恢复等工作。本研究针对目前接缝宽度较小、养护中清理难度较大的问题，提出接缝扩缝养护技术，以提高养护效果。对于填缝材料与接缝侧壁混凝土黏结不良的问题，提出机械刷缝、清洗烘干的接缝清理技术，加强黏结效果。

(1)接缝扩缝养护技术

水泥混凝土路面当接缝填缝材料散失、老化需要更换时，必须将旧接缝清理干净。通常采用切割机同宽度锯切或人工铁钩清理的方法，由于缝宽较小，清理难度较大，不易保证新接缝的施工质量。本研究采用较厚的锯片对旧接缝进行扩缝锯切，清除旧接缝中残留的填缝料和填塞的杂物，再采用机械刷缝、清洗烘干的方法进行灌缝。

接缝扩缝宽度根据旧接缝宽度、接缝侧壁破损情况、养护费用等综合确定，一般建议扩缝宽度为 10～25mm，旧接缝宽度越大，接缝侧壁破损宽度越大，则扩缝宽度越大。扩缝深度根据旧接缝深度、嵌缝条或背衬带深度及其破损状况综合确定。对于旧接缝嵌缝条或背衬带尚好的旧接缝，扩缝锯切深度以达到嵌缝条或背衬带顶面为宜；缝嵌缝条或背衬带破损严重时，以达到嵌缝条或背衬带底面为宜。对于未设嵌缝条或背衬带的旧接缝，以旧接缝深度控制。

(2)接缝机械清理技术

水泥混凝土路面接缝在灌缝前，应对接缝进行清理，保证接缝侧壁干燥、干净、无浮尘。目前常用清理方法是用高压水进行冲洗，再用高压空气配以人工清除缝内的浮尘和杂物。

实际应用中发现，采用高压水可以将切割时缝内的泥浆冲洗干净，但需要的水量较多；高压空气可以吹干接缝侧壁，尤其在气温较高时的效果较好，在春秋季节或雨季时需要较长时间，但高压空气仅是清除了侧壁混凝土表面的自由水，并不能完全保证表面干燥；清理后的表面比较光滑，且或多或少粘有一些粉尘。这些不足明显影响了填缝材料与接缝侧壁混凝土之间的黏结，使结合表面成为薄弱面，在行车荷载与温度变化作用下容易剥离。这种情况下的填缝材料剥落散失，往往是局部部位引起一定长度范围内的快速破损，填缝材料整条剥离。

为此，本研究提出机械刷缝、清洗烘干的接缝清理技术，即采用切割机，按设计宽度和深度锯切接缝后，先用高压水冲洗锯缝产生的泥浆；将切割机锯片更换为带钢丝刷的圆盘，沿切好的接缝刷一遍；再用空压机加压后的高压水冲洗接缝，清除缝内泥浆；最后用电热吹风机烘干接缝。

(3)填缝材料养护

填缝材料养护是接缝养护的重点，应经常填充或铲除多余的填缝料，保持接缝完好，表面平顺，行车不颠跳；及时修补或更换失效的填缝料，以保持良好的弹性和防水功能。填缝料日久老化会失去弹性，因此填缝料宜2～3年更换一次，保持填缝料饱满、密实、黏结牢固，从而保证接缝完好，表面平顺、不渗水。

填缝材料一般为橡胶和树脂基材料，从施工温度划分为常温型和加热型，常温型施工简便，耐久性好，但价格较高；加热型价格便宜，但施工需要增加加热工艺。

目前填缝材料的灌注主要采用专用灌缝机或灌胶枪，关键是保证填缝料饱满，在缝内均匀一致，不污染路面。从养护效果看，填缝材料的厚度越厚，使用效果越好，但造价越高。在确保良好的密封、防水效果的前提下，考虑材料与缝壁黏结的均匀性和一定的安全系数，填缝料厚度宜为2～3cm。灌注时控制注胶深度和速度，保证缝内饱满；控制移动速度，保证缝内均匀性。为了不污染路面，灌注前可以在接缝两侧路面表面涂抹滑石粉，灌注后可以方便地清扫两侧多余的填缝材料。

(4)接缝功能恢复

水泥混凝土路面缩缝较多，使用3～5年后，填缝材料基本破损，加上砂、石、土等杂物的填塞，必须清理、重灌填缝料。缩缝的养护时间应避开夏季缝宽最窄时，宜在春秋季进行。灌缝高度不宜饱满，应留出1～2mm的预挤压高度，防止填缝料在夏季被车轮带走。如果重填预制橡胶条，则要求切成台阶缝，其缝宽略大于施工时，要求适当加宽胶条横截面尺寸。对于使用时间较长的缩缝，会出现错台。当现场检测判定没有出现脱空时，将错台用铣刨方法消除，并在缩缝处加设滑动传力杆锚固，提高缩缝的传荷及抗错台能力。

胀缝的养护主要是对挤压破碎后的胀缝进行清除与重做。养护中，对破碎带锯切清除，可以采用直接填塞沥青混凝土或沥青砂浆的方法，设置隔离缝替代胀缝；也可以按照胀缝构造要求，采用高强混凝土或纤维增强混凝土，重新植入传力杆，修复胀缝。

7.2.2　排水系统养护技术

水泥混凝土路面的横坡、路肩、中央分隔带、边沟、边坡、截水沟、排水沟等组成地面排水系统。水泥混凝土路面若排水不良，水下渗会使基层及路基软化，导致混凝土板块下形成唧泥，产生脱空，从而造成各种破坏。此外，水泥混凝土路面积水形成的水膜，会影响行车安全。

1)已有排水系统修复

新建水泥混凝土路面大部分设置有良好的排水系统，但在运营使用中，受到行车荷载、环境因素的影响，排水系统将出现不同程度的损坏，需要进行必要的日常养护和破损及时修复。

(1)排水系统日常养护

①对路面排水设施应进行经常性的巡查和重点检查，发现损坏及时修复，发现阻塞立即疏通，发现路段积水及时排除。

②检查中央分隔带纵向排水沟、横向排水管、雨水井、集水井等的排水状况。

③保持路面横披及路面平整度。当快车道是水泥混凝土路面，慢车道或非机动车道是沥青路面时，应保持沥青路面横坡大于水泥混凝土路面。

④保持路肩横坡大于行车道，并保持横坡顺适，土路肩应定期养护，及时修复路肩缺口。

⑤清除路肩杂草、污物，疏通路肩排水设施和中央分隔带排水设施，同时定期清除雨水井、集水井的沉积物。

⑥保持排水构造物的完好，发现损坏应及时安排修复，修复宜采用与原构造物相同的材料。

(2)排水系统修复

①对路面板裂缝应进行封闭，对路面板接缝、路肩接缝以及路缘石与路面接缝变宽时，应进行填缝处理。

②为排除路面下的游离水，常沿水泥混凝土路面外侧边缘稳定基层上，设置边缘排水设施，一般采用多孔塑料管外包反滤层，将板与基层间的自由水排出。由于排水系统的不均匀沉降及沉积物，可能造成管内沉积物的聚积，应使用清水冲洗排水管，或采用管道清理工具疏通，要注意清除出水口的植物、淤积物、阻塞物。

③增设边缘排水系统。对于运营 3～5 年后，已出现冲刷、唧泥的高等级公路水泥混凝土路面，特别是在长大纵坡底部及竖曲线下凹部位，应在路面边缘部位增设纵向排水系统。

④必须始终保持排水口在使用期内畅流无阻。对排水系统中管沟的出水口,要注意清除植物、淤积、堵塞。进入雨季之前,一场暴雨之后或至少每隔3个月应进行一次检查。

2)排水系统完善

水泥混凝土路面排水系统的完善,主要包括路表排水系统、路面结构排水系统和中央分隔带排水系统三部分。

(1)路表排水系统完善

①边沟淤塞、积水路段,加强经常性清理和疏通。

②应该设置而未设边沟的路段,如填土高度小于边沟深度的低填方路段,应当利用混凝土破碎板和片石增砌边沟和排水沟,以汇集和排泄路面表面水。

③保持路拱横向坡度,以利于路面水能迅速排向两侧,通过边沟或排水沟排到路基范围以外。对于严重错台或路面沉陷、路拱横坡不合要求的路段,通过填补沥青混凝土或挖补重修旧水泥混凝土路面,加以改善。

(2)路面结构排水系统完善

对已建成的水泥混凝土路面,为了排除已积滞在路面结构内的水分,在旧路维修改造时,应增设边缘排水系统。在已建成水泥混凝土路面的行车道与硬路肩的结合处增设纵、横向排水设施。

(3)中央分隔带排水系统的完善

由于中央分隔带一般采用种植灌木和铺设草皮的方法,雨水和花木的浇灌水会渗入路基,造成路基路面的变形与损坏。一般的完善方法为:采用水泥混凝土预制块封闭中央分隔带;在竖曲线底部的通信检查井处埋设排水管。

7.2.3 抗滑性能恢复技术

水泥混凝土路面的抗滑性能将随着使用时间的延长而衰减,使路面行车安全性明显降低。为了改善水泥混凝土路面的抗滑性能,可采用刻槽机对磨光的路面进行刻槽处理,也可用化学方法(如盐酸或氢氧化钠)腐蚀混凝土表面,形成粗糙面,使其纹理深度、摩擦系数满足行车安全性要求。

(1)路面刻槽处理

对旧水泥路面进行刻槽处理可使雨水从槽纹中迅速排走,避免在路面上形成一层水膜,保持路面无水状态;使轮胎下的路面积水从槽纹或轮胎花纹中及时排走,避免了由于车轮的快速旋转,造成车轮下面连续水膜压力增高而形成飘滑现象;提高轮胎与路面的附着摩阻力后,减少雾飘水溅,增加雨天能见度,减少反射眩光改善夜间行车环境;提高路面抗滑力,缩短车辆的制动距离,改善操作性能，大大减少交通事故。

刻槽的结构由槽宽、槽深、槽间距和槽走向四个要素组成。研究表明，从排水能力、施工方便性和噪声的角度综合考虑，刻槽的宽度以 3～5mm 为宜。刻槽深度主要取决于施工能够达到的水平和磨耗，对于塑性刻槽（软刻槽），最小槽深不宜小于 2.5mm；对于硬刻槽，刻槽深度宜为 3～5mm。等间距刻槽时，槽的净间距应为 12～25mm；变间距刻槽时，槽的净间距应为 15～30mm。软刻槽时间距可以小些，硬刻槽时间距可以取大一些。从施工方便性的角度出发，一般推荐采用矩形槽，在冰冻严重的地区可以采用梯形槽，梯形槽的上口宽 6mm，底部宽 3mm。

刻槽在工艺上分为软刻槽和硬刻槽两种。硬刻槽与软刻槽相比具有槽型规矩、线形顺直、槽深可控、耐久性好的优点，高速公路和一级公路应尽量采用硬刻槽。

(2)化学腐蚀处理

在原水泥混凝土表面洒布盐酸、氢氟酸进行腐蚀，形成粗糙面。由于在路面洒布化学腐蚀剂，有可能对路面产生其他的破坏，因此使用并不广泛。

路面的抗滑能力，除了采取技术措施进行恢复外，日常使用中也要注意维护与提高路面的抗滑能力，主要包括：清除污染，提高路面的抗滑溜性；保持路面一定的干燥度；考虑交通荷载对路面的磨光和磨耗作用。

7.2.4　冬季养护

在冰冻地区或冬季道路上，路面积雪、结冰导致抗滑性能降低，容易出现交通事故。同时，冰雪融化水渗入路面，会引发冻融病害。因此，水泥混凝土路面的冬季养护应引起高度重视。

1)路面冰雪清除

(1)除雪、除冰、防滑应根据气象资料、沿线条件、降雪量、积雪深度、危害交通范围等制订作业计划。

(2)清除路面冰雪主要采用机械处理、化学处理、路面加热和减少冰与路面的黏着力四种方法。目前比较成熟也比较便利的是前两种方法。

(3)常用的融雪剂有氯化钠、氯化钙、氯化镁、异丙醇、乙二醇、氮和磷酸盐化合物等。目前广泛使用的是氯化钠和氯化钙。

(4)除雪工作应力求在雪刚落时及时开始清扫，路面积雪后要及时清除。

(5)除冰作业时，应防止破坏路面，除冰困难的路段应以防滑措施为主，除冰为辅，以提高养护作业效率。

2)路面防滑

(1)使用盐或其他融雪剂降低路面上的结冰程度。

(2)使用砂等防滑材料与盐掺配使用，既降低结冰温度，又加大轮胎与底面之间的摩擦系数。

(3)防冻、防滑料撒布时间，主要根据气象条件、路面状况来确定。一般在刚开始下雪时就撒布融雪剂或与防滑料掺配撒布，或者估计在路面出现冻结前1～2h撒布。

(4)防止路面结冰时，通常撒布一次防冻料即可，除雪作业时，撒布次数可以和除雪作业频率一致。

3)在冰冻和积雪期间，应经常巡视路面和涵洞

(1)当冰阻塞涵洞时，要及时清除洞内的冰，防止涵洞阻塞。

(2)在春季气温回升前，应将积雪及时清除至路肩以外，以免雪水渗入路肩，同时不得将含盐的积雪堆积于绿化带内，以防污染绿化植物及绿化带。

(3)冰雪消融后，应清除路面上的残留物。

7.3 水泥混凝土路面维修技术

7.3.1 裂缝维修技术

通过水泥混凝土路面破损状况调查与分析得出，裂缝在所有破损中所占比例较大，且裂缝是诱发其他破损的主要因素，属于典型破损之一。由破损成因分析表明，导致水泥混凝土路面出现裂缝破损的因素较多，相同严重程度、相同表现形式的裂缝，可能由不同原因或多种因素综合引起。本研究重点从水泥混凝土路面裂缝的主要成因出发，结合严重程度与表现形式，总结不同维修方法的应用效果，提出基于成因的裂缝维修对策与选择方法，供水泥混凝土路面养护维修参考。

目前，水泥混凝土路面裂缝的维修方法主要有灌注黏结剂法、扩缝灌浆法、条带罩面法、横向拉筋法、更换板块法、板角全厚或局部修补法等。另外，本研究针对路基变形引起的路面裂缝，提出了土工柔性加筋梁维修技术。

(1)灌注黏结剂法

目前常用的黏结剂主要有聚氨酯、聚硫环氧树脂(聚硫橡胶＋环氧树脂)、环氧树脂等高分子化学材料，应根据不同情况选择适宜的黏结剂。

①宽度小于1.5mm的裂缝，宜采用聚硫改性环氧树脂（聚硫橡胶与环氧树脂按16∶(2～16)的质量比配制），其抗拉强度可达32MPa，能改善环氧树脂的耐老化性能和脆性。

②宽度在1.5～2.5mm的裂缝，采用聚氨酯（多元醇和多异氰酸脂预聚体与固化剂按100∶27的质量比配制），这种材料的特点是耐低温、气候适应性强，能与潮湿、碱性界面紧密结合，其抗弯拉强度可达6.5MPa。

③宽度在3mm左右的裂缝，宜采用收缩性小、黏度低、耐老化和延伸性好的高分子黏结剂。

黏结剂的灌注方法通常有直接灌注法、喷嘴灌注法、钻孔灌浆法和注射器注射法，直接灌入法、喷嘴灌浆法与现行规范相同。钻孔灌浆法是沿裂缝用冲击电钻打一排直径为15mm的孔，形成一带状槽。用压缩空气喷枪清除槽孔内的残屑后，填充洁净的小碎石（直径5～10mm），再灌注黏结剂，并用水泥与黏结剂封闭槽口。注射器注射法与喷嘴灌浆法类似，只是采用医用注射器向清洁干净的缝隙内注射灌缝材料。由于维修工作量较大，目前应用较少。

(2)扩缝灌浆法

实践应用表明，对于路面板尚能使用的裂缝，即使裂缝宽度较大，在不改变裂缝宽度的条件下灌浆的效果并不好。分析认为，主要原因在于缝隙清洁难度较大，无法保证灌缝材料与混凝土的充分黏结。为此，本研究采用对裂缝进行扩宽，以便于灌缝材料与混凝土接触界面的清洁。从应用效果看，扩缝灌浆维修后的裂缝封闭效果好，灌缝材料不容易散失，使用状况较好。

扩缝灌浆法施工时，利用锯缝机或冲击钻，沿裂缝边缘将缝口扩成1.5～2.0cm宽的槽，槽深根据裂缝深度确定，最大深度不得超过2/3板厚。清除混凝土碎屑后，用水清洗槽壁，再用压缩空气吹干槽壁。在清洁后的槽内填入粒径0.3～0.6cm的清洁石屑。与前述方法相同，再用灌缝材料灌注并封闭开槽。扩缝灌浆法施工的关键是开槽的清洁，使用水冲洗后，一定要采取措施保证槽壁干燥。对于夏季施工，压缩空气容易吹干，而对于冬季或低温施工时，应采用电热吹风机烘干。

(3)条带罩面法

条带罩面法施工与现行规范相同。从应用效果看，钯钉的设置与固定，对维修效果的影响明显。应保证钯钉孔的直径略大于钯钉直径，孔的深度略大于钯钉弯钩长度。同时，除过锈的钯钉安装时，钯钉孔内应填满快凝砂浆。

(4)横向拉筋法

横向拉筋法与条带罩面法类似，仅是加固方向不同。横向拉筋法的加固条带与裂缝（或接缝）垂直，在缝两侧设置耙钉，起到拉筋加强作用。

(5)更换板块法

整块板更换的材料要求、配合比、质量标准等与现行规范相同。

水泥混凝土路面板采用传统施工工艺更换后的使用效果观察表明,新修板块出现不同程度的破损,尤其是新旧板块接缝部位的破损更为严重,且容易引起板块脱空、断裂。分析认为,施工过程中虽已对新旧混凝土结合面进行了加强处理,但混凝土的收缩差异不可避免。同时,修补板块与旧路面板之间没有荷载传递,使荷载应力较大。因此,本研究在修补板块与旧板块接缝上设置拉杆,提高新旧板块的整体性,使用效果良好。

设置拉杆的板块更换工艺中,重点是设置拉杆,其他工艺与传统板块更换工艺相同。旧板块破碎清除,并对基层处治结束后,如图 7-1 所示在旧板块四周钻孔安设拉杆。拉杆设置在板厚 1/2 处,孔中心间距 30cm。孔直径比拉杆直径大 2～4mm,孔深为拉杆长度的一半。拉杆一般采用 ϕ16 螺纹钢筋,长 80cm。

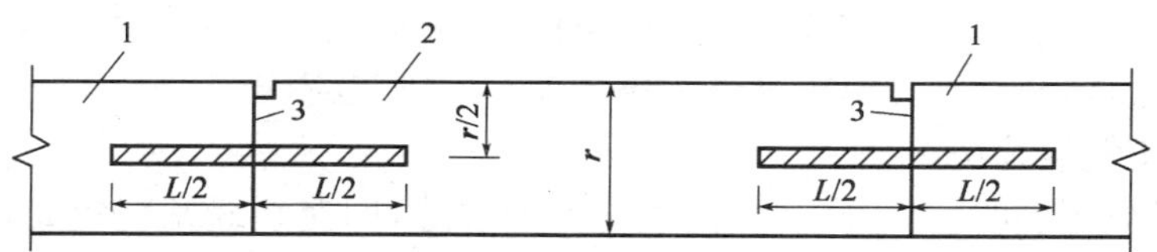

图 7-1　更换板块拉杆设置

1-保留板;2-更换板;3-接缝

钻孔的关键在于保证孔的直径、深度和水平。本研究借鉴美国排式水平钻孔机,通过反复试验,对常用取芯机进行改装,研制了如图 7-2 所示水泥混凝土路面小型水平钻孔设备,直接进行水平钻孔,既可以保证孔的位置,又可以保证水平,使用效果良好。

图 7-2　水泥混凝土路面小型水平钻孔设备

(6)局部全厚式修补法

局部全厚式修补法与更换板块法类似,只是修补区域根据裂缝分布、断板破碎范围等确定。局部修补面积较大时,应与更换板块法设置拉杆类似,在修补区域四周设置拉筋,保证与旧路面板块之间的整体性。

(7)板角全厚式修补法

角隅裂缝在水泥混凝土路面中较为普遍,是裂缝中的主要形式。板角全厚式修补的工艺与更换板块法、局部全厚式修补法类似,差别主要在于切割范围的确定。通常根据板角断裂面的大小和所处位置,按图 7-3 所示确定切割范围。

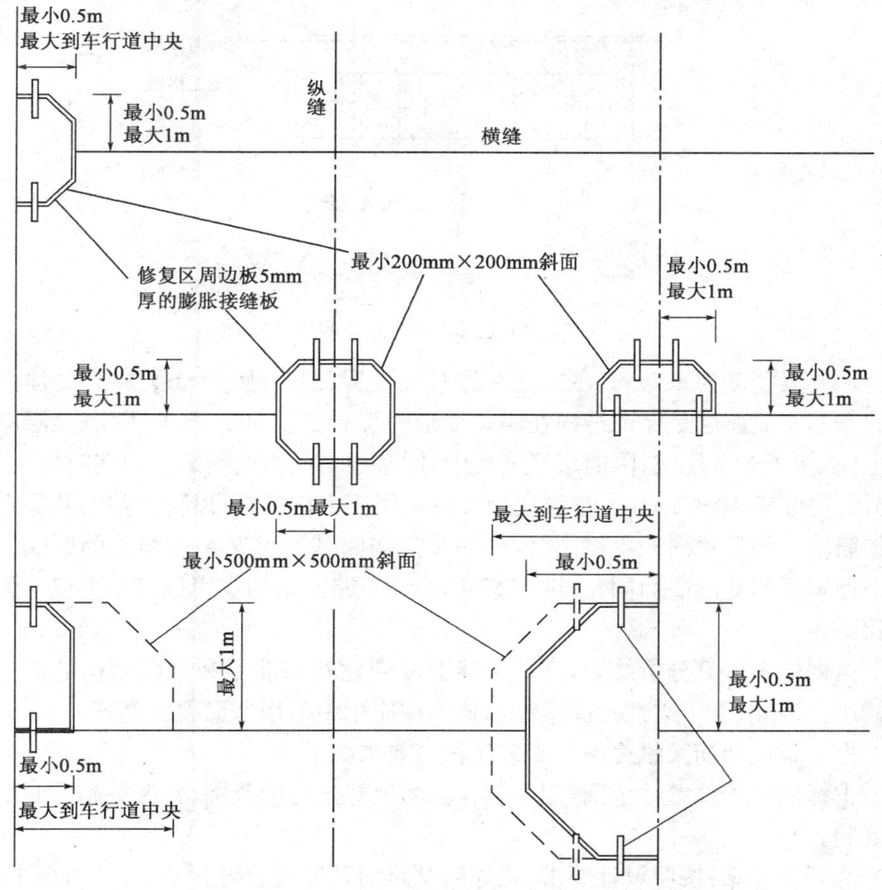

图 7-3　水泥混凝土路面板角修补范围

(8)土工柔性加筋梁法

土工合成材料以其性质均匀、强度高、韧性好、耐腐蚀、与土之间的连锁作用强等特点，自20世纪中期以来，在世界各国迅速推广。本研究针对路基失稳变形产生裂缝，诱发水泥混凝土路面板裂缝、断板破损，提出了土工柔性加筋梁维修技术。

土工柔性加筋梁如图7-4所示，由土工格栅和土工布包裹碎石组成。其处治机理在于：利用土工格栅、土工布与土的连锁作用强、强度高、柔韧性好的特点，以及碎石作为散粒结构具有不传递拉应力、拉应变的能力，减轻路基不均匀变形、侧滑变形等对路面结构的破坏作用，防止路基裂缝向上反射。土工布还起到保护碎石不被污染和避免碎石损伤土工格栅的作用。

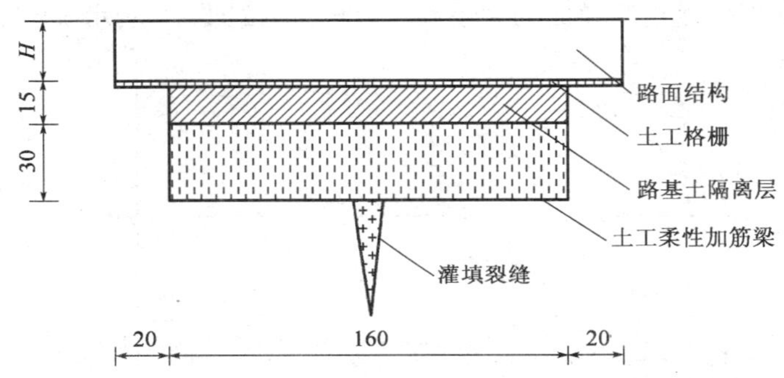

图7-4　土工柔性加筋梁处治结构图（尺寸单位：cm）

加筋梁宽度为160cm，在裂缝两侧对称设置；厚度为30cm。加筋梁顶面设置的路基土隔离层是保证结构在路基变形时保持稳定的必要条件，隔离层厚度过小，不便于施工压实；隔离层厚度过大，则基层与面板的荷载应力明显增大，推荐适宜厚度为10～15cm。基层底面设置一层土工格栅，可以防止路面基层在对应加筋梁端部位置出现反射裂缝，进一步削弱路基变形对路面结构的影响。土工格栅宽度与基层底面同宽，推荐宽度为2m。路面结构层组成与厚度应与原设计相同。

根据应力计算分析结果，路基裂缝宽度变化对加筋梁和路面结构的应力影响较小。因此，土工柔性加筋梁维修技术在应用中不用考虑裂缝宽度。

土工柔性加筋梁维修施工工艺流程与要求如下：

①标出处治位置及范围：用石灰在路面上标出处治范围，并做好施工时的交通管制。

②开挖基床：按照设计要求，将原路基路面开挖成台阶状基床，并清理干净。基床开挖后，应尽快安排下一步施工，同时做好防雨雪准备。

③灌缝并压实：对台阶上显露的路基裂缝，用同类路基土填平，并对基床进行碾压，达到压实度要求。

④铺土工格栅及土工布：在碾压密实的基床上，展铺土工合成材料（土工格栅在下，土工布在上），预留反包长度和搭接长度后，将其裁剪。裁剪时，应注意将土工布之间的搭接部位与土工格栅的搭接部位错开。铺设时，土工格栅和土工布的幅长方向均垂直于裂缝方向，并将两端余出足够的长度，以便将其上包后可以与另一端搭接。纵横向的搭接长度均须大于 20cm。

⑤连接并固定土工合成材料：在横向保留搭接宽度后，拉紧并用尼龙线将其缝好，搭接宽度应大于 20cm。

⑥回填碎石：铺好土工合成材料后，应及时回填碎石，碎石的粒径不得大于碾压层厚度的一半；回填顺序应为先填两端、后填中间，保证土工合成材料始终处于拉紧状态。为了保证碾压效果，每层填筑厚度不宜大于 15cm。碎石不得直接从运输车辆上倾倒，应人工转运填筑，以免损伤土工合成材料。

⑦回填料整平压实：回填料用人工或机械找平，并用小型压路机碾压至密实。为了防止碾压中破碎碎石和损伤土工合成材料，宜采用静压压路机，不宜采用夯式和振动碾压。

⑧土工合成材料反包与固定：回填碾压结束后，用预留的土工合成材料将碎石反包，两端搭接并拉紧，搭接部位应用延伸率较小的尼龙绳呈“之”字形穿绑，形成整体加筋梁。

⑨铺筑隔离层：用路基土铺筑预定厚度的隔离层，并碾压达到预定压实度。

⑩铺设并固定土工格栅：按照宽度要求，铺设基层底面的土工格栅，并在两端用铁皮和 U 形钉固定，U 形钉间距为 50cm，距土工格栅末端为 10cm。

⑪铺筑路面基层与路面板：按现行规范要求铺筑与原设计相同的路面结构。基层施工时，应尽量减轻土工格栅的损伤，且尽量提高土工格栅与基层之间的结合。

7.3.2　错台维修技术

错台在水泥混凝土路面的接缝和裂缝两侧出现，表现为两侧产生相对竖向位移差。裂缝错台在裂缝维修中加以处理，而接缝错台属于接缝类破损的一种主要形式。接缝材料破损一般通过接缝养护处理。接缝破碎可以借鉴裂缝维修中的灌注黏结剂、扩缝灌浆法、条带罩面法、全厚式修补法等方法维修，只是根据接缝功能不同，选择不同的接缝构造和灌缝材料。

1）错台维修方法

水泥混凝土路面接缝错台主要由路基不均匀沉陷变形、基层破损等原因引起。目前常用的维修方法主要有人工或机械凿平法、罩面填补法和板底灌浆抬高法。

(1)人工或机械凿平法

错台主要表现为接缝两侧出现竖向位移差,凿平法主要处治高出的一侧。凿平通常采用人工或机械方法完成,按照维修方法不同可以分为切削法、人工凿平法、机械磨平法和人工配合机械处治法。

(2)罩面填补法

罩面填补法是指利用砂浆、混凝土、沥青混合料等材料,对接缝错台范围进行罩面,填补低的一侧,使接缝平整。罩面填补根据填补材料的不同,可以分为凿低补平罩面法和沥青混合料填补法。

凿低补平罩面法利用快凝砂浆、小石子混凝土进行填补。罩面前,为了保证填补材料与旧混凝土之间的黏结,将低侧的水泥混凝土板凿除 1～2cm,并清洁干净。沥青混合料直接填补法是利用沥青砂或细粒式沥青混合料,直接在错台范围内填补,碾压成型后开放交通。

(3)板底灌浆抬高法

当水泥混凝土路面板完整时,可以通过对低侧板块加压灌浆,抬高板块高度,达到两侧高度一致的目的。灌浆方法与后述脱空注浆相同。

2)错台维修对策选择

(1)路基不均匀沉陷变形引起的错台

路基密实程度不均匀、局部水分浸泡湿软等导致路基在荷载作用下,产生不均匀沉陷变形,引起路面板接缝出现错台。这种错台一般伴随着路面板下基层、底基层等的破损而发育、发展。因此,这种错台的根治,必须处治好路面板下基础的破损。

利用地质雷达、旁压仪、钻孔等方法对错台下的路基与基层状况进行测试,结合目测路表变形,判定是否为路基不均匀沉陷变形引起的错台。若确定,则不论错台严重程度轻重,均采用板底灌浆抬高法进行处治。灌浆既可以处治错台,又可以对破损基层、底基层和路基进行加固。

(2)基层破损引起的错台

引起错台的基层破损主要包括基层强度不足、基层冲刷等。这种错台当路基稳定、承载能力满足要求时,发育较为缓慢,可以根据不同严重程度选择维修方法。

对于轻微错台,可以采用人工或机械凿平法进行处治。对于严重错台,可以采用罩面填补法和板底灌浆抬高法。

7.3.3 脱空注浆技术

注浆是处治水泥混凝土路面使用过程中出现脱空的主要技术。通过注浆恢复板底与基层密贴，提高路基承载能力，确保板底均匀支撑和基础稳定。依据所用材料的不同，脱空注浆包括沥青灌注施工法和水泥注浆施工法。由于沥青灌注法造价较高，且受气温影响较大，在工程实际中很少用到。目前主要应用水泥注浆法。脱空注浆技术具有工艺简单、施工方便、修复速度快、成本低等优点，被广泛应用于工程实际。

1)脱空范围的确定

有效评定脱空状况，是保证注浆效果的基础，也是处治脱空诱发病害的前提。目前脱空范围确定的方法主要有人工调查法、弯沉测定法和路面雷达无损检测法。

(1)人工调查法

人工调查法是指，通过调查人员的目测、听觉等，主观判断板块脱空状况。目前主要方法有：降雨后观察唧泥，目测车辆通过板块时接缝的垂直位移，判断板块上拖动铁链或铁锤敲击后的声音。

本研究结合实际养护，通过对不同方法的对比发现，唧泥和目测板块位移对已比较明显的脱空较为有效，初期脱空判断效果不明显；利用板块上拖动的铁链声音，可以迅速确定脱空的可疑板块，但铁链的干扰声音较大；铁锤敲击板块不同位置，可以较为明显的区分板块是否脱空，但对脱空严重程度无法判断，且工作量较大。因此，采用拖动铁链和铁锤敲击相配合的方法，对于初步确定脱空板块比较有效。先用拖动铁链确定可疑板块，再用铁锤敲击板块不同位置，可以综合确定脱空板块。应用时，铁链和铁锤的重量应较大，否则声音区别并不明显。

(2)弯沉测定法

弯沉法是通过测定多点弯沉值及传荷能力以评定脱空与否及脱空范围。根据弯沉的测试设备不同，可以分为弯沉仪测定法和FWD实测弯沉盆法。利用FWD实测得到的弯沉盆评定路面板的脱空状态，是FWD的主要功能之一，也是近年来无损检测发展的趋势。FWD实测弯沉盆可以用从弯沉盆曲线和路表弯沉盆的不同来评定脱空。

(3)路面雷达无损检测法

路面雷达识别脱空，主要利用脱空形成的空洞对反射信号的影响。路面板与基层之间脱空后，形成的空洞上下表面将构成两个反射界面：混凝土－空气、空气－基层。雷达波在不同介质中的传播速度不同，在不同介质的界面会发射。

通过两个反射界面上的反射波及其发射时间差，便可以确定脱空及其空洞深度。

2)注浆材料的选择与配制

(1)注浆材料性能要求

脱空注浆材料一般由水泥、粉煤灰、砂、外掺剂和水组成，通过注浆泵的压力，将拌和好的注浆材料经过注浆管、压头挤入板底并渗透至路基孔隙。因此，注浆材料应具有一定性能要求：早期强度高、流动性好、不离析、无泌水及较小的干缩性。

(2)注浆材料选择

①水泥

水泥是注浆材料的主要成分，起胶凝作用。为使注浆材料经注浆泵和各种管道顺利压入板底，应选择能保证水泥浆有良好的流动性、保水性，且凝结较快的水泥。一般情况下，选用强度等级为 42.5 级或 52.5 级的硅酸盐水泥。

②粉煤灰

在注浆材料中掺入适宜适量的外掺物，既可以降低成本，又能提高注浆材料的流动性和抗干缩性。粉煤灰是注浆材料的首选材料，一般宜选用干排Ⅱ级粉煤灰。

③砂

砂的加入不仅可提高浆体强度，减少其收缩，还可降低水泥用量。但砂的粒径过大，易引起浆体离析、泌水。因此应选用特细砂，最大粒径小于 0.6mm，含泥量小于 1%。

④早强剂

应添加适量的无明粉(主要成分为无水 Na_2SO_4)，其用量应通过试验确定。

⑤减水剂

宜采用高效减水剂，其用量通过试验确定。

⑥膨胀剂

加入膨胀剂的目的是防止水泥粉煤灰浆硬化后的收缩，保证恢复混凝土板与基层的密贴，形成均匀支撑。而膨胀剂的型号及性能不同，其作用时间及膨胀率也不同。一般宜选用不降低流动性的中期膨胀剂，因为早期膨胀剂(如石膏粉等)容易结块，影响注浆效果。

⑦水

应采用饮用水。

(3)注浆材料配制

配制注浆材料，主要根据选择确定的原材料性能和浆体使用性能要求，综合确定用水量、用砂量、粉煤灰用量和综合配合比。

①确定用水量

注浆材料最基本的性能要求就是大流动性。注浆材料的流动性大，无法用稠度仪测试，本研究根据已有研究成果，利用如图 7-5 所示漏斗装置，通过分析用水量对浆体流动性的影响，确定适宜的用水量。

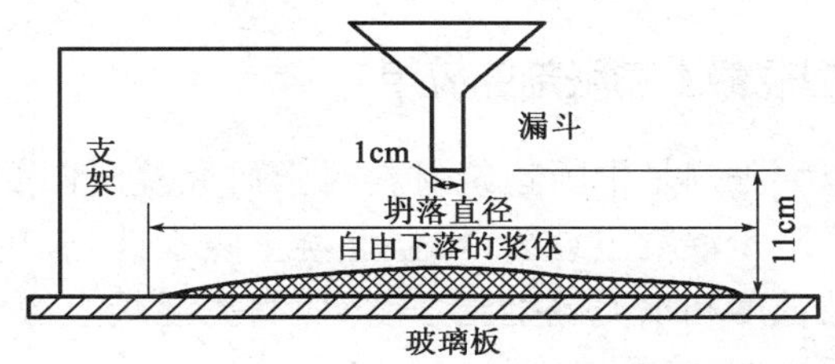

图 7-5　浆体流动性测试装置

首先确定基本配合比，如试验路中选取水泥:砂＝100:30，减水剂剂量为水泥用量的 1%，早强剂用量为水泥用量的 1.5%，用水量为 370～520kg/m³。改变不同的用水量拌制浆体，拌好后从漏斗任其自由下落，浆体在玻璃板上自然摊铺成圆形，量取相互垂直两个方向的直径，取其平均值作为浆体流动性的评价标准，称为坍落直径。试验发现，用水量小于 370kg/m³ 时，浆体不具备流动性，无法通过漏斗下落；用水量大于 420kg/m³ 时，浆体出现明显的泌水，在下落的浆体周围会出现一圈清水环。反复试验，综合确定适宜的用水量为 395kg/m³。

②确定用砂量

综合考虑强度和离析泌水，确定砂子与水泥用量之比为 45∶100。

③确定粉煤灰用量

综合考虑流动性和强度，确定粉煤灰与水泥用量之比为 50∶100。

④浆体配合比的确定及性能验证

为了进一步降低硬化浆体的收缩性能，提高浆体的密实度，在浆体中又加入了占水泥用量 10%的膨胀剂。因此，综合确定的注浆材料配合比如表 7-2 所示，强度测试结果见表 7-3。

注浆材料配合比　　表 7-2

组成材料	水泥	粉煤灰	砂	早强剂	减水剂	膨胀剂	水
组成比例	100	50	60	1.5	1	10	60
用量(kg/m³)	707	354	424	10.61	7.07	71	424

注浆材料强度试验结果 表 7-3

12h 强度(MPa)		24h 强度(MPa)		28d 强度(MPa)	
抗折	抗压	抗折	抗压	抗折	抗压
1.87	5.10	5.42	18.9	10.0	32.2

7.3.4 UEA 型混凝土膨胀剂的应用

UEA 型混凝土膨胀剂是中国建筑材料科学研究院研制的一种国家专利产品,主要可以防止或减少混凝土裂缝,增强混凝土防水性,应用于水泥混凝土修补时,可以提高黏结强度和水泥混凝土强度,使水泥混凝土微小裂缝自行愈合,起到简化工艺、缩短工期、降低造价和永久防水的效能。

1)作用机理

UEA 型混凝土膨胀剂是一种新型混凝土外加剂,其主要成分是无机铝酸盐和硫酸盐,在水泥中掺加 10%～20%,水化后生成膨胀结晶体—水化硫铝酸钙($3CaO \cdot Al_2O_3 \cdot 32H_2$ 即钙矾石),这种产物能填充混凝土中的毛细孔缝,增加混凝土的密实度,提高抗渗性能,并在混凝土内部产生 0.2～0.7MPa 的预应力,它能抵消或部分抵消由混凝土干缩、蠕变及温度引起的拉应力,从而提高混凝土的抗裂性。该膨胀剂主要有以下特点:①提高混凝土密实度,增强混凝土的防裂、防水性能;②在限制条件下提高混凝土强度。在限制条件下,比不加 UEA 的普通混凝土强度提高 10%～30%,加强了构筑物的安全性;③提高混凝土黏结强度。作接缝或填充用混凝土时,由于 UEA 的膨胀作用使新老混凝土黏结紧密,利于使整个构筑物一体化;④使混凝土微小裂缝自愈。对于小于 0.25mm 的结构裂缝,在有水情况下,由于 UEA 形成的膨胀结晶具有强烈的生长能力,可以把微缝愈合,防止钢筋锈蚀和混凝土破坏。

2)工程应用

为了解决在水泥混凝土路面施工中,由于切缝不及时等原因造成的面板断裂及人工振捣不实、过早行车等因素影响造成的嵌入式白水泥标线损坏,应用 UEA 型混凝土膨胀剂进行修复。以嵌入式白水泥标线损坏的修复为例,总结 UEA 型混凝土膨胀剂具体应用。

(1)材料

水泥为 42.5 级白水泥,砂为洁净的中粗砂,碎石采用洁净的粒径为 0～10mm 的石屑,其级配符合表 7-4 规定。

粗集料级配　　表 7-4

标称尺寸(mm)	累计筛余按质量计(%)		
	圆孔筛筛孔尺寸		
0～10	2.5mm	5mm	10mm
	95～100	80～100	0～15

反光材料采用玻璃微珠。UEA 型混凝土膨胀剂掺量为水泥用量的 12%，水泥用量不少于 320kg/m³。钢筋采用 ϕ6 钢筋。

(2)施工配合比

试验确定的水泥混凝土配合比为：水灰比为 0.36，UEA 型混凝土膨胀剂与水泥用量为 392kg/m³，砂用量为 526kg/m³，碎石用量为 1 312kg/m³。

(3)拌和与振捣

拌和时先将各种材料按要求配制，并将其均匀干拌，然后将 UEA 膨胀剂按比例溶解于水中，再洒水拌和直至均匀。拌和好的白水泥混凝土应及时浇筑，振捣用 1.0kW 插入式振捣器靠边角依次振捣，有钢筋的部位应防止钢筋变位。振捣器在每一位置持续的时间应以拌和物停止下沉、不再冒气泡、泛出水泥浆为准。最后铁抹收面，并均匀撒上反光材料。

(4)养护

混凝土浇筑完成后，不能受阳光直射，应及时用草席或麻袋布覆盖，进行洒水养护，养护时间不少于 14d。

(5)注意事项

①使用 UEA 型膨胀剂的混凝土，其最低水泥用量应大于 300kg/m³。

②UEA 型混凝土配合比设计要经试验确定。

③在填充性混凝土施工中，UEA 型膨胀剂的掺量为水泥 42.5 级用量的 12%～14%，其掺量误差应小于 0.5%。

④混凝土浇筑前应清理预留槽内杂物，并将其冲洗干净。

⑤搅拌时间应比普通水泥混凝土延长 30～60s，振捣时要注意振捣密实，不能漏振。

⑥浇筑后的混凝土应及时养护，不能受阳光直射。

在白水泥反光标线施工中，要求混凝土抗压强度 28d 应达到 35.0MPa，掺入 UEA 型膨胀剂后，制作了 12 组试件，经过湿治养生测试证明，3d 早期强度比普通混凝土增强 10%～30%，28d 的抗压强度与普通混凝土强度相近。

7.4 旧水泥混凝土路面加铺技术

旧水泥混凝土路面加铺主要有沥青混凝土加铺层和水泥混凝土加铺层两种。沥青混凝土加铺是通过加铺一层或多层沥青混凝土结构层，并使其紧密结合，加铺层施工方便、对交通影响小，能有效地改善旧水泥混凝土路面的行车性能，也是提高其承载能力、延长其服务年限的一种常用的、有效的路面修复技术，得到了广泛的应用。水泥混凝土加铺层是指在旧水泥混凝土路面加铺一层新的水泥混凝土，面层厚度一般不小于20cm，加铺层工程造价较高，施工时间较长(通常养护期长达28d)，对交通影响较大，难以在交通繁忙路段使用。

7.4.1 旧水泥混凝土路面沥青加铺技术

旧水泥混凝土路面沥青混凝土加铺层虽得到了普遍应用，但实际使用中，沥青加铺层中容易出现的反射裂缝，影响修复后路面的使用性能和使用寿命。目前采用的主要方法有增加沥青层厚度，设置碎石裂缝缓解层，在沥青加铺层与水泥混凝土路面板间设置土工布、土工网格、钢丝网或改性(橡胶)沥青混合料应力吸收层等防裂夹层，这些措施对防止或减缓反射裂缝有一定效果。

1)沥青加铺层反射裂缝成因及扩展机理

旧水泥混凝土路面上沥青加铺层反射裂缝的产生，从断裂力学的观点出发，可以认为其内部原因主要是由于旧水泥混凝土路面的裂缝或接缝作为原始的缺陷存在引起的应力集中所致。

(1)疲劳裂纹的萌生与扩展

沥青加铺层疲劳裂缝萌生过程包括强度准则满足时的初裂状态和格里菲斯准则满足后的裂缝扩展。疲劳裂纹起源于应力或应变集中的局部显微区域，沥青加铺层下的水泥混凝土路面板接缝或裂缝这种原始的缺陷本身就相当于疲劳裂纹的核心，即所谓疲劳源区。水泥混凝土路面接缝处沥青加铺层底部表面形成微裂纹以后，裂纹的扩展可以分为两个阶段。第一阶段属于微纹扩展，在较大应力水平下，萌生的微裂纹数可能较多，并沿有最大切应力的滑移平面(基本上与外加应力呈45°角)扩展，过程中绝大多数会成为不扩展裂纹，只有个别微裂纹会扩入2～3个晶粒的范围，并逐渐转入第二阶段扩展，即由拉应力控制，并沿垂直于拉应力的方向扩展而形成主裂纹。

(2)交通荷载及温度变化对反射裂缝的影响

交通荷载及温度作用是引起沥青加铺层反射裂缝的两大因素。沥青加铺层反射裂缝的扩展模式主要有两种：剪切型反射裂缝及张开型反射裂缝。交通荷载主要引起加铺层的剪切型反射裂缝[如图 7-6a)所示]。温度变化使得路面结构产生两种变形，第一种是由于温度下降使得接缝处沥青加铺层及水泥混凝土路面板产生收缩而引起张开型反射裂缝[如图 7-6b)所示]，第二种是由于四季及昼夜的温差导致温度在各结构层中的不均匀分布，且不同材料具有不同的热膨胀系数，造成水泥混凝土板及沥青加铺层的收缩及翘曲而导致加铺层的反射裂缝[如图 7-6c)所示]。

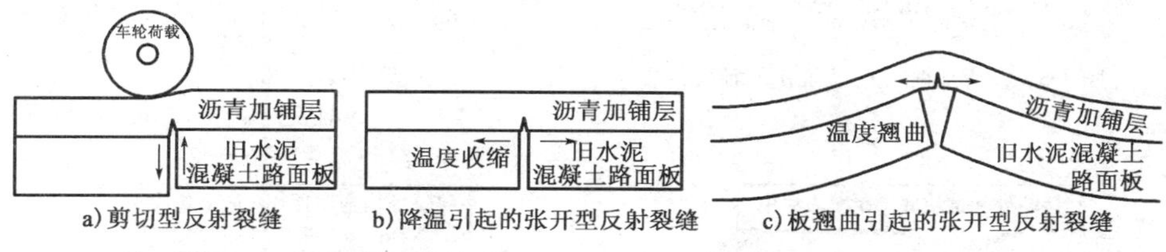

图 7-6　沥青加铺层反射裂缝扩展模式

沥青加铺层反射裂缝是在交通荷载及温度的循环作用下，引起路面材料和结构疲劳损伤而逐渐发展形成的。沥青加铺层反射裂缝扩展过程经历了三个阶段：第一个阶段为起裂阶段，沥青加铺层由旧水泥混凝土路面接缝或裂缝处存在的缺陷引起；第二个阶段为稳定扩展阶段，沥青加铺层在交通荷载和温度应力引起的应力集中点向上发展并贯穿整个沥青加铺层；第三个阶段为破裂阶段，沥青加铺层经过一段时间的运营，尤其是在冬季加铺层表面开始出现裂缝。加铺层结构示意图见图 7-7。

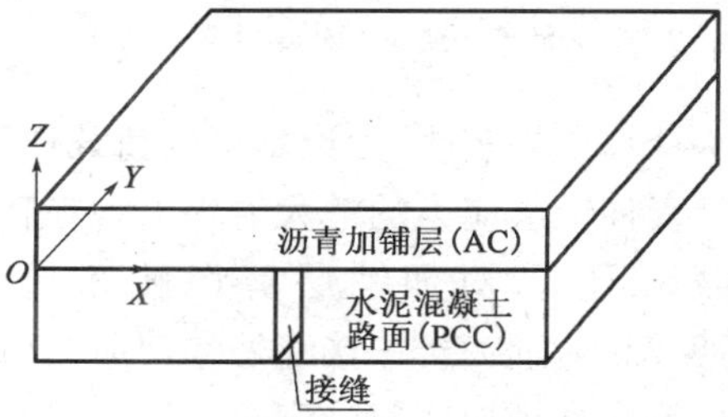

图 7-7　加铺层结构示意图

(3)旧水泥混凝土板接缝处沥青加铺层的应力集中

采用有限元方法对交通荷载和温度变化对加铺层的应力影响进行分析。典型加铺结构计算参数为：水泥混凝土路面板的厚度 h_c=22cm，弹性模量 E_c=30 000MPa，泊松比 υ=0.15；基础当量模量 E_s=100MPa，泊松比 υ=0.35；沥青加铺层厚度 h_a=10cm，弹性模量 E_a=1 200MPa，泊松比 υ=0.25。计算荷载应力时，采用偏荷载作用，轴重为 100kN。计算温度应力时，水泥混凝土、沥青加铺层、基础的导热系数分别为 1.5W/m·℃、1.2W/m·℃、1.0W/m·℃，线膨胀系数分别为 1.0×10^{-5}/℃、2.1×10^{-5}/℃、0.5×10^{-5}/℃，假设沥青加铺层顶面降温 $\Delta T=-10$℃。

荷载应力计算结果见图 7-8、图 7-9，温度应力计算结果见图 7-10、图 7-11。

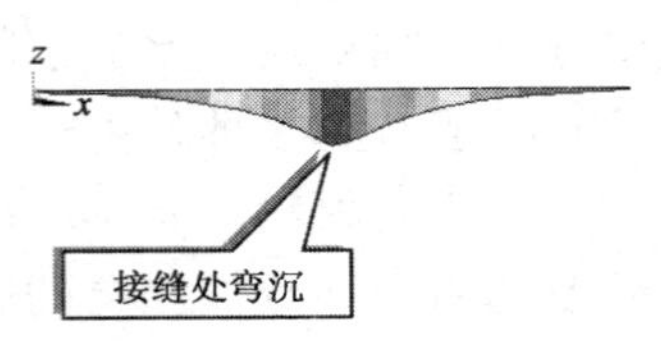

图 7-8　沥青加铺层底弯沉沿 X 轴变化

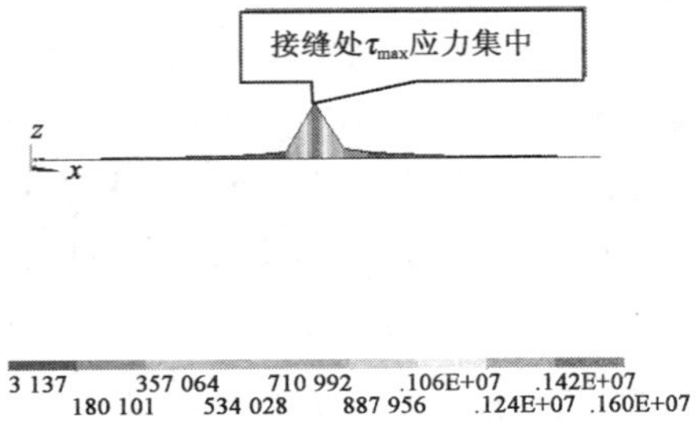

图 7-9　沥青加铺层底剪应力沿 X 轴变化($h_a=10$cm)

图 7-10　沥青加铺层底面 σ_1 沿 X 轴变化

图 7-11　沥青加铺层顶面 σ_1 沿 X 轴变化

计算结果表明，无论是车辆荷载作用还是温度作用，在旧水泥混凝土板接缝处沥青加铺层应力的最大值均出现在接缝处，即产生应力集中现象。在车辆偏荷载作用下，对加铺层剪切破坏起主要作用的剪应力在接缝处达到了 0.584MPa，远大于非接缝处的剪应力值。当沥青加铺层顶面降温－10℃时，接缝处沥青加铺层底部受弯拉作用，对加铺层产生张拉破坏，起主要作用的是主应力 σ_1。此外，对接缝处沥青加铺层底部与顶部的主应力对比可知，顶部的应力集中现象没有底部明显。

由此表明，沥青加铺层的反射裂缝是由旧水泥混凝土接缝处应力集中现象导致加铺层应力过大而引起的，而且这种反射裂缝是从综合应力最大处即接缝处沥青加铺层底部开始萌生，然后逐渐向上扩展，最终贯穿整个加铺层。

2）沥青加铺层防止反射裂缝常用措施分析

（1）增加沥青加铺层厚度

增加沥青加铺层的厚度，是减少反射裂缝最常见也是一种行之有效的方法。

增加沥青加铺层的厚度可有效地减小接缝处加铺层车辆荷载应力及温度应力。为防止或减缓加铺层反射裂缝的出现，沥青加铺层应保证一定的厚度，一般应不小于 10cm。

(2)设置土工合成材料夹层

土工合成材料夹层一般设置在沥青加铺层及旧水泥混凝土路面板之间，常用的有土工布、土工格栅等，土工合成材料的厚度较薄，一般为 2～5mm，土工织物的模量为 10～160MPa，土工格栅模量为 900～2 500MPa。它们的特点是变形能力较强，在水平方向上可承受较大的拉应力，而在垂直方向上则刚度较小，抗弯拉及抗剪切能力低，其力学性能与薄膜类似。

土工合成材料用于防止反射裂缝主要起到了以下几个作用：①隔离阻断作用。将旧水泥混凝土路面接缝或裂缝与沥青加铺层隔离，降低了混凝土板接缝或裂缝尖端的拉应力集中，使应力强度因子减小，从而延缓裂缝反射到路表。②加筋作用。土工合成材料夹层具有一定的强度，可承受一定的裂缝拉应力，提高了沥青加铺层的抗拉强度，减少了裂缝张开变形。③传荷作用。铺筑于接缝上的土工合成材料，可提高接缝处的传荷能力，当荷载作用在接缝一侧时，能将部分荷载传递至另一侧，减小接缝的弯沉差，降低了裂缝尖端的剪应力集中。

(3)设置应力吸收夹层

国外也采用在旧水泥混凝土板及沥青加铺层之间设置一层橡胶沥青、改性沥青砂或柔软沥青混凝土这类应力吸收中间层(SAMI)来防止反射裂缝，具有一定效果，证明其可以减少和延缓反射裂缝。应力吸收层厚度一般为 2～3cm，具有模量相对较小，较柔软，变形能力较强，可承受较大的变形而不断裂的特点。它们抵防止反射裂缝的机理与土工合成材料类似，此外，应力吸收层还可防止路表开裂后路表水的下渗。对于具有一定厚度的应力吸收层，它们抵抗剪切型反射裂缝的能力要稍好于土工合成材料一类的薄膜型材料。理论计算可知，此类应力吸收层模量越大，其防裂效果越差，所以为了防止沥青加铺层的反射裂缝，宜选用模量低、抗剪切性能好、柔性大、变形能力强的材料作为应力吸收层。

(4)铺筑级配碎石过渡层

级配碎石过渡层之所以能够有效防止和减缓旧水泥混凝土路面沥青加铺层的反射裂缝，主要基于以下几方面：

①级配碎石作为散粒结构具有不传递拉应力、拉应变的能力，且级配碎石过渡层本身处于三向受压的特殊受力状态，即水泥混凝土板接缝尖端的拉应力不会在碎石层面形成应力集中，因而碎石基层吸收了接缝所释放的应变能，从而达

到止裂效果；

②级配碎石的隔离作用大大改善了旧水泥混凝土路面的温度状况；

③级配碎石收缩系数极小，因此它能消散、吸收单纯由环境因素变化，尤其是温度骤降情况下裂纹尖端的应力及应变。

(5)铺筑大粒径沥青碎石裂缝缓解层

美国沥青协会建议采用 AM-75、AM-63 及 AM-50 特粗粒径沥青碎石铺筑于旧水泥混凝土路面与沥青加铺层之间，作为裂缝缓解层。沥青[针入度 40～50(0.1mm)]的含量为 1.5%～3.0%，混合料含量 25%～35%的连通孔隙，阻碍裂缝尖端的扩展，因而可提供缓解裂缝扩展的作用，并且该结构层具有一定的厚度，降低温度对水泥混凝土板的影响，减少水泥混凝土板接缝张开量和翘曲量，并且减少接缝处的弯沉及弯沉差，从而减少反射裂缝产生的可能性。

(6)旧水泥混凝土板上半刚性基层预切缝并铺筑土工合成材料

由于一些旧水泥混凝土路面的整体强度过低，必须先在其上铺筑一层补强半刚性基层，然后再加铺沥青面层，但从实际工程来看，这种不采用其他防裂措施，直接加铺的方法并不好。由于温度应力及基层干缩应力的影响，在旧水泥混凝土板接缝处的半刚性基层及沥青面层仍不可避免的会出现反射裂缝，因此可采用在半刚性补强基层顶面进行预切缝再加铺条状土工合成材料的方法进行处理。具体方法是在铺筑沥青加铺层之前将旧水泥混凝土路面上的半刚性基层按一定间距(10～15m)设置预切深 5～8cm 的缝，并在接缝上铺约 1m 宽的土工合成材料，以减少加铺层中的反射裂缝。

它的防裂机理主要是通过锯缝释放半刚性基层因温度下降及水分散发收缩受阻而产生的拉应力来提供预定的不连续的断面位置，从而控制随意裂缝的出现，同时，利用切缝上的土工合成材料在一定程度上缓解裂缝处沥青应力集中，消除沥青加铺层反射裂缝的产生。

(7)旧水泥混凝土板破碎稳定

在旧水泥混凝土板结构损坏较严重，断板率较高，对损坏板进行修复后再采用其他措施已不经济时，可以对旧水泥混凝土板进行破碎和稳定处理。由于破碎板块尺寸减小，温度下降时的收缩位移大大降低，从而也降低了加铺层的拉应力。同时，接缝和裂缝两侧板块的弯沉量和弯沉差也随板块尺寸的减小而减小。旧水泥混凝土路面采用带有改进型桩靴的打桩机、安装在拖拉机牵引的拖车上的落锤、截断机落锤或滑动落锤来进行破碎，也可采用冲击压路机进行破碎稳固。水泥混凝土板在水平方向所受约束越小，破碎效果越好，故在施工中选定从路肩到行车道的顺序进行破碎。混凝土路面经过破碎以后，应将混凝土块稳固到基层上。稳固块的目的是各点均能与基层接触，从而提高承载力。最常用的稳固板的方法是用 15t 轮胎压路机碾压 5 次，压路机的碾压速度小于 2.5m/s。避免过度的碾压，以免影响破碎块之间的嵌锁效果。

3）沥青加铺层荷载应力分析

（1）计算模型与参数

视路面结构为弹性层状体系，研究对象是由沥青加铺层、防裂夹层（可选）、带有裂缝或接缝的水泥混凝土路面和地基组成，建立空间三维模型。沥青加铺层、水泥混凝土路面和基础等结构层采用 8 节点实体单元，土工合成材料等薄夹层采用三维薄膜单元。为反映半无限大空间地基的特性，地基采用扩大尺寸来模拟，模型及坐标系如图 7-12 所示。对各结构层作如下假定：各结构层为均匀、连续、各向同性的连续弹性体；各层层间竖向、水平位移均连续；地基底面各向位移为零，地基侧面水平方向位移为零；不计路面结构的自重影响；接缝宽度假设为 1cm，且接缝处无传荷能力。

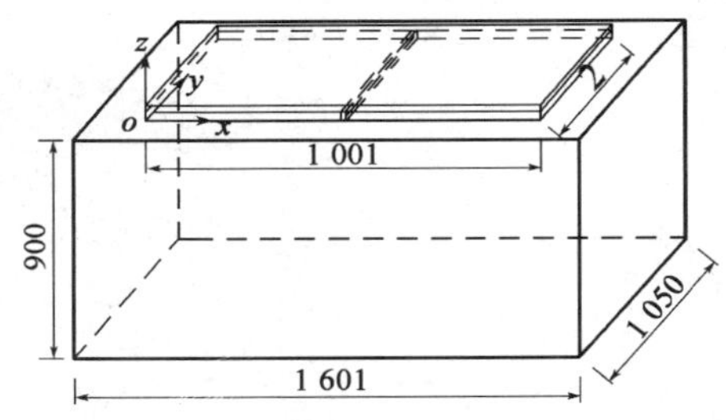

图 7-12　结构计算模型（尺寸单位：cm）

计算参数取值为：水泥混凝土路面板长 5m，宽 4.25m，厚度 22cm。经过取地基不同尺寸计算误差分析，基础扩大尺寸拟定为 16.01m×15.5m×9m。行车荷载采用标准轴载 BZZ-100，轮胎内压 0.7MPa，单个轮压作用范围 18.9cm×18.9cm，接触面积为 357.21cm^2，双轮间距为 32cm，两侧轮隙间距为 182cm。

经过不同荷位计算分析比较，车轮荷载作用在接缝一侧的偏荷载对加铺层最为不利，布载方式如图 7-13 所示。对接缝处单、双侧轮载对比分析得知，对称轴上的单侧轮载比双侧荷载对加铺层产生的不利影响更大，原因在于双侧荷载另一侧轮载的反翘曲作用抵消了对称轴上的部分弯沉值，因此在计算时仅考虑对称轴上的单侧荷载作用，利用荷载作用位置的对称性，取模型的一半进行计算即可。图 7-13 中 A 点为加铺层底计算点，1、2 点为弯沉及弯沉差计算点。路面整体结构有限元网格划分如图 7-14 所示，为满足计算精度要求，对各关键部位，如接缝及其附近加铺层结构进行网格细化。结构层计算参数见表 7-5。根据最大拉应力理论、最大剪应力理论和形状改变比能理论，对加铺层进行车辆荷载及温度应力计算分析时主要考察沥青加铺层最危险点的最大主应力 σ_1、等效应力 σ_e 及最大剪应力 τ_{max}。

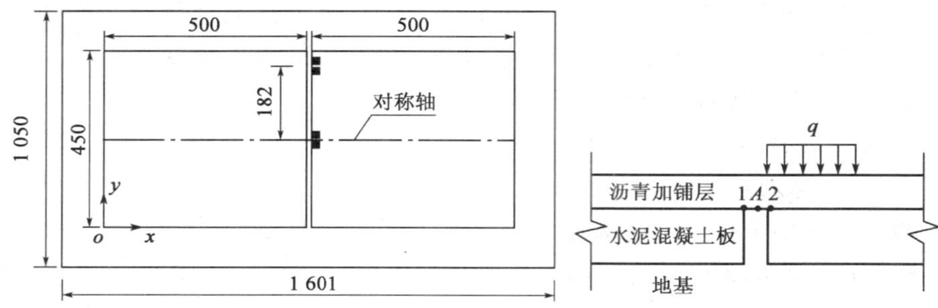

图 7-13　车轮布载与接缝处车轮荷载作用示意图(尺寸单位:cm)

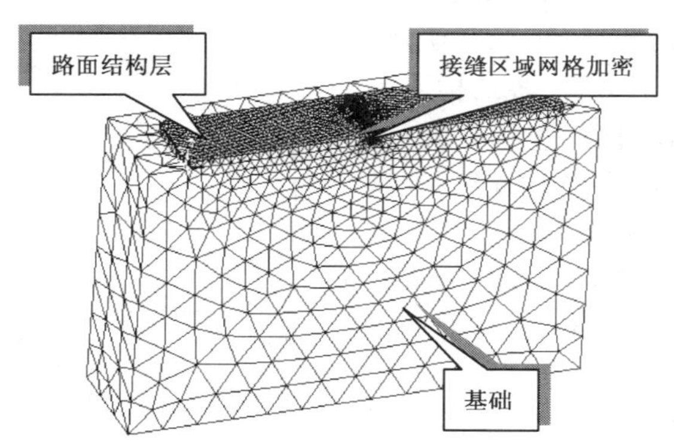

图 7-14　路面整体结构有限元网格划分图

主要计算参数　　　　表 7-5

结　构　层	厚度(cm)	弹性模量 E(MPa)	泊松比 υ
沥青混凝土加铺层(AC)	6～22	600～2 200	0.25
土工合成材料	0.3	10～5 000	0.45
改性沥青应力吸收层	2.5	800	0.25
特粗粒径沥青碎石 AM-40	9	600	0.25
旧水泥混凝土路面(PCC)	22	30 000	0.15
基础	—	20～500	0.35

(注:基础的弹性模量为原路面基层、下基层、垫层和路基的当量值)

(2)参数对荷载应力影响分析

①轴载

从标准轴载 100kN,按 20kN 一级递增至轴载 240kN,基础当量模量 $E_0=100$MPa,沥青加铺层厚度 $h_a=10$cm,沥青混合料模量 $E_a=1\ 200$MPa,沥青加铺层的荷载应力计算结果见图 7-15 和图 7-16。

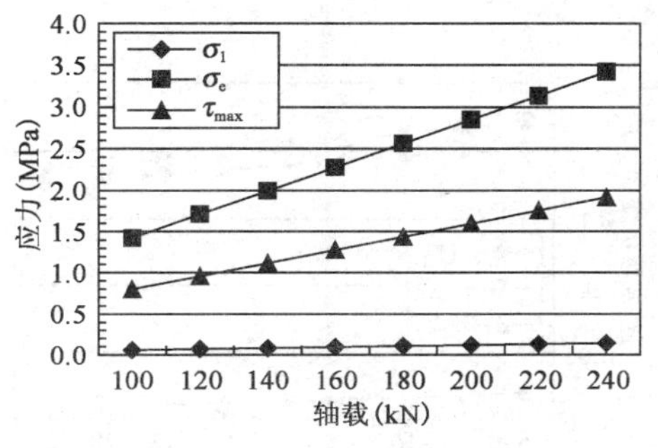

图 7-15　加铺层荷载应力随轴载变化

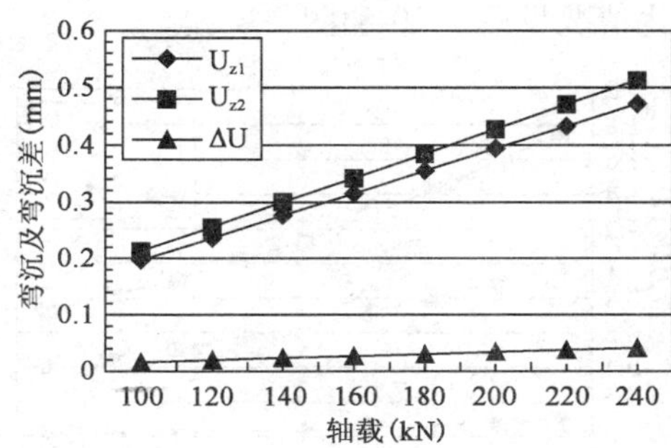

图 7-16　弯沉及弯沉差随轴载变化

从图中可以看出，随着车辆轴载的增加，接缝处沥青加铺层底最大主应力 σ_1、等效应力 σ_e、最大剪应力 τ_{max} 以及接缝两侧的弯沉及弯沉差都逐渐增大，与轴载基本呈线性关系，表明重车对加铺层路面结构的影响较大。

②沥青加铺层模量

沥青混合料模量 E_a 从 600MPa 变化到 2 200MPa，接缝处沥青加铺层应力计算结果见图 7-17 和图 7-18。

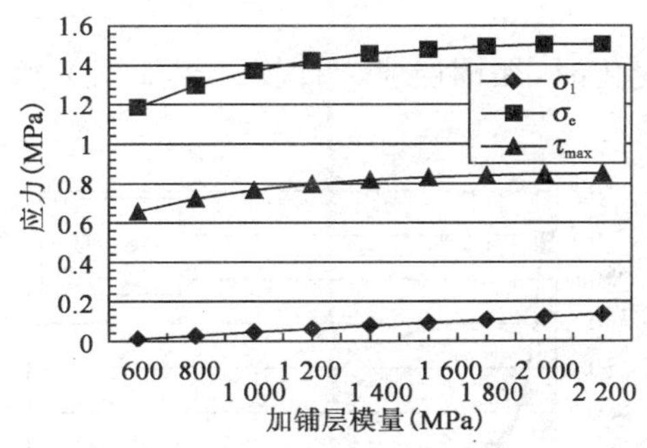

图 7-17　加铺层荷载应力随其模量变化

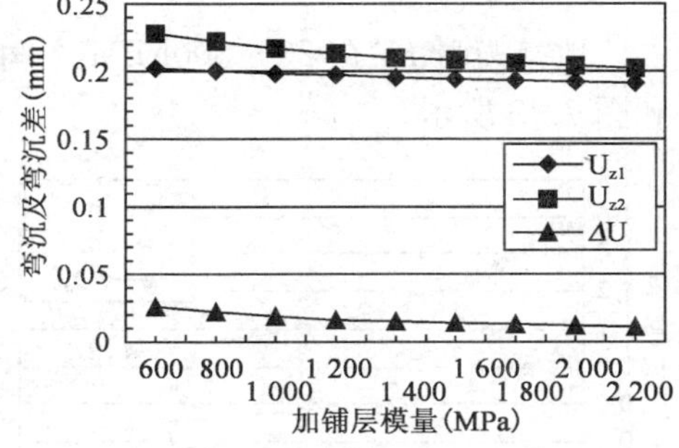

图 7-18　加铺层弯沉及弯沉差随其模量变化

由图可见，随着沥青加铺层模量的增大，接缝处沥青加铺层的最大主应力 σ_1、等效应力 σ_e 及最大剪应力 τ_{max} 逐渐增大，接缝两侧的弯沉及弯沉差逐渐减小，但减小的幅度有所不同。非受荷一侧加铺层底的弯沉值变化较小，而受荷一侧加铺层底的弯沉值和接缝两侧的弯沉差的减小幅度较大。由此表明，加铺层模量的提高并不能减小车辆荷载应力，但可在一定程度上减小接缝两侧的弯沉及弯沉差。

③沥青加铺层厚度

沥青加铺层厚度按 2cm 的增量从 6cm 变化到 22cm，接缝处加铺层应力变化情况见图 7-19 和图 7-20。

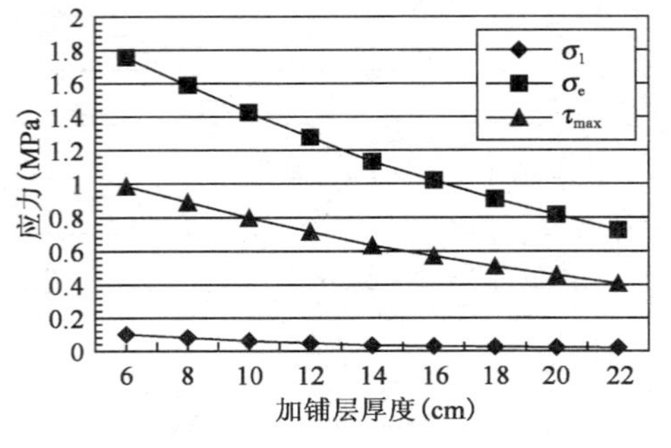

图 7-19　加铺层荷载应力随其厚度变化

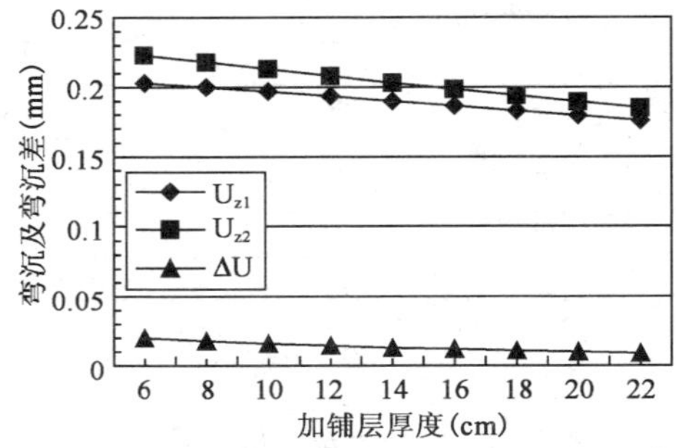

图 7-20　加铺层弯沉及弯沉差随其厚度变化

由图 7-19 可知，最大主应力 σ_1、等效应力 σ_e 及最大剪应力 τ_{max} 随加铺层厚度的增加呈减小趋势，说明增加加铺层厚度对减小加铺层应力有较大作用。图 7-20 表明，加铺层厚度从 6cm 增大到 22cm 时，接缝两侧的弯沉及弯沉差都逐渐减小。由于技术经济等方面的原因，加铺层的厚度不可能无限制地增大，当加铺层达到一定厚度后，应配合其他防裂措施效果会更好。

④地基模量

地基模量 E_a 在 20～800MPa 之间变化时，加铺层应力计算结果如图 7-21 和图 7-22 所示。

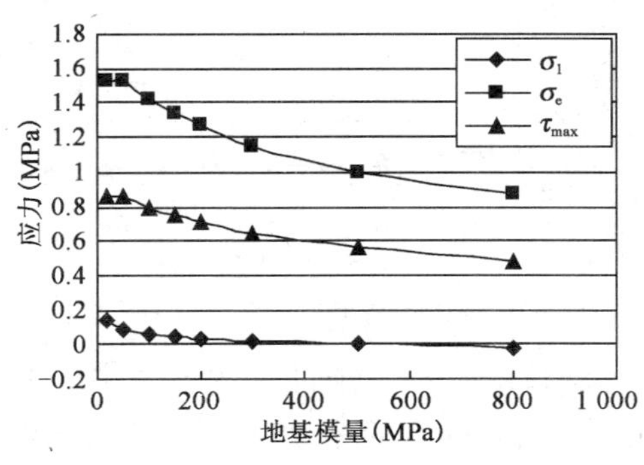

图 7-21　加铺层应力随地基模量变化

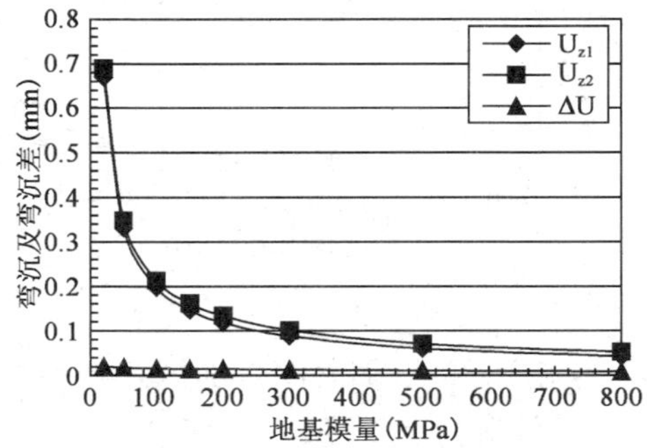

图 7-22　弯沉及弯沉差随地基模量变化

由图可以看出，随着地基模量的增大，接缝处沥青加铺层最大主应力 σ_1、等效应力 σ_e 及最大剪应力 τ_{max} 逐渐减小，当地基模量超过 300MPa 后 σ_e 及 τ_{max} 变化逐渐趋于平缓。地基模量对接缝两侧的弯沉值影响较大，随着地基模量的增加，接缝两侧弯沉及弯沉差都随之变小，但弯沉的减小幅度远大于接缝两侧的弯沉差减小幅度。当地基模量大于 300MPa 后，弯沉值变化趋势趋于平缓。由此表明，在相同荷载作用下，地基模量越小，加铺层内的 σ_e 及 τ_{max} 应力越大，越易产生反射裂缝，因此在对旧混凝土路面加铺沥青路面结构时，应对地基进行必要的强度检测，对强度较低的地基进行技术处理，提高地基的模量和稳定性，否则将会影响沥青加铺层的使用性能。

4)荷载与温度综合作用下的沥青加铺层耦合应力

(1)路面结构温度场

加铺层典型结构温度场计算基本参数：沥青加铺层厚度 $h_a=10$cm、模量 $E_a=1\,200$MPa；水泥混凝土路面板厚度 $h_c=22$cm，弹性模量 $E_c=30\,000$MPa；基础模量 $E_0=100$MPa。沥青加铺层顶面温度变化 ΔT 分别为 10℃(升温)及－10℃(降温)，计算结果见图 7-23～图 7-26。

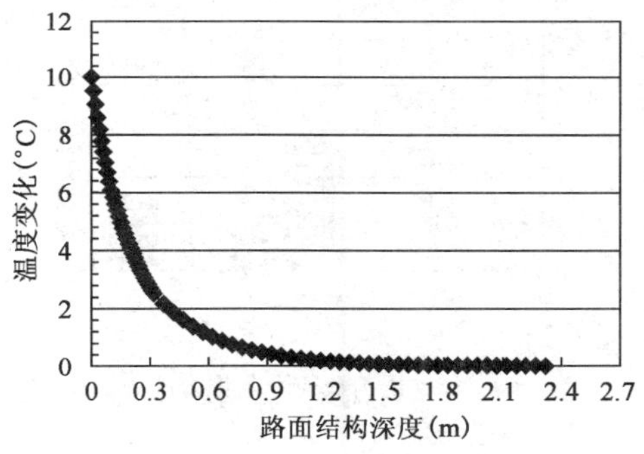

图 7-23　$\Delta T=10$℃时路面结构温度变化

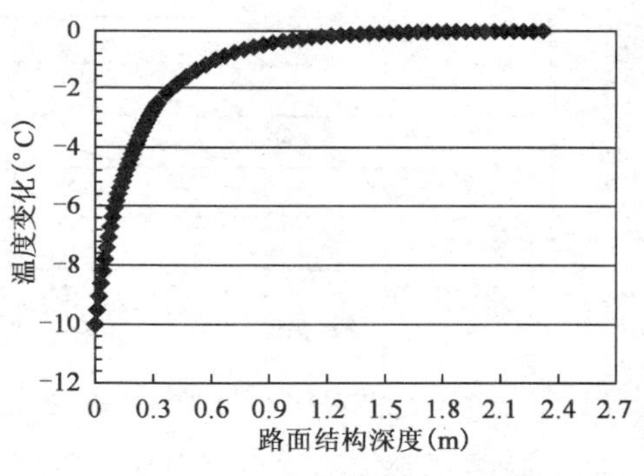

图 7-24　$\Delta T=-10$℃时路面结构温度变化

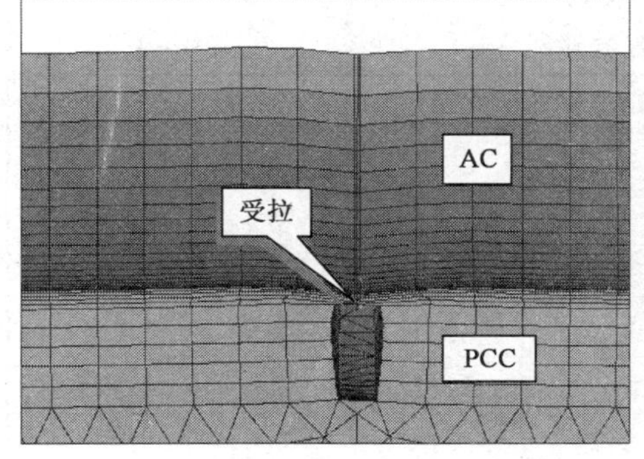

图 7-25　降温情况下接缝处加铺层变形

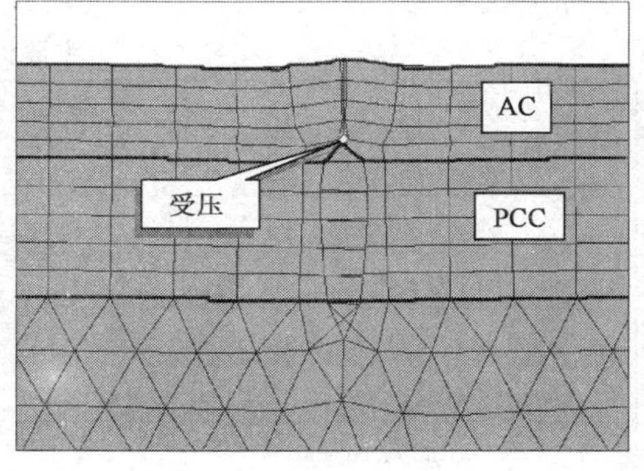

图 7-26　升温情况下接缝处加铺层变形

由图 7-25 和图 7-26 可以看出，温度沿加铺层结构深度呈非线性变化，沥青加铺层内的平均温度梯度为 0.84℃/cm，旧水泥混凝土路面内的平均温度梯度为 0.36℃/cm。当加铺层顶面温度升高 10℃或降低 -10℃时，在距路表面 30cm 深度范围内，温度变化速率非常快，随后变化趋于平缓，在深度 2.3m 处温度变化值基本为 0。

从图 7-27 和图 7-28 可知，加铺层顶面温度降低使得路面结构产生收缩变形，而路面结构的温度梯度又使混凝土板产生“凹形”翘曲，这两种变形叠加使得接缝产生张开变形而使加铺层底面受拉。反之，当加铺层顶面温度升高时，路面结构发生膨胀及混凝土板产生“凸形”翘曲变形，接缝处加铺层底面受压，这种情况下加铺层底部不易产生反射裂缝。因此，在分析荷载与温度综合作用下的加铺层应力时，只考虑降温情况。

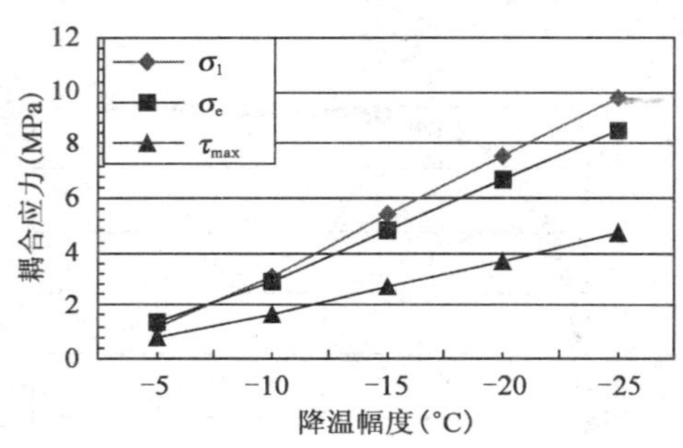

图 7-27　荷载与温度综合作用下的加铺层应力

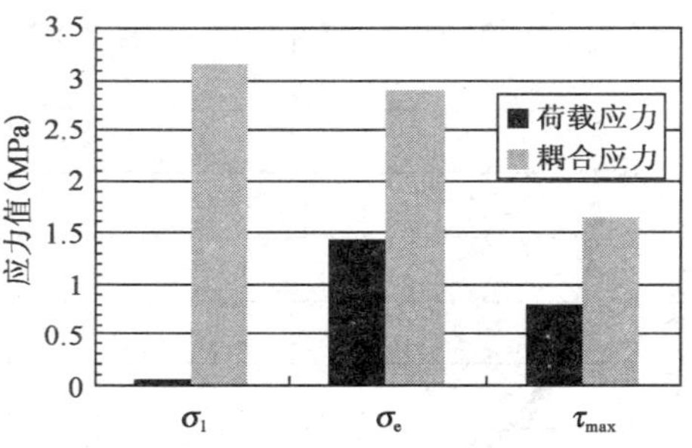

图 7-28　加铺层荷载应力与耦合应力对比

(2)温度变化幅度对耦合应力的影响

沥青加铺层结构荷载与温度综合作用下的耦合应力采用与荷载应力计算相同的计算模型与假设，结构层导热系数与线膨胀系数见表 7-6。

主要计算参数　　表 7-6

结　构　层	导热系数(W/m℃)	线膨胀系数(1/℃)
沥青加铺层	1.2	2.1×10^{-5}
土工合成材料	1.0	0.5×10^{-5}
应力吸收层	1.2	2.1×10^{-5}
大粒径沥青碎石层	1.2	2.1×10^{-5}
级配碎石层	1.1	0.8×10^{-5}
旧水泥混凝土路面	1.5	1.0×10^{-5}
基础	1.0	0.5×10^{-5}

路面结构参考温度为 0℃，沥青加铺层表面降温幅度分别为－5℃、－10℃、－15℃、－20℃及－25℃，车辆荷载为 100kN。将荷载与不同的温度场综合作用于沥青加铺层结构，耦合应力计算结果见图 7-27 和图 7-28。

由图可以看出，沥青加铺层在荷载与温度综合作用下的耦合应力随降温幅度的增加而增加。荷载与温度综合作用下沥青加铺层的应力明显高于荷载应力，说明温度对沥青加铺层的影响较大。

(3)设置土工合成材料夹层的沥青加铺层耦合应力

路面结构参考温度为 0℃，沥青加铺层表面降温幅度为－10℃，车辆荷载为 100kN，土工合成材料厚度 h_g 为 0.3cm，拉伸模量 E_g 为 10～5 000MPa；水泥混凝土路面板厚度 h_c＝22cm，弹性模量 E_c＝30 000MPa，基础当量模量 E_0＝100MPa；沥青加铺层厚度 h_a＝10cm、模量 E_a＝1 200MPa，耦合应力计算结果见图 7-29～图 7-32。

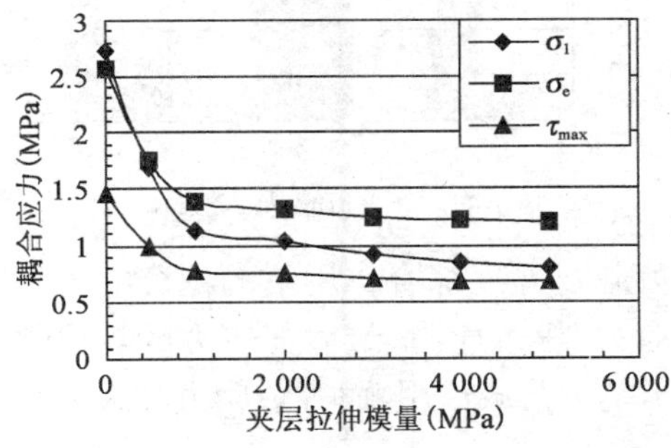

图 7-29　耦合应力随夹层拉伸模量变化

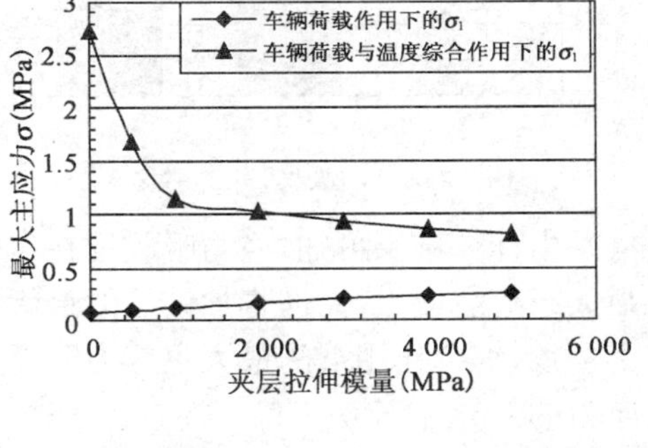

图 7-30　加铺层 σ_1 随夹层拉伸模量变化

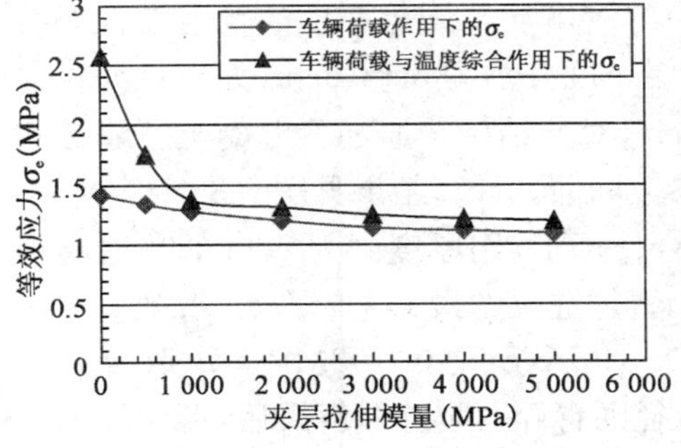

图 7-31　加铺层 σ_e 随夹层拉伸模量变化

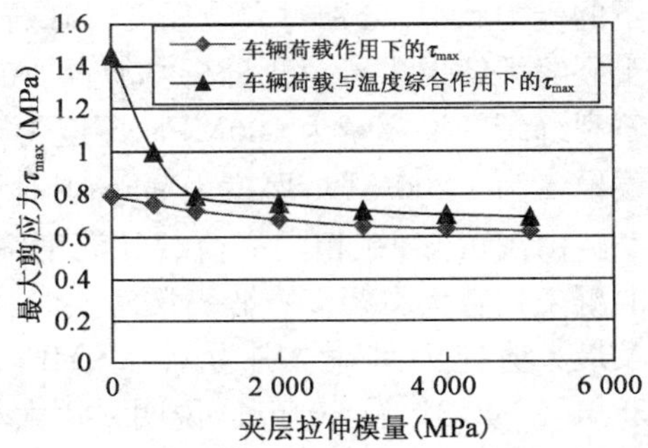

图 7-32　加铺层 τ_{max} 随夹层拉伸模量变化

由计算结果可知，设置夹层的沥青加铺层耦合应力大于荷载应力，当夹层的拉伸模量从 10MPa 增大到 1 000MPa 时，耦合应力明显减小，夹层拉伸模量大于 1 000MPa 后，应力变化趋于平缓。说明高模量的土工格栅对防止反射裂缝的效果要优于低模量的土工布。

(4)设置应力吸收层的沥青加铺层耦合应力

路面结构参考温度为 0℃，沥青加铺层表面降温幅度为 −10℃，车辆荷载为 100kN，应力吸收层厚度 h_s 为 2.5cm，弹性模量 $E_s=800$MPa，其他参数同前。耦合应力计算结果见图 7-33 和图 7-34。

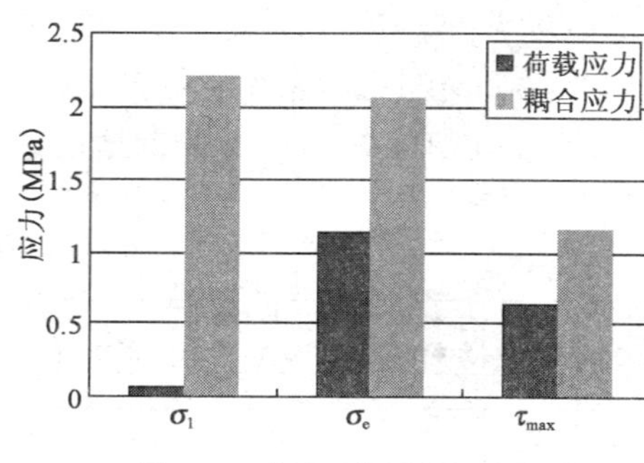

图 7-33　应力吸收层应力对比

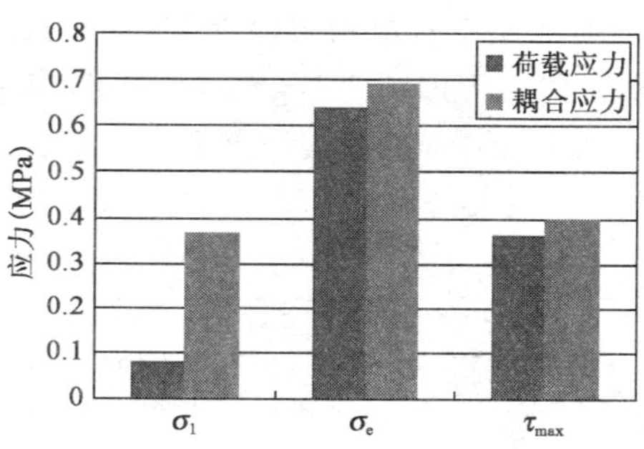

图 7-34　沥青加铺层应力对比

由计算结果可知，应力吸收层在车辆荷载与温度综合作用下的耦合应力明显大于荷载应力，而沥青加铺层的最大主应力、等效应力、最大剪应力的规律并不一致，综合作用下的最大主应力明显大于单一荷载作用，而等效应力和最大剪应力的差异并不大。

(5)设置大粒径沥青碎石裂缝缓解层的沥青加铺层耦合应力

为比较设置不同类型裂缝缓解层的沥青加铺层在车辆荷载与温度共同作用下的受力状况，分别对大粒径沥青碎石裂缝缓解层与同等厚度的普通沥青混凝土裂缝缓解层进行对比分析。沥青加铺层厚度分别为 3cm、5cm，大粒径沥青碎石裂缝缓解层模量为 600MPa，厚度为 9cm，对比结构普通沥青混凝土裂缝缓解层模量为 1 200MPa，厚度为 9cm；其他参数同前。计算结果见图 7-35。

由图可知，在相同的荷载和温度综合作用下，用厚度同为 9cm 的普通沥青混凝土代替大粒径沥青碎石缓解层时，沥青加铺层的最大主应力 σ_1、等效应力 σ_e 及最大剪应力 τ_{max} 分别为 0.742MPa、0.340MPa 及 0.192MPa，分别增大了 38.4%、32.3%及 30.6%，说明采用大粒径沥青碎石裂缝缓解层后，沥青加铺层的耦合应力小于同厚度的普通沥青混凝土。

(6)级配碎石裂缝缓解层对沥青加铺层耦合应力的影响

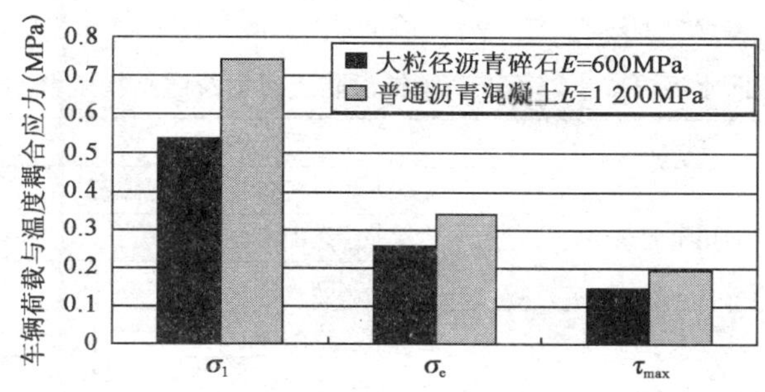

图 7-35　不同类型裂缝缓解层耦合应力对比

对设置不同厚度(0、10cm、15cm)级配碎石裂缝缓解层的沥青加铺层结构在荷载与温度综合作用下的应力进行分析，级配碎石弹性模量 $E_m=300$MPa，其他参数同前，计算结果见图 7-36 和图 7-37。

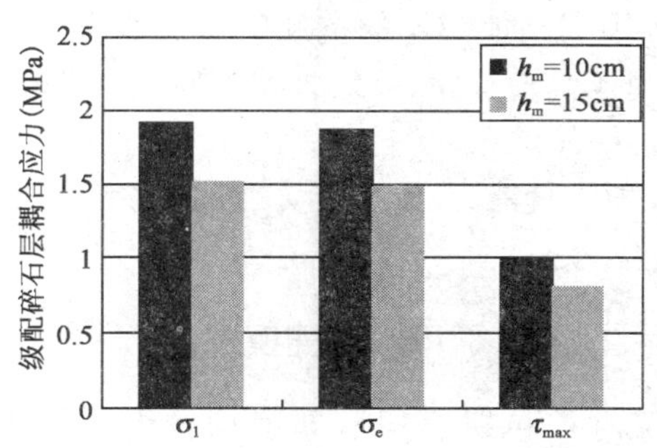

图 7-36　级配碎石层耦合应力随其厚度变化

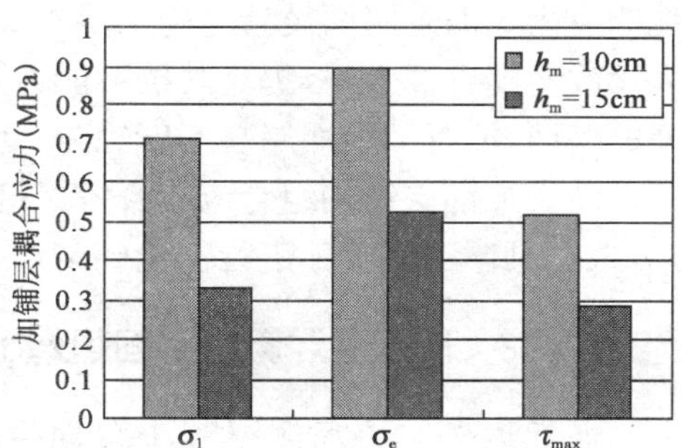

图 7-37　加铺层耦合应力随级配碎石层厚度变化

由图可知，当级配碎石缓解层厚度从 10cm 增加到 15cm 时，级配碎石层在荷载与温度综合作用下的应力 σ_1、σ_e 及 τ_{max} 分别减小了 20.7%、20.6%和 27.1%，沥青加铺层的应力 σ_1、σ_e 及 τ_{max} 分别降低了 53.4%、42.0%和 44.6%。而未设置级配碎石缓解层的沥青加铺层，在荷载与温度综合作用下的应力 σ_1、σ_e 及 τ_{max} 分别是设置 15cm 级配碎石缓解层的加铺层的 9.44 倍、5.55 倍和 5.56 倍。由此可见，级配碎石层及沥青加铺层的耦合应力均随级配碎石层厚度的增加而减小，级配碎石层对减小加铺层结构的耦合应力有明显效果。

5)基于反射裂缝的旧水泥混凝土沥青加铺层结构

沥青加铺层防止反射裂缝结构组合中，分别考虑旧水泥混凝土路面板的破损和承载能力状况，对旧水泥混凝土路面板分别采用破碎稳定和压浆封缝处理，沥青加铺层与旧路面板之间分别采用土工材料、应力吸收层、级配碎石和大粒径沥青碎石进行组合设置，沥青加铺层考虑公路等级和承载要求选择单层和多层。

具体结构组合见表 7-7 所示。

旧水泥混凝土路面沥青加铺层防止反射裂缝结构组合 表 7-7

结构编号	旧路面板处理	中间层	加铺面层
1	破碎后用水泥浆稳定	级配碎石＋沥青碎石	沥青混凝土
2		级配碎石	
3		沥青碎石	
4	脱空部位压浆处理后，接缝和裂缝进行封缝处理	级配碎石＋沥青碎石	
5		级配碎石	
6		土工合成材料＋沥青碎石	
7		应力吸收层	
8		土工合成材料	

沥青加铺面层根据公路等级和使用要求，可以设置单层或多层，混合料路用性能应满足沥青路面设计与施工要求。为了提高加铺层的抗反射裂缝能力，宜采用改性沥青混合料，提高其抗裂能力。对于高速公路、一级公路等使用要求较高的路面，沥青加铺面层总厚度宜为 10cm 左右。

沥青加铺层结构组合应综合考虑抗反射裂缝能力、承载能力、经济成本等因素，根据具体工程实际进行优化确定。

7.4.2 旧水泥混凝土路面超薄水泥混凝土（UTW）加铺技术

通常意义上的水泥混凝土罩面层（又称白色罩面层），厚度均较大（10～45cm），在国内外道路工程界已广泛使用。这种罩面层一旦破坏，修复困难，使维修成本增加。超薄水泥混凝土（UTW）罩面的厚度薄（5～10cm）、接缝间距较小（0.6～1.8m），加铺可以明显改善旧水泥混凝土路面的表面功能，对路面承载能力有所提高，延长路面的使用寿命，在二级及其以下等级公路的旧水泥混凝土路面局部沉陷路段（含桥涵过渡路段）的应用效果良好，经济效益显著。尤其对于旧水泥混凝土路面承载能力较高，但路面板裂缝较多时，若采用沥青加铺或传统水泥混凝土加铺，反射裂缝较为严重，使后期养护维修工作量大。采用超薄水泥混凝土加铺，利用其板块尺寸小的特点，使反射裂缝大部分出现在加铺层接缝处，只需加强加铺层接缝的养护和小板块的更换，便于后期养护维修，经济和社会效益更为显著。

1）加铺层材料

与旧沥青路面上加铺的超薄水泥混凝土路面相同，为了保证结构层的承载能力，旧水泥路面上的超薄水泥混凝土加铺使用高早强混凝土（HES），并宜根据配合比设计掺入聚丙烯纤维(单丝、网状)、聚烯烃纤维、钢纤维等增强材料。

2)超薄水泥混凝土加铺层结构

(1)加铺层厚度

试验路铺筑观测得出,旧水泥混凝土路面上的超薄水泥混凝土加铺层厚度宜为 8～10cm。

(2)加铺层板块平面尺寸

通过理论计算得出,路面板平面尺寸对板荷载应力的影响程度与板厚度、层间接触状况相关。根据我国实际情况,超薄水泥混凝土加铺层板块划分为正方形或矩形,接缝间距宜为 1.0～1.5m。

(3)层间结合

超薄水泥混凝土路面研究表明,超薄水泥混凝土与旧路面之间的层间接触状况对路面板荷载应力及其使用性能有明显影响。超薄水泥混凝土加铺层施工前,应采取铣刨、凿毛、清洗等措施,增强层间"啮合作用",提高层间结合作用。

(4)接缝

超薄水泥混凝土加铺层与普通混凝土相同,有胀缝、缩缝和施工缝等。纵向缩缝采用不设拉杆的假缝,根据路面设计板块划分确定间距;在强度满足要求后,用锯缝机切缝,再用填缝料灌缝;缝宽 3～8mm,缝深 1～2cm。纵向施工缝位置尽量选在设计缩缝处,采用不设拉杆的平缝,要求与缩缝相同。

横向缩缝采用不设传力杆的假缝,间距根据路面结构设计确定。在邻近桥梁或其他固定构筑物处、与柔性路面相接处、板厚改变处、隧道口、小半径平曲线和凹型竖曲线纵坡变换处,均应设置胀缝。在邻近构造物处,应根据施工温度至少设两条。胀缝采用不设传力杆的边缘钢筋型或厚边型。当中断施工时,应设置横向施工缝,其位置宜设在胀缝和缩缝处,采用不设传力杆的平缝。

在交叉口位置,接缝布置应与交通流相适应,并易于排水,整齐美观,施工方便,相邻板接缝应对齐,划分板块不应出现锐角。

接缝材料主要采用填缝料,应选用与混凝土黏结力强、回弹性好、高温不溢出、低温不脆裂、耐久性好、不溶于水和不渗水的材料,应满足水泥混凝土路面设计规范中的技术要求。

3)超薄水泥混凝土加铺层施工

由于超薄水泥混凝土加铺层主要应用于局部段落的维修,主要采用前述"三振一拖滚二抹一拉毛"方法施工。

第8章　水泥混凝土路面施工工艺与质量控制技术

水泥混凝土路面的施工工艺应主要做好基层(或调平层)施工、水泥混凝土面板铺筑、施工质量控制、施工过程交通控制等工作。本章针对水泥混凝土的三辊轴机组和小型机具铺筑法施工工艺和质量控制进行总结,为今后水泥混凝土路面的推广和应用提供技术保障。

8.1　水泥混凝土路面的施工工艺

水泥混凝土路面要承受行车荷载和水、温等自然因素的作用,要有足够的抗弯拉强度和耐久性等结构性要求,要为车辆行驶提供安全、舒适、稳定的使用功能,因此水泥混凝土路面要有足够的平整性、抗滑性和耐磨性等功能性要求。以上性能的实现需要在设计施工等各个方面严格执行标准。《公路水泥混凝土路面施工技术规范》(JTG F30—2003)对水泥混凝土路面施工作业提出了4种设备的铺筑方法,其中三辊轴机组和小型机具铺筑法是干线公路及农村公路的水泥混凝土路面施工中普遍应用的方法。这两类设备具有机动灵活、造价低、性价比高等特点。下面针对此施工工艺和施工质量控制进行详述。

水泥混凝土路面铺筑采用三辊轴机组和小型机具铺筑的工艺流程如图8-1和图8-2所示。

图8-1中的混凝土铺筑工序是作业的关键工序,而混凝土的配合比设计及施工控制是确保水泥混凝土路面质量的最重要环节。

混凝土的铺筑工序可分解为如下作业工序。

1)准备工作

(1)下承层准备

水泥混凝土路面的下承层(基层)宜采用具有足够强度和抗冲刷能力的结构。采用石灰或二灰(石灰和粉煤灰)稳定集料基层时,宜采用骨架密实结构,尽可能的减少胶结料,以减少水泥混凝土路面使用中因渗水引起的唧泥病害。在旧沥青路面上铺筑水泥混凝土路面时,应按照设计进行找平或(和)补强。找平

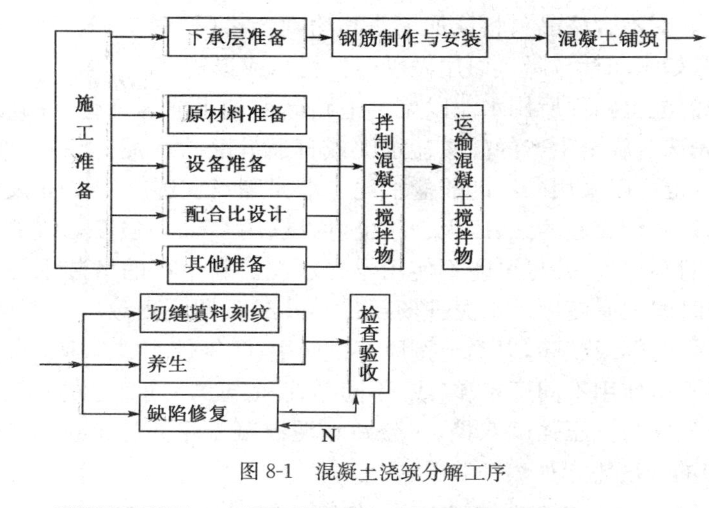

图 8-1　混凝土浇筑分解工序

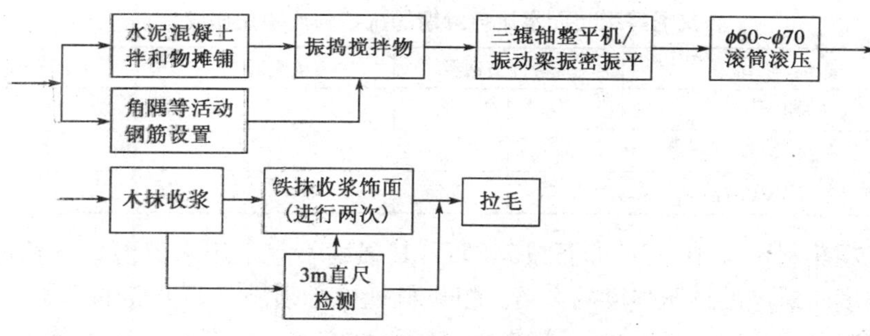

图 8-2　混凝土铺筑分解工序

厚度小于 15cm 时，可采用 C10 贫混凝土作找平层。如果沥青路面破损率低（即沥青路面完好）时，找平层和补强层与旧沥青路面可采用“斑马线”连接。水泥混凝土路面不宜直接铺筑在石方路基上，而宜采用如 C10 贫水泥混凝土找平“炮根”、平整顶面后再铺筑水泥混凝土面层。

下承层必须进行检测与验收，检测和验收应按现行的有关规范、规程和建设单位的规定执行。下承层检测合格并经过验收后方能支立模板，铺筑水泥混凝土路面。

在旧沥青路面上铺筑水泥混凝土路面时，不允许找平贫混凝土与面层同时铺筑，应在找平混凝土强度达到 5MPa 以上时，才能在找平层上支立模板。

（2）材料准备

材料试验材料依施工组织设计和进度计划安排进场，并应分别按规定贮存或露天堆放。每批进料应进行质量检验，并将合格品和不合格品分别标识，异地

(仓库)堆放。对不合格品材料或加工使其达到合格(如清洗碎石浮泥);或降级做其他使用(如水泥标号降低而用做砌体材料),或退货、废弃等。

①水泥混凝土路面所用水泥以旋窑道路硅酸盐水泥为最佳;在缺乏此种水泥时,应优先选购旋窑生产的硅酸盐水泥或普通硅酸盐水泥。在三、四级中、轻交通公路上,也可以采用矿渣硅酸盐水泥。水泥等级宜选用C42.5及以上强度等级的水泥;中、轻交通的三、四级公路也可以选用C32.5强度等级的水泥。贮存水泥应有防潮措施,并尽可能不使用早强水泥。新生产的散装水泥必须经过必要的停放时间才能使用。水泥进场超过90d或长期阴雨致空气湿度较大时,应重新进行强度等级试验,以确定按原等级使用、降等使用或废弃。同一作业班的同一路段不得使用不同厂家和(或)不同品牌和(或)不同型号的水泥。水泥强度采用抗折强度与抗压强度双控。《公路水泥混凝土路面施工技术规范》(JTG F30—2003)的强度规定如表8-1所示。

各交通等级路面水泥各龄期的抗折强度和抗压强度 表8-1

交通等级	特种交通		重交通		中、轻交通	
龄期(d)	3	28	3	28	3	28
抗压强度(MPa),≥	25.5	57.5	22.0	52.5	16.0	42.5
抗折强度(MPa),≥	4.5	7.5	4.0	7.0	3.5	6.5

②粗集料可采用碎石、卵石或碎卵石,其强度不宜小于水泥混凝土路面设计抗折强度所对应的抗压强度的2倍。粗集料规格必须满足两方面的基本要求:必须严格限制粗集料的最大粒径;粗集料必须级配密实。钢纤维水泥混凝土路面的粗集料最大粒径(方孔筛,下同)不宜大于19mm,其他类型水泥混凝土路面粗集料的最大粒径不宜大于31.5mm。粗集料的合成级配应满足密实要求,并尽可能形成骨架结构。现场宜采用2～4种粒级材料掺配,尽可能使掺配曲线接近合成级配的中值。在缺乏试验数据时,合成级配范围应参照现行规范执行(表8-2)。

粗集料合成级配范围 表8-2

类型 \ 级配 \ 粒径		方筛孔尺寸(mm)							
		2.36	4.75	9.50	16.0	19.0	26.5	31.5	37.5
		累计筛余(以质量计)(%)							
合成级配	4.75～16	95～100	85～100	40～60	0～10	—	—	—	—
	4.75～19	95～100	85～95	60～75	30～45	0～5	0	—	—
	4.75～26.5	95～100	90～100	70～90	50～70	25～40	0～5	0	—
	4.75～31.5	95～100	95～100	75～90	60～75	40～60	20～35	0～5	0

③细集料可采用天然砂或机制砂，也可以采用混合砂。细集料宜采用中、粗砂，其级配应满足《公路水泥混凝土路面施工技术规范》(JTG F30—2003)的要求，如表 8-3 所示。

细集料级配范围　　表 8-3

砂级配	方筛孔尺寸(mm)					
	0.15	0.30	0.60	1.18	2.36	4.75
	累计筛余(以质量计)(%)					
粗砂	90～100	80～95	71～85	35～65	5～35	0～10
中砂	90～100	70～92	41～70	10～50	0～25	0～10
细砂	90～100	55～85	16～40	0～25	0～15	0～10

④一般情况下应采用饮用水。采用非饮用水而对水质有疑问时，应对以下指标进行检验，合格者方可使用：磷酸盐含量(按 SO_4^{2-} 计)小于 0.002 7/mm^3；含盐量不得超过 0.005mg/mm^3；pH 值不得小于 4；不得含有油污、泥和其他有害杂质。

⑤最常用的外加剂为减水剂，主要用以减小水灰比、降低水泥用量、提高水泥混凝土的工作性。施工单位可根据施工环境，选用缓凝剂、早强剂、防冻剂等，以改善工作条件。外加剂的检验项目、频度和技术指标应符合国家相关标准的规定。

⑥粉煤灰应符合Ⅰ、Ⅱ粉煤灰的质量标准。粉煤灰进场后应进行覆盖，以预防降水浸入。

⑦应选购建设单位指定厂家生产或质量稳定的供应商的钢筋材料，并应分别进行供应地和进场检验。钢筋应按照设计要求符合Ⅰ级和(或)Ⅱ级钢筋的质量要求。钢筋必须离地堆放，并必须进行防降水覆盖。

⑧钢纤维的技术标准应符合《混凝土用钢纤维》(YB/T 151—1999)的规定，钢纤维的储存应具防降水覆盖，并离地堆放。

⑨填缝材料和接缝材料。填缝材料是指缩缝(假缝)和施工缝的填充材料，有常温填缝料和加热填缝料两种。常温填缝料施工方便，无环境污染，然而造价较高；加热填缝料造价便宜而施工较为困难。施工单位应根据建设单位要求、工期、施工环境和经济比较等条件，选择适宜的填缝材料。每批进场的填缝料都必须经过检验，合格后方能使用。其技术要求分别如表 8-4 和表 8-5 所示。

低弹性型填缝料适宜于严寒和寒冷地区；高弹性型填缝料适宜于炎热和温暖地区。垫条应选购弹性和柔韧性良好、不吸水、耐腐蚀和耐高温材料，其形状应为圆柱型，截面直径应比缝宽大 3～5mm。

常温施工式填缝料技术要求 表 8-4

试验项目	低弹性型	高弹性型
失黏(固化)时间(h)	6～24	3～16
弹性恢复率(%)	≥75	≥90
流动度(mm)	0	0
(－10℃)拉伸量(mm)	≥15	≥25
与混凝土黏结强度(MPa)	≥0.2	≥0.2
黏结延伸率(%)	≥200	≥400

加热施工式填缝料技术要求 表 8-5

试验项目	低弹性型	高弹性型
针入度(0.01mm)	<50	<90
弹性恢复率(%)	≥30	≥60
流动度(mm)	<5	<2
(－10℃)拉伸量(mm)	≥10	≥15

胀缝材料可选择软木、塑胶板、沥青纤维板和橡胶泡沫板。这些材料必须具有适宜胀缩、弹性恢复率高的基本特点，并应具有耐久性，其现行技术要求如表 8-6 所示。

胀缝板技术要求 表 8-6

试验项目	胀缝板种类		
	木材类	塑胶、橡胶泡沫类	纤维类
压缩应力(MPa)	5.0～20.0	0.2～0.6	2.0～10.0
弹性恢复率(%)	≥55	≥90	≥90
挤出量(mm)	<5.5	<5.0	<3.0
弯曲荷载(N)	100～400	0～50	5～40

⑩其他材料。模板材料的准备在“模板支立”一节中阐述。采用聚丙烯纤维网等材料铺筑纤维混凝土时，应进行试配试验，根据经济性、实用性和工程安全性取舍使用。所有辅助材料都必须满足相关规范的技术要求。所有使用的辅助材料都必须是经过检验的合格材料。

水泥、粗集料、细集料、水、外加剂、钢筋、钢纤维、嵌缝料和嵌缝板等的各项技术指标应符合《公路水泥混凝土路面施工技术规范》(JTG F30—2003)的规定。

(3)设备准备

①搅拌站

非特殊批准,搅拌站必须采用强制式拌和设备,不允许采用自落式搅拌设备。最小容量不宜小于 500L。搅拌站应具自动计量功能。

②三辊轴整平机

三辊轴整平机可依据铺筑路面幅宽选购或定购,其长度宜比摊铺宽度长 100～150cm,每作业班应至少准备 1 台。

③振动梁

振动梁应依据铺筑路面幅宽定购或制作,其长度宜比摊铺宽度长 40～60cm,每作业班应至少准备 1 台。应具有足够的刚度,施工中应不产生下垂挠度。铺筑路面幅宽不大于 4.5m 时,可在振动梁梁中安装 1 台附着式振捣器;铺筑路面幅宽大于 4.5m 时,宜在振动梁上安装 2 台附着式振捣器,振捣器间距宜为铺筑宽度的 0.4 倍左右,对称安装;附着式振捣器功率为 1.1kW 即可。

④排式振捣机

三辊轴整平机铺筑时,每作业班准备 1 台排式振捣机。振动棒组的振动棒直径宜为 50～100mm,棒数由铺筑宽度选用,其间距应不大于 50cm。

⑤平板(表面)振捣器

小型机具摊铺时,每作业班应准备 2 台平板振捣器。平板振捣器的功率应不小于 2.2kW。

⑥插入式振捣棒

小型机具摊铺时,每作业班应至少准备 4 台插入式振捣器。插入式振捣器的功率应不小于 1.1kW。

⑦找平钢管

找平钢管外径不小于 100mm,壁厚 5～6mm,其长度应大于铺筑宽度 40～60cm,每作业班应准备 1 个。

还有 4m 直尺、切割机、拉毛齿耙、发电机、刻槽机、运输车辆、其他设备如工作搭板(工作桥,收浆与拉毛用)、洒水车(养生用)、木抹和铁抹(收浆用)、养生用料(土工布、砂或麦草、稻草)等,应以满足施工需要进行准备。

2)混凝土配合比设计、检验与调整

水泥混凝土配合比设计主要根据路面对混凝土的强度、耐久性、耐磨性、工作性(即和易性)和经济的要求,确定混凝土各组分的配合比例。

在确定混凝土中水、水泥、细集料和粗集料四种基本组分的用量时,关键是选择好水灰比、用水量和砂率 3 个参数。

混凝土配合比设计一般采用绝对体积法，亦可采用假定容重法。

3)施工放样

按照设计图将路面边缘线、纵缝位置线和胀缝线准确放样，并检查基层各桩位高程和路拱横坡。高程和横坡的偏差超出容许值时应整修基层，控制板面成型立体尺寸的准确性。

4)安设模板

(1)模板制作与安装的基本要求

模板制作与安装应满足以下 3 项基本要求：应满足刚度要求，施工过程中模板不变形；应满足几何尺寸要求，其误差应在规范允许的范围内；应满足稳定性要求，模板与支撑及支撑点(面)在安装后必须成稳定结构，施工中必要的振动(如浇筑混凝土等)应不影响其结构稳定性。

(2)模板制作

①模板应采用钢模板。农村道路施工段落小、周转次数少时也可以选用钢(铁)皮加固的木模板。

②现行水泥混凝土路面施工规范规定了“钢模板高度应为面板设计高度”，这在施工中存在着无法克服的弊病。如果模板与路面设计等厚，因下承层不可能为十分标准的理想状态，施工引起的模板顶高势必高出设计高，有时甚至超过 15mm。为满足现行规范的混凝土路面准厚不准薄的基本要求，又应该满足路面高程的误差要求，可采用以下措施处理：严格控制下承层高程，建议下承层的顶面高程允许误差范围为 0～－10mm；模板底采用水泥砂浆调整模板顶面高程；采用“与设计板厚相同的测板作全断面检验”。

③钢模板宜选用轻型槽钢，腰厚宜为 5～6mm。槽钢(腰)高度(亦即模板高度)应比水泥混凝土路面设计厚度小 10～15mm，以利于因下承层误差而引起的高程调整。槽钢应采用 5～8 号，长度以 6～8m 为宜。钢模板不需要加固，而以适宜宽度的支撑替代加固肋。

④木模板应选用水变形小的松木，以红松为佳。木板厚度不宜小于 40mm，其顶面应采用 0.5～1mm 钢(铁)皮加固。模板高度(木板宽度，含加固钢皮厚)亦应比水泥混凝土路面设计厚度小 10～15mm，长度宜为 4～6m。木模板应采用整块模板制作，不应拼接。木模板应采用小方木作肋加固。加固方木应与模板等高，其断面不宜小于 6cm×8cm。加筋方木间距宜为 60～80cm，应与模板等高。

(3)模板的安装

纵向分幅路面在浇注第一幅时两侧支立模板，以后每幅外侧支立模板，内侧用已浇注相邻板块取代模板。模板宜用钢模，应满足足够刚度、几何尺寸和稳定性要求。其高度略高于路面厚度（1～1.5cm 为宜）。

模板安装的作业工艺流程如图 8-3 所示。

测量放样 → 模板定位 → 砂浆弥缝 → 模板固定 → 模板验收

图 8-3　模板安装作业工艺流程图

①模板安装前的定位放样应以路线中线为基准进行，应定出两侧模板内边缘位置（即所铺筑路面两侧位置），直线段可每隔 15～20m 确定 1 点，曲线段可视曲线曲率每隔 5m 或 10m（曲率大时取 5m，曲率小时取 10m）确定 1 点。

②放样完成后可在定位点间用线绳拉直或在下承层上用墨线连接，确定模板内侧位置。

③确定模板位置后，应将模板沿定位位置初步支立，并用支撑稳定。模板顶面高程为各定位点设计高程，在模板支立的同时测量确定。

④确定模板平面位置和高程后，可支立模板。模板底部可先用砂浆预制的垫块支垫，使模板顶高和设计高相同，并用支撑调整模板仰俯使其竖直后用钢钎固定，然后用低标号砂浆填充垫块空隙。填充砂浆应与模板内侧平齐，不得进入混凝土浇筑范围。

⑤模板接缝宜采用双面胶纸平贴于模板平面，以防露浆。如模板接缝宽＞10mm 时，在贴胶纸前应先用柔软物质填塞。

⑥模板安装前或安装后，应在模板表面刷涂隔离剂。刷涂隔离剂应遵循均匀、薄层的原则进行，并不得污染下承层。

⑦模板安装验收

模板安装验收至少应包括如下内容：

a. 模板平面位置；

b. 模板高程；

c. 采用“与设计板厚相同的测板作全断面检验”；

d. 模板安装的稳定性；

e. 接缝处理；

f. 隔离剂刷涂情况；

g. 模板安装的平面、高程和相关几何尺寸的误差允许范围以《公路水泥混凝土路面施工技术规范》（JTG F30—2003）规定及其他相关规范的要求为准。

5）钢筋加工与安装

（1）水泥混凝土路面的钢筋加工比较简易，应参照《公路桥涵施工技术规范》

(JTJ TF50—2011)钢筋加工的要求进行。

(2)水泥混凝土安装钢筋有两种情况,一种是在模板支立后、混凝土浇筑前安装,如边部加强钢筋;多数钢筋则是在混凝土浇筑过程中安装,如角隅钢筋、拉杆钢筋和传力杆钢筋等。

混凝土浇筑前安装的钢筋,应准确平面定位,并在下承层明显标识。在混凝土浇筑过程中逐步铺装下垫混凝土。钢筋应保持设计状态,不应扭曲或变形。

混凝土浇筑过程中安装的钢筋应采取措施准确就位。拉杆钢筋和传力杆钢筋应在模板 1/2 高处钻孔固定,传力杆应有固定支架(或固定样板)。

6)混凝土制备及运输

(1)混凝土搅拌

①混凝土搅拌站应采用自动计量的强制式搅拌设备。农村乡间公路采用小型机具铺筑时,经建设方同意,也可以采用自落式搅拌机。采用自落式拌和机拌制混凝土时,必须另行安装称量设备(如磅秤),严格用料计量。

②每天开始搅拌前,应检查集料的含水率,将设计配合比转换为施工配合比,根据计算值确定集料和水的实际用量。

设计配合比转换为施工配合比的计算方法如下:

设集料单位体积设计用量为 B,含水率为 $x\%$,则集料的施工配合比用量 B_1 为 $B_1=B/(1-x\%)$。

从设计配合比的用水量中减去(粗、细)集料的含水率和液体外掺剂的含水率,即为施工配合比的用水量。

③搅拌时的进料顺序有两种,即:

混凝土振捣(整平)的作业顺序如图 8-4 所示。

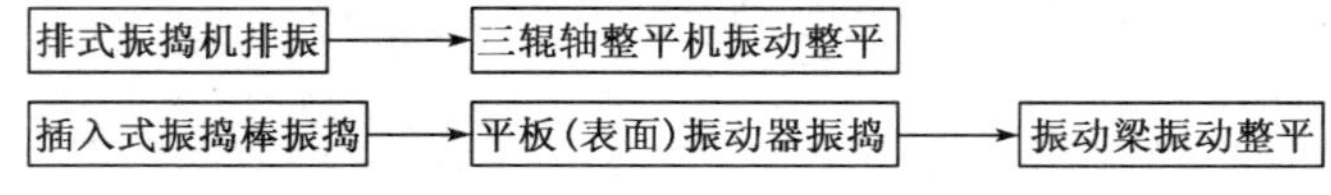

图 8-4　混凝土振捣(整平)作业顺序图

外加剂可在加水前随任何一种材料加入,也可以单独加入。

④每作业班应进行不少于两次的配合比检测。

混凝土配合比的用料允许误差分别为:

水泥 ±1%,集料 ±2%,水 ±1%,外掺剂(用量的)±1%。

⑤在加水前,应将粗细集料、水泥和外加剂进行干拌,待这几种材料基本混合均匀后,再加水湿拌。干拌和湿拌时间宜按 1∶3～1∶4 比例控制。搅拌的总时间可参照《公路水泥混凝土路面施工技术规范》(JTG F30—2003)和《公路桥

涵施工技术规范》(JTG/T F50—2011)的相关规定执行。采用强制式搅拌机搅拌混凝土时,容量 350～500L 的搅拌机最短搅拌时间可控制在 90s,容量≤1 500L的搅拌机最短搅拌时间可控制在 150s;农村乡间公路采用自落式搅拌机搅拌混凝土时,最短搅拌时间可控制在 120s。

搅拌混凝土以拌和物均匀为度。搅拌时要控制最短搅拌时间,防止混凝土搅拌不均匀;也要限制过分的延长搅拌时间,防止混凝土因过分搅拌而离析。最长搅拌时间不应超过规范规定的最短搅拌时间的 3 倍。

⑥应根据集料和施工条件及时微调施工配合比。比较适宜的配合比搅拌的拌和物应能在运输车辆上呈集料堆积状。否则应测试拌和物坍落度,及时进行配合比调整。

(2)混凝土运输

①采用三辊轴机组和小型机具铺筑水泥混凝土路面的作业速度较慢,不宜采用混凝土罐车运输。运距大于 2km 时,应采用自卸汽车运输;运距小于 1km 时,也可以采用农用车运输。

②装车时车辆应前后移动,分 3 次装料,避免混合料离析。拌和物运距≤1km 时,可不覆盖;运距＞1km 时,应进行覆盖,以防止水分散失。

7)混凝土浇筑

混凝土浇筑是水泥混凝土路面施工的关键工序。根据联合体多年研究、实践与总结,为保证抗折强度和平整度要求,工艺宜采用"三振一拖滚二抹一拉毛"成面法。

安放角隅钢筋时,应先在安放钢筋的角隅处摊铺一层混凝土拌和物,摊铺高度应比钢筋设计位置预加一定的沉落度,钢筋就位后用拌和物压住。

安放边缘钢筋时,应先沿边缘铺筑一条混凝土拌和物,振实至钢筋设置高度,然后安放边缘钢筋,用拌和物压住。

(1)三振

先用功率不小于 1.1kW 的插入式振动棒沿模板边角等平板振动器不能振实处振捣至密实,每一位置振捣持续的时间不宜少于 20s,移动间距不宜大于其作用半径的 1.5 倍,其至模板距离不应大于振捣器作用半径的 0.5 倍,并应避免碰撞模板和钢筋。

其次,用功率不小于 2.2kW 的平板振动器纵横交错全面振实,纵横振捣时应重叠 10～20cm,不得漏振,每一位置振捣持续的时间不宜少于 15s,水灰比小于 0.45 时,不宜少于 30s。振捣对应辅以人工找平,低凹处随时填浆,模板下沉、变形成松动处应及时纠正。应注意振捣方法。振捣棒宜与混凝土表面成

40°～45°角。振捣棒要及时上下抽动。振捣好后，要慢慢拔出振动棒，使混凝土填满振动棒所造成的空洞。振捣要先两侧后中间。采用小型机具施工时，可用平板振捣器辅助作业，在振动梁作业前进行振捣。平板振动器宜横行移动，每次移动时振动器平板应覆盖已振实部分 10cm 左右。振捣遍数不应超过 2 遍，以避免浮浆过多。三辊轴整平机的主要功能是整平混凝土表面，其振捣主要是为了振压混凝土顶层粗集料，适度提浆。作业单元长度以 20m 为宜。整平机前进振动、后退静滚整平。整平过程中人工修整。整平机振动遍数不宜过多，以整平为准。每个工作单元整平结束后，应及时人工抹平。

振动梁振动梁的功能和三辊轴整平机基本相同，一般为经刨面的比浇筑路面幅宽略长的 18cm×20cm 方木，四边角用角钢包裹，并以 20cm 间隔用螺杆紧固。顶面设置两台 1.5kW 附着式振动器。梁两侧设操作手柄和牵引绳。振动梁的行走借两台振动器抛轮的惯性向前行走，前进速度以 1.2～1.5m/min 为宜，不允许中途停留。振动梁底面要保持平直，当弯曲超过 3mm 时应调直或更换。下班或不用时，要清洗干净，放在平整处(必要时将振动梁朝下搁放，以使自行校正平整度)，不得暴晒或雨淋。梁振动行走时，前面要有专人负责刮去梁前推移困难的多余混凝土，不足部分及时填料。达到梁前始终有向前推动的部分混凝土，方能保证梁振动后表面平整。

以上“三振”，其一要振动至混凝土不再沉落，其二要将表面刮平，使平整度能达到规范要求。振动梁刮平后，用 3m 直尺检查。误差大于 5mm 时，用振动梁重新提浆刮平，直至合格。

(2)一拖滚

振动梁振动刮平后，用滚筒进一步滚揉表面，以两侧板顶面为跑道，将路面混凝上来回滚动数遍，使表面进一步提浆并调匀。先短距离滚动，将高出模板顶面的混凝土滚至较低处，多余时铲掉，不足时填料并将梁振动的条状痕迹滚去，至表面全部成为砂浆，再将滚筒拉长距离滚动。根据滚动痕迹判断表面凹凸，专人填减混合料，直至表面痕迹一致。

滚筒的构造一般是直径大于 100mm，宜为 120mm 的无缝钢管，在钢管两端加焊端头板，板内镶配轴承，管端焊有两个弯头式的推拉定位销，伸出的牵引轴上穿有推拉杆。这种结构既可滚拉又可平推提浆赶浆，使表面均匀地保持 5～6mm 左右的砂浆层，以利密封和作面。

一拖滚工序结束后，用 3m 直尺检查平整度。

(3)二抹

即木抹收浆抹平和铁抹压面。用长约 50cm，宽约 8cm 的木抹收浆，抹平滚筒黏起的浆纹，并挤压表层浆体，使其充分密实，减少不均匀收缩及干缩裂纹，提高表面平整度。

铁抹要选好时机，应在混凝土表面泌水过程结束时进行。其作用主要是压入浆体表面砂粒，以利拉毛时不带起砂砾和拉毛线条一致。同时，要求压平抹光，直至表面细腻，要防止混凝土凝固初期产生收缩裂缝。无任何小坑、砂眼，浆体一致。严禁在面板混凝土上洒水、撒水泥粉。收浆压面应在脚手架上进行。该工序由有经验的抹面工承担。

(4)一拉毛

拉毛之前应再检查一次平整度，符合要求时沿路面横坡方向用硬棕刷拉毛或机具压槽。一般纹理深度 1～2mm 即可满足行车要求，用棕刷即能达到这种效果。

棕刷拉毛可在模板一侧进行，也可通过脚手架来完成。为了使拉毛纹理和路面中线垂直，用大三角尺放准位置，毛刷靠紧三角尺匀力拉毛。拉毛宜一刷紧靠一刷，不能重复进行，否则破坏了表面纹理感和均匀感。

8)接缝施工

接缝是混凝土路面的薄弱环节。接缝施工质量不好，会引起板的各种损坏，并影响行车舒适性。因此，应重视接缝施工。混凝土铺筑过程过程中应设置胀缝和施工缝。

(1)非全年最热天气施工时，必须设置胀缝。胀缝宜 100～200m 设置 1 道。胀缝宜设置在缓直(直缓)点、变坡点或明涵一侧。

胀缝设置距离应进行计算校核。即根据施工温度与极端最高温度差，乘以混凝土线胀系数，计算出最大线胀数据，确定所选胀缝距离是否适宜。混凝土线胀系数可取 10^{-5}/℃。

胀缝应与道路中心线垂直(法线方向)，缝壁必须竖直，缝宽一致，缝中不得连浆。传力杆应准确就位。胀缝材料按施工规范要求选用。

(2)施工缝有纵向施工缝和横向施工缝两种。

三辊轴整平机的最大摊铺宽度为 6m，小型机具的最大摊铺宽度为 4.5m。超过上述宽度时，应设置纵向施工缝。纵向施工缝应设置拉杆连接。拉杆的规格、设置位置按设计规范执行。

每作业班终了，应设置横向施工缝。横向施工缝应尽量设置在缩缝或胀缝处。在下一作业班施工前，应用墨斗沿法线方向画线，用切割机切割整齐再进行施工。横向施工缝应采用传力杆连接，其规格 、安装位置及间距与胀缝相同。

9)拆模及养生

拆模时间应根据气温和混凝土强度增长情况确定。采用普通水泥时，一般拆模时间按表 8-7 规定。拆模应仔细，不得损坏混凝土板曲边、角，尽量保持模板完好。

混凝土允许拆模时间　　表 8-7

昼夜平均气温(℃)	允许拆模时间(h)	昼夜平均气温(℃)	允许拆模时间(h)
10	24	25	15
15	21	30 及以上	12
20	18		

养生是混凝土强度形成不可缺少的重要条件。理想的养生方法是在拉毛后 2～3h，用塑料薄膜覆盖新浇混凝土表面，待到薄膜内没有蒸热水珠时改用浸透含水的麦秸、麻袋布等覆盖物湿治养生。每天均匀洒水，保持潮湿状态。昼夜温差大的地区，混凝土板浇筑后 3d 内夜间宜用塑料薄膜覆盖保温，防止产生断板或裂缝。养生期限宜为 14d。

另外，薄膜养护剂使用效果较好，既可解决缺水地区养生困难问题，又可提高混凝土早期强度，投资费用少，其操作方法如下：

(1)待混凝土表面泌水消失后，用手指轻按不黏手时，喷洒养护剂。

(2)将养护剂装入农用喷雾器内，操作人员站立在踏板上，先沿路面横向均匀喷洒，每次重叠 10～15cm，然后再沿纵向喷洒一遍，同样每次重叠 10～15cm，使液体均匀地将混凝土表面全部覆盖。喷洒时要求喷头离水泥路面顶面不高于 1m 且每公斤喷洒 $3m^2$ 为宜。

(3)拆除侧模后，及时按方法(2)向侧面喷洒养护剂。

(4)喷洒后，表面铺设覆盖物，阻止行人将养护剂蹭掉。

(5)养护 14d，清除覆盖物。

8.2　水泥混凝土路面施工质量控制技术

8.2.1　水泥混凝土路面的材料要求

(1)水泥：应采用硅酸盐水泥或普通硅酸盐水泥，水泥强度等级不应低于 C42.5 级。水泥进场时，应有产品合格证及化验单，并应对品种、标号、包装、数量、出厂日期等进行检查验收。不同标号、厂牌、品种，出厂日期的水泥，不得混合堆放,严禁混合使用。出厂期超过三个月或受潮的水泥,必须经过试验,按其试验结果决定正常使用或降低使用。已经结块变质的水泥不得使用。

(2)砂:应采用洁净、坚硬、细度模数在 2.5 以上的粗、中砂,无粗、中砂时,可采用泥土杂物含量小于 3%的细砂。

(3)碎石:碎石强度应不低于 3 级,其饱水抗压强度不低于混凝土设计抗压强的 200%,其磨耗率用双筒式磨耗机测定时,应不大于 4%。

(4)水:凡能饮用的自来水和清洁的天然水,一般都可采用。

(5)外掺剂:为了改善新拌或硬化混凝土的某些性质,在制备混凝土过程中可掺入不超过水泥用量 5%的外掺剂。为减少拌和物的用水量,改善和易性,节约水泥用量,提高混凝土强度,可掺入减水剂;夏季施工或需要延长作业时间时,可掺人缓凝剂;冬季施工为提高早期强度或缩短养护时间,可掺入早强剂;严寒地区为抗冻,可掺入引气剂。

(6)钢筋:钢筋的品种、规格应符合设计要求,钢筋应顺直,不得有裂缝、断伤、刻痕,表面油污和颗粒状或片状锈蚀应清除。

8.2.2　水泥混凝土路面的质量控制

混凝土抗折强度和路面平整度是影响水泥混凝土路面质量的主要因素和次主要因素。当然其他指标在保证强度和平整度的前提下,也是不可忽视的因素。

1)混凝土抗折强度控制

水泥混凝土是一种以粗细集料为骨架,水泥为胶结料组成的弹塑性复合材料,其抗折强度主要受组成材料的各自性能以及相互组合关系的影响,因此应重视以下几点:

(1)选用合格的原材料,这是保证面板混凝土抗折强度的基本要求。

(2)粗集料级配应有严格要求。粗集料采用连续密实级配,2cm 以下料应略偏多,以增大集料界面面积,减小空隙,增大黏结力。根据联合体多年试验验证,连续、密实的粗集料级配,是影响水泥混凝土抗折强度的一个重要因素。粗集料忌断线级配和短级配,因其极易造成混凝土结构的不均匀性,影响抗折强度。

(3)进行正确的配合比设计。鉴于路面混凝土抗折强度主要取决于水泥石(水泥浆固化物)的强度和水泥石与集料的黏结强度,在满足和易性的要求下,应尽量减少用水量,降低水灰比。

砂率不能过大,满足和易性即可,避免砂子含量大,砂浆厚度增加,降低水泥石强度和黏结力。砂率采用 27%～33%,一般以 30%±1%为宜。

在相同水灰比情况下,混凝土的抗折强度随集灰比的增大而提高。集灰比大时,粗集料含量多,使粗集料靠紧,水泥浆或砂浆强制挤入集料空隙,减少混凝土的空隙率,增大密实度和摩阻力,从而提高混凝土强度。一般集灰比大于6.5者居多,但不宜超过7。

(4)掺用各种外加剂以改善混凝土的性能,提高混凝土的强度。目前,外加剂已成为配制高强度混凝土的第5种材料,可以根据不同技术要求,选用相应的不同性能的外加剂来改善混凝土的特殊要求。

2)混凝土面板平整度控制

面板平整度直接影响路面的舒适性和行车安全性,必须予以保证。施工过程中,混凝土的不均匀收缩和工艺不完善两个方面主要影响面板的平整度。

(1)混凝土的不均匀收缩贯穿于拌和到摊铺成型的全过程。砂石材料由于来源不同,堆放大小不一,受阳光风雨影响不一致,含水率不是定值,不可能十分准确地调整施工配合比;砂石材料计量不准,拌和加水不准,或拌和时间不足;混合料运输产生离析,摊铺时未进行二次拌和;振捣不足或过分振捣;没有充分抹压板面;基层顶面标高误差大,造成板厚不匀;水泥不是同厂、同批、同标号,收缩不一。上述因素均会导致混凝土面板产生不均匀收缩,影响面板平整度,施工中应严格控制。

(2)施工工艺的合理与否,操作水平的高低,对面板平整度的影响更大。模板顶面高差大或支模不稳,经振捣后变形,造成整平的基准先天不足;摊料方法不科学,造成粗细集料分布不匀;振动梁设计不合理,刚度小,振捣时中部产生挠度,振动器附近振幅大,模板支立点处振幅小,造成振后的表面不是平面;工序衔接不紧密,不能一气呵成。上述工艺会影响面板平整度,在目前人工操作为主配以小型工具的施工工地均有存在。

施工中必须针对上述影响平整度的两个方面,采取合理的办法,制定合理的施工工艺,严格按照操作规程办事,提高操作人员的技术水平,制备性质均匀、和易性好的混合料,摊铺、振捣和收面时精心操作,才能铺筑出平整度好、行车舒适的混凝土路面。

3)初期横向断板的预防

横向断板一般指横贯全幅的裂缝。混凝土浇筑后不能即刻形成一定的分块,以致混凝土板因收缩和翘曲而产生拉应力。当应力超过了混凝土的初期极限抗拉强度时,即引起该处产生横向裂缝,该断面的应力集中使裂缝不断扩展,使板在短时间内出现横贯全幅的裂缝。

可能造成初期断板的原因主要有:昼夜温差变化,板块顶底面产生不均匀应力，交替出现翘曲变形；基层造成板厚不均，应力大小不一，在薄弱处形成断板；混凝土水泥用量和水灰比大，导致混凝土前期收缩大；原材料不合格和配合比不合理，养生太迟和养生方法不当，影响抗折强度形成；切缝时机掌握不准，切缝时间间距过大；板块面积划分太大。

预防措施主要有：为了避免昼夜温差变化的问题，夜间低温期可覆盖塑料薄膜保温；对形成板厚不均的基层提前进行处理；确定适宜的配合比，控制拌和料计量，严格控制水灰比，尽量提前养生时间，降低温度和湿度梯度，减少板体翘曲应力；适时掌握切缝时机，按前述"温度小时"控制法进行切缝。

4)初期混凝土路面裂缝预防

这种裂缝一般是窄、短和浅，且走向不规则，影响路面的正常使用，降低耐久性，加速面层剥落破损，应予以避免。

形成的主要原因有：不同品种、批次的水泥混用，出厂水泥质量不稳定；水灰比控制不严，局部水泥用量大，使混凝土不均匀收缩；在气温高、风速大时表面水分蒸发过快。

预防措施主要有：水泥分类放置；严格控制水灰比；根据施工时的气温、风速状况，及时采用喷雾法补充水分，及时用塑料膜覆盖；在混凝土初凝过程中出现的裂缝及时抹平，若已凝结则及早在低温时用环氧树脂等黏合，防止灰尘进入。

5)高、低温季节施工质量控制技术

(1)高温季节(夏季)施工

施工现场的气温大于等于30℃时，即属于高温施工。高温会促进水化作用，增加水分的蒸发量，容易使混凝土板表面出现裂缝，因而高温季节施工时应尽可能降低混凝土的浇筑温度，缩短从开始浇筑到表面修整完毕的操作时间，并保证混凝土充分养生。当施工环境气温大于35℃，且没有专门工艺措施时，不应进行混凝土路面施工。高温季节施工时，应定期专门测量混凝土拌和物的温度，并应根据工程的条件采取降温和其他措施。

①降低集料温度是降低混凝土温度最有效的措施。集料温度降低1℃，混凝土拌和物的温度可降低0.8℃，因此，可对石料堆场搭棚遮阳，对当天使用的石料洒水降温。水温降低10℃，拌和物温度可降低0.5℃，因此，可抽取深层地下水、储水罐内投放冰块或设隔热层。采取上述降温措施的成本较高，简便方法是掺缓凝剂，延缓混凝土凝结时间。

②可对模板和基层洒喷水以降低其温度，缩短拌和物运输时间，使混凝土尽快运到工地现场。表面修整抹面后应尽快覆盖，避免日光曝晒及风吹，减少水分

蒸发量,保持混凝土板表面温度。

(2)低温季节(冬季)施工

室外日平均气温连续 5d 低于 5℃,即属于低温施工。低温施工时,混凝土会因水化速度降低而使强度增长缓慢,同时也会因结冰而遭受冻害。因此,低温施工时不宜用过大的水灰比,混凝土搅拌时间应比常温时延长 50%左右,养护时间不应少于 28d,并应根据工程条件采取升温和保温措施。

①提高混凝土拌和时的温度。对水及集料进行加温,水的加热温度不超过 80℃;砂石料采用间接加热法,如保暖储仓、热空气加热等,不应用炒烧法直接加热,加热温度不能超过 40℃;不允许对水泥加热,出料温度不能低于 10℃。

②路面保温。混凝土铺筑后,通常采用蓄热法保温养护,也即选用适用的保温材料覆盖路面面层,使已加热材料拌成的混凝土的热量和水泥水化时的水化热能存储,以减少路面热量的散失,使之能在要求温度条件下硬化而达到临界强度。保温层应就地取材,在能满足保温要求的同时注意经济性,常用的有麦秸保温层、稻草保温层、覆土锯末层等。

③混凝土中掺加外掺剂。外掺剂可用早强剂、抗冻剂和减水剂,主要是改变混凝土的性能,使之在相同的温度条件下,提前达到临界强度或增强混凝土抗冻能力。

参 考 文 献

[1] 马骉.嵌锁密实水泥混凝土配合比设计方法研究[R].西安:长安大学,2008.

[2] 田尔布.嵌锁密实水泥混凝土配合比设计方法研究[D].西安:长安大学,2008.

[3] 曹明莉.混凝土架构模型研究[D].大连:大连理工大学,2009.

[4] 王安成.粗集料架构特性与架构混凝土研究[D].大连:大连理工大学,2006.

[5] 田尔布,马骉,路学敏,等.嵌锁密实型水泥混凝土粗集料级配振动分析[J].混凝土,2008,3:77-83.

[6] 汪海年.沥青混合料微细观结构及其数值仿真研究[D].西安:长安大学,2007.

[7] 李晋惠.用图像处理的方法检测公路路面裂缝类病害[J].长安大学学报(自然科学版),2004,24(3):24-29.

[8] 彭勇,孙立军,董瑞琨.沥青混合料均匀性评价新方法的探讨[J].同济大学学报(自然科学版),2005,33(2):166-169.

[9] 马骉,田尔布,路学敏,等.水泥混凝土粗集料嵌锁密实结构试验分析[J].中外公路, 2008, (06).

[10] Brzezcki J. M. , Kasperkiewicz, J. Automatic image analysis in evaluation of aggregate shape [J]. Journal of Computing in Civil Engineering. 1999 13(2): 123-128.

[11] Kuo Chun-yi, Rollings R. S. , Lynch L. N. . Morphological study of coarse aggregates using image analysis[J]. Journal of Materials in Civil Engineering, 1998, 10(3) :135-142.

[12] Masad E. , Tashman. L, Somedavan. , et al. Micromechnics-based analysis of stiffness anisotropy in asphalt mixtures[J]. Journal of Materials in Civil Engineering,2002,14(5):374-383.

[13] Wang L. B. , Frost J. D. , Shashidhar N. Microstructure Study of West-Track Mixes from X-ray Tomography Images. TRB Washinton D. C. 2001.

[14] Wang L. B. , Frost J. D. ,Mohammad L. ,et al. Three-Dimensional Ag-

gregate Evaluation Using X-ray Tomography Imageing. TRB 2002.

[15] Wang. L., Wang. Y., Mohamad. L. and Harman. T. 2002. Voids distribution and performance of asphalt concrete[J]. International Journal of Pavements. 1(3):22-33.

[16] Shashidhar, N. X-ray tomography of asphalt concrete. In Hot-mix asphalt mixtures. Transportation Research Record 1681, Transportation Research Board, National Academy Press, Washington D. C. 186-192.

[17] 徐琦,水泥混凝土中集料级配的试验研究[J]. 交通标准化, 2005, (12).

[18] 王立久,刘慧. 骨架密实型沥青混合料集料级配设计方法[J]. 中国公路学报, 2008, (05).

[19] 陈忠达,袁万杰,高春海. 多级嵌挤密实级配设计方法研究[J]. 中国公路学报, 2006, (01).

[20] 康爱红,杨荣臻,严城,等. 最大密实度和最大嵌结力集料级配的设计[J]. 华东公路, 2003, (05).

[21] 王立久,刘慧. 嵌挤骨架型集料级配设计的研究[J]. 中外公路, 2008, (05).

[22] 马骉,师延强,田尔布,等. 嵌锁密实水泥混凝土的强度特性试验[J]长安大学学报(自然科学版), 2010, (06).

[23] 郝培文,徐金枝,周怀治. 应用贝雷法进行级配组成设计的关键技术[J]. 长安大学学报(自然科学版), 2004, (06).

[24] 康爱红,杨荣臻,严城,等. 最大密实度和最大嵌结力集料级配的设计[J]. 华东公路, 2003, (05).

[25] Pei-wei Gao, Sheng-xing Wu, Ping-hua Lin, etc. The Characteristics of Air Void and Frost Resistance of RCC with Fly Ash and Expansive Agent [J]. Construction and Building Materials, 2006, 20, 20 (8):586-590.

[26] 蒋应军,陈忠达,彭波,等. 密实骨架结构水泥稳定碎石路面配合比设计方法及抗裂性能[J]. 长安大学学报(自然科学版), 2002, (04).

[27] 王铁斌,严军,孙兆辉. 集料级配组成对水泥稳定碎石评价指标影响研究[J]. 公路交通技术, 2006, (06).

[28] 王立久,刘慧. 矿料级配设计理论的研究现状与发展趋势[J]. 公路, 2008, (01).

[29] 许志鸿,陈兴伟,刘红,等. Superpave 级配范围[J]. 交通运输工程学报, 2003, (03).

[30] 赵尚传，傅智，罗翥，等. 粉煤灰水泥混凝土路面性能研究[J]. 公路，2006，(10).

[31] 王家主，吴少鹏. 骨架密实型沥青混合料设计[J]. 公路交通科技，2006，(11).

[32] 王磊，马骉，寇军平. 嵌锁密实水泥混凝土粗集料级配组成设计方法[J]. 交通运输工程学报，2011，(05).

[33] 高英力. 超细粉煤灰高性能公路路面水泥混凝土早期收缩变形及抗裂性能研究[D]. 长沙：中南大学，2006.

[34] 王德民，潘东. 掺粉煤灰混凝土配合比正交试验设计及二元线性分析[J]. 混凝土，2002，(10).

[35] 戴学臻，蒋应军，任皎龙，等. 集料CBR颗粒流模拟与强嵌挤粗集料骨架级配设计[J]. 交通运输工程学报，2011，(03).

[36] 孙氰萍. 大掺量粉煤灰混凝土的特性[J]. 混凝土，1997，(02).

[37] 肖维，王晓磊. 多级嵌挤密实结构沥青混合料压实特性[J]. 筑路机械与施工机械化，2007，(03).

[38] 高丹盈，汤寄予，赵军. 骨架密实型沥青混合料矿料级配的设计与优化[J]. 公路，2007，(11).

[39] 袁春毅，申爱琴，韩继国，等. 磨细矿渣高性能路面混凝土的耐久性[J]. 中国公路学报，2007，(05).

[40] 陈瑜，周士琼，龙广成，等. 大掺量粉煤灰高性能混凝土的试验研究[J]. 混凝土，2000，(04).

[41] 曹长伟，张文献，王雁飞. 高掺量粉煤灰混凝土路面应用性能的试验研究[J]. 同济大学学报(自然科学版)，2007，(01).

[42] 龚志达. 水泥粉煤灰路用性能研究[J]. 公路交通技术，2004，(05).

[43] 田尔布，王逢朝，郑恢樵，等. 嵌锁密实混凝土强度研究[J]. 混凝土，2011，(02).

[44] 战高峰，阮炯正，董伟智. 水泥混凝土路面耐久性设计研究[J]. 公路交通科技，2000，(S1).

[45] 盛燕萍，陈拴发，郑木莲，等. 免振捣多孔混凝土配合比设计方法[J]. 交通运输工程学报，2009，(01).

[46] 王卫中，冯忠绪，张晓波. 混凝土二次搅拌的机理分析[J]. 长安大学学报(自然科学版)，2008，(01).

[47] 韩森，董雨明，陈海峰，等. 露石水泥混凝土路面降噪特性[J]. 交通运输

工程学报，2005，(02).

[48] 曹向前，韩森. 露石水泥混凝土路面性能与施工关键技术[J]. 公路交通科技(应用技术版)，2009，(11).

[49] 秦旻，梁乃兴，陆兆峰，等. 露石水泥混凝土路面性能研究[J]. 公路，2009，(10).

[50] 卿笃干，陈瑜. 水泥混凝土路面磨蚀与抗滑构造衰减的模拟试验研究[J]. 公路交通科技，2008，(02).

[51] 赵尚传，周正德，王建良，等. 高寒地区水泥混凝土路面配合比设计[J]. 公路，2004，(07).

[52] Descornet，G，Fuchs，F，Buys，R. Noise-reducing concrete pavements . Proceedings，5th International Conference on Concrete Pavement Design and Rehabilitation. Purdue University，1993，Vol. 2，Vol. 2 :93-98.

[53] David A Kuemmel，John R Jaeckel，Alexander Satanovsky. Noise Characteristics of Pavement Surface Texture in Wisconsin[J]. Transportation Research Record，1544，1544 :24-35 .

[54] 蒋应军. 基于振动法设计的抗裂型水泥稳定碎石基层应用研究[J]. 公路，2008，(12).

[55] 李红，傅智. 我国高速公路隧道水泥混凝土路面施工技术进步与创新[J]. 公路，2007，(09).

[56] 田尔布，马骉，路学敏，等. 嵌锁密实型水泥混凝土粗集料级配振动分析[J]. 混凝土，2008，(03).

[57] 傅智，刘清泉，牛开民，等.《公路水泥混凝土路面施工技术规范》(JTG F30—2003)编制介绍[J]. 公路，2003，(07).

[58] Burks Green. Whispering champaign[J]. World Highway，1998，July/August：74-75.

[59] 韩森，李志玲，张东省，等. 露石水泥混凝土路面关键技术研究[J]. 中国公路学报，2004，(04).

[60] 郝书亮，党发宁，陈厚群，等. 基于CT图像的混凝土三维微观结构在ANSYS中的实现[J]. 混凝土，2009，(03).

[61] 汪海年，郝培文. 粗集料二维形状特征的图像描述[J]. 建筑材料学报，2009，(06).

[62] 高英力. 超细粉煤灰高性能公路路面水泥混凝土早期收缩变形及抗裂性能研究[D]. 长沙：中南大学，2006.

[63] 徐加绛,罗炼,齐文喆,等.水泥混凝土路面施工质量检验与问题讨论[J].公路，2003，(07).

[64] 梁军林,傅智.水泥混凝土路面三辊轴机组铺筑施工中应注意的几个问题[J].公路，2003，(07).

[65] 刘信昌,徐加绛,杨泽涛,等.水泥混凝土路面施工机械要求[J].公路，2003，(07).

[66] 程斌,陈博.水泥混凝土路面早期破坏的成因及预防措施[J].筑路机械与施工机械化，2009，(06).

[67] 翁兴中,王文杰,党明杰,等.道面水泥混凝土粗集料分形特征[J].混凝土，2010，(09).

[68] Colin Baker，Peter Sobczynshi. British trial of exposed aggregate，concrete pavements[J]. Highways and Trans-portation. 1997，11，(11)：18-20.

[69] 杨泽涛,傅智,喻波,等.特殊气候条件下的水泥混凝土路面施工[J].公路，2003，(07) .

[70] Carl-Gustaf Wallman. Friction Measurement Methods end the Correlation between Road Friction and Traffic Safety[D]. Swedish National Road and Transport Research Institute，2005.

[71] 马骉,胡长顺.旧沥青路面对超薄水泥混凝土路面荷载应力影响[J].交通运输工程学报，2003，(01) .

[72] 房志群，王维福.高海拔地区混凝土路面的常见裂缝与防治措施[J].公路交通技术，2006，(06).

[73] 李宇峙,张莉,邵腊庚.在旧沥青路面上加铺超薄白色罩面技术的发展与应用[J].公路交通科技，2004，(05).

[74] Charles J Churilla. Ultra Thin Whitetopping . Public Roads，1998,622,62(2) .

[75] 王虎,胡长顺,王秉纲.连续配筋混凝土路面在横向荷载作用下的解析解[J].西安公路交通大学学报，1999，(04).

[76] 田寅春,胡长顺,王秉纲.连续配筋混凝土路面荷载应力分析[J].西安公路交通大学学报，2000，(03).

[77] 邹培国.路面养护决策优化技术研究[J].中国公路学报，1995，(02).

[78] 曹东伟,王秉纲,刘伟,等.连续配筋混凝土路面的配筋设计方法[J].公路，2001，(12).

[79] 曹东伟,景彦平,李成才,等. CRCP施工技术研究[J]. 公路交通科技,2002,(05).

[80] 张洪亮,王秉纲. 连续配筋混凝土路面设计与施工技术[J]. 重庆交通大学学报(自然科学版),2008,(05).

[81] 张云龙,刘寒冰. 连续配筋混凝土路面温度应力的有限元分析[J]. 公路交通科技,2011,(01).

[82] 倪富健,董侨,顾兴宇. 连续配筋水泥混凝土路面面板位移研究[J]. 公路交通科技,2007,(05).

[83] 巨锁基,黄晓明,李宇峙. 真实条件下CRCP温度应力通用解析解[J]. 公路交通科技,2006,(06).

[84] 马骉,胡长顺. 超薄水泥混凝土路面结构设计方法[J]. 长安大学学报(自然科学版),2004,(04).

[85] 傅智. 水泥混凝土路面养护新技术研究[J]. 公路交通科技,2006,(01).

[86] 胡长顺,马骉. 超薄水泥混凝土路面荷载应力分析[J]. 交通运输工程与信息学报,2003,(01).

[87] 杨敬华. 高速公路水泥路面养护施工质量控制方法探讨[J]. 公路交通科技(应用技术版),2007,(08).

[88] 孙振平,蒋正武,王培铭,等. 水泥混凝土路面裂缝成因及预防措施[J]. 公路交通科技,2005,(04).

[89] 张擎,蔡友清,冯勇. 水泥混凝土路面加铺层的疲劳性能[J]. 长安大学学报(自然科学版),2006,(04).

[90] Speakman Jim. Ultra-Thin, fiber-reinforced concrete overlays for urban intersections. Transportation Research Record, 1996:15-20.

[91] 田林祥. 粉煤灰在刚性路面中的应用[J]. 公路交通科技(应用技术版),2008,(09).

[92] 廖德华,陈向. 粉煤灰的特性及其在道路工程中的应用研究[J]. 中国资源综合利用,2010,(10).